A OUTRA HISTÓRIA DA
LAVA-JATO

COLEÇÃO HISTÓRIA AGORA

Volume 1
A USINA DA INJUSTIÇA
RICARDO TIEZZI

Volume 2
O DINHEIRO SUJO DA CORRUPÇÃO
RUI MARTINS

Volume 3
CPI DA PIRATARIA
LUIZ ANTONIO DE MEDEIROS

Volume 4
MEMORIAL DO ESCÂNDALO
GERSON CAMAROTTI E
BERNARDO DE LA PEÑA

Volume 5
A PRIVATARIA TUCANA
AMAURY RIBEIRO JR.

Volume 6
SANGUESSUGAS DO BRASIL
LÚCIO VAZ

Volume 7
A OUTRA HISTÓRIA DO MENSALÃO
PAULO MOREIRA LEITE

Volume 8
SEGREDOS DO CONCLAVE
GERSON CAMAROTTI

Volume 9
O PRÍNCIPE DA PRIVATARIA
PALMÉRIO DÓRIA

Volume 10
OPERAÇÃO BANQUEIRO
RUBENS VALENTE

Volume 11
O BRASIL PRIVATIZADO
ALOYSIO BIONDI

Volume 12
MASCARADOS
ESTHER SOLANO, BRUNO PAES MANSO
E WILLIAN NOVAES

Volume 13
A OUTRA HISTÓRIA DA LAVA-JATO
PAULO MOREIRA LEITE

Paulo Moreira Leite

A OUTRA HISTÓRIA DA LAVA-JATO

Uma investigação necessária que se transformou numa operação contra a democracia

PREFÁCIO DE
Wanderley Guilherme dos Santos

GERAÇÃO

Copyright © 2015 by Paulo Moreira Leite

1ª edição — Novembro de 2015

Grafia atualizada segundo o Acordo Ortográfico da Língua Portuguesa
de 1990, que entrou em vigor no Brasil em 2009

Editor e Publisher
Luiz Fernando Emediato

Diretora Editorial
Fernanda Emediato

Assistente Editorial
Adriana Carvalho

Capa e Projeto Gráfico
Alan Maia

Diagramação
Kauan Sales

Preparação de texto
Gypsi Canetti
Nanete Neves

Revisão
Marcia Benjamim
Josias A. de Andrade

DADOS INTERNACIONAIS DE CATALOGAÇÃO NA PUBLICAÇÃO (CIP)
(Câmara Brasileira do Livro, SP, Brasil)

Leite, Paulo Moreira
   A outra história da Lava-jato / Paulo Moreira Leite.
-- São Paulo: Geração Editorial, 2015. -- (Coleção história agora)

ISBN 978-85-8130-334-5

1. Brasil - Política e governo 2. Corrupção na política - Brasil
3. Reportagens investigativas I. Título. II. Série.

15-06314   CDD: 070.4493641323

Índices para catálogo sistemático

1. Corrupção política : Reportagens investigativas : Jornalismo   070.4493641323

GERAÇÃO EDITORIAL

Rua Gomes Freire, 225 — Lapa
CEP: 05075-010 — São Paulo — SP
Telefax.: (+ 55 11) 3256-4444
E-mail: geracaoeditorial@geracaoeditorial.com.br
www.geracaoeditorial.com.br

Impresso no Brasil
Printed in Brazil

Sumário

PREFÁCIO 9

APRESENTAÇÃO 13

1. ONDE ESTÁ JOSÉ JORGE? 75

2. UMA FARSA ÓBVIA E MAL ENSAIADA 81

3. TENTATIVA DE INTERFERÊNCIA NA DISPUTA ELEITORAL ... 89

4. O FASCISMO À ESPREITA NA RETA FINAL 95

5. BADERNA É CONTRA A DEMOCRACIA 103

6. A VOLTA DA REPÚBLICA DO GALEÃO? 111

7. MÃOS LIMPAS A LIMPO 117

8. ESCÂNDALO PRONTO PARA SERVIR 125

9. POR QUE FHC CRUZOU OS BRAÇOS? 137

10. O ALVO É A DEMOCRACIA 145

11. O PORSCHE E A NOSSA LIBERDADE 151

12. DEBATENDO A LAVA-JATO 159

13. DEBATENDO A LAVA-JATO (2) 173

14. JUSTIÇA, PROPAGANDA & COCAÍNA 183

15. RATOS E HOMENS NA HISTÓRIA 189

16. PASSOS CALCULADOS E MEDIDOS DE
SERGIO MORO LEVAM JOÃO VACCARI À PRISÃO 199

17. AJUDANDO QUEM? 207

18. QUANDO OS VÍDEOS MENTEM 213

19. LAVA-JATO NA HORA DE MENSALÃO PSDB-MG 221

20. SABATINA DE FACHIN FOI UMA AULA 227

21. GOLPES À MODA DO SÉCULO XXI 233

22. A MÃO QUE AJUDA O FASCISMO 245

23. AULA DE CONSTITUIÇÃO E DEMOCRACIA 253

24. ARTIGO DE SERGIO MORO DÁ RAZÃO A VACCARI 259

25. PAU QUE NÃO BATEU EM FHC DEVE BATER EM LULA? 265

26. DELAÇÃO COM ALGUMA UTILIDADE 271

27. QUANDO A SELETIVIDADE SE TORNA MÉTODO 279

28. SUPREMO PRECISA CUMPRIR SEU
PAPEL E GARANTIR DIREITOS FUNDAMENTAIS 285

29. POLÍCIA FEDERAL ADMITE QUE NÃO CONSEGUE
PROVAR O QUE É PROPINA E O QUE É DOAÇÃO DE CAMPANHA 291

30. PAPÉIS MOSTRAM ESCUTA ILEGAL NA LAVA-JATO 297

31. PERSEGUIÇÃO A LULA ESCONDE TENTATIVA DE RETROCESSO POLÍTICO .. 309

32. CONTRA DIÁLOGO, FERNANDO HENRIQUE
OPTA PELO LADO ERRADO DA HISTÓRIA 317

33. DALLAGNOL TENTA PÔR LAVA-JATO ACIMA DO BEM E DO MAL 325

34. A BOMBA QUE NINGUÉM QUER VER 331

35. DEIXEM DIRCEU EM PAZ 337

36. LULA NO MINISTÉRIO 345

37. DILMA, O *NEW YORK TIMES* E O CONSELHO DE ERUNDINA 351

38. POVO MOSTROU RESISTÊNCIA ÀS TENTATIVAS GOLPISTAS 357

39. ACORDO COM CUNHA É NOVO MENSALÃO-PSDB-MG 363

40. GLÓRIA E TRAGÉDIA DE DANTON, REVOLUCIONÁRIO E CORRUPTO 367

41. DELAÇÃO PREMIADA, UM FRACASSO MORAL 375

42. DUELO AO ENTARDECER NO SENADO 381

43. PEC COLOCA CAÇADA A LULA NO NÍVEL DA DESFAÇATEZ 391

44. "NÃO HÁ NADA CONTRA DILMA" 397

45. SUPREMO TOMOU DECISÃO HISTÓRICA 403

ÍNDICE ONOMÁSTICO 409

Prefácio

Wanderley Guilherme dos Santos*

Desde junho de 2013 a política brasileira lembra um filme de ação com disputas em alta velocidade, companheirismos inesperados, traições e reviravoltas fulminantes. Inspirado no sucesso de público do julgamento da Ação Penal 470, o Judiciário não renunciou mais à tentação dos holofotes. É inédita a frequência com que magistrados de todas as instâncias e amparo institucional deitam falação a repórteres de jornais, revistas e canais de televisão. São diários os boletins de ocorrência nos mais variados juizados, contendo depoimentos, comentários dos responsáveis por estes, anúncios de novos capítulos, prejulgamentos e controvérsias sem fim. Mais do que uma "judicialização" da política, assiste-se a uma espetacularização da Justiça, com a assídua contribuição de ministros do Supremo Tribunal Federal. Não é por acaso que grande parte dos artigos aqui reunidos tenha figuras e assuntos do Judiciário como temas. A política vem sendo filtrada pelos processos civis e criminais em andamento, estando subordinados ao desenlace, como em filme, agora de suspense, os destinos de bom número de personagens da vida pública.

Se o rosário de temas judiciais não é casual, também não parece sê-lo a estranha coincidência de acusações apressadas tendo sempre por acusados os participantes da esquerda política, o Partido dos Trabalhadores e partidos que, oficialmente, apoiam o atual governo da presidente Dilma Rousseff. À meia-boca, no início, agentes do ministério público, da Polícia Federal e da própria reserva de magistrados evoluíram para acusações peremptórias, mas não menos precipitadas, e de sotaque definitivamente partidário, contra o governo. O rigor do julgamento a ser realizado, bem como a tão exaustiva quanto possível coleta de material comprobatório de culpabilidades, não deve ser confundido com o preconceito investigativo e o desejo malcontido de associar partidos e administrações trabalhistas a uma tipologia de crimes. A preferência partidária dos agentes públicos não é pecaminosa, antes revela atenção aos assuntos de interesse da comunidade. Mas se não dispõe de autocontrole para manter isenta investigação ou juízo sobre terceiros, é então evidente que frauda o exercício correto da autoridade pela qual responde. O exercício irresponsável da autoridade macula os aparelhos encarregados de preservá-la.

Seria até legítimo acentuar a falta de compostura de alguns agentes. Mas a consequência mais nefasta desse comportamento tem sido o exemplo de permissividade a contaminar as manifestações públicas de grupos insatisfeitos com o governo, com algum partido ou com a vida em geral. A intolerância dogmática irrompeu nas ruas de forma surpreendente e a violência material aleatória foi recepcionada com complacência pela mídia tradicional, especialmente quando era plausível fazer uma conexão entre a anarquia e críticas ao governo. Em vários artigos, o leitor encontrará a denúncia da inclinação fascistoide desses soluços de violência, apurando as referências a que se prendem e os beneficiários das correrias e destruições. É importante consignar que, como em qualquer sociedade, também no Brasil o uso do poder é pedagógico. Atualmente, a pedagogia predominante no país é a do arbítrio.

Curiosa e reveladora é a constância com que relevantes temas, como a eleição presidencial, e de repercussão internacional, como a

Copa de 2014, compareçam ao exame atento do articulista. É que os eventos marcantes da vida política brasileira têm estado, na verdade, *sub judice*, e ainda não cessaram as tentativas oposicionistas de substituir a derrota eleitoral por uma vitória via Judiciário ou submissão parlamentar. O registro apurado do que é pepita cotidiana, em seu significado e poder causal, é a marca do jornalismo político refinado. Este prefaciador dá testemunho do quanto tem se aproveitado dos resultados da profissão bem-exercida por Paulo Moreira Leite.

---

* **Wanderley Guilherme dos Santos** formou-se em Filosofia pela UERJ e é doutor em Ciência Política pela Universidade de Stanford, nos EUA. Foi professor visitante na Universidade de Wisconsin e na Universidade de Stanford, professor titular de Teoria Política da UFRJ e diretor científico do Conjunto Universitário Candido Mendes. Recebeu quinze prêmios acadêmicos e publicou trinta livros.

Apresentação

1

Este livro apresenta a maioria dos artigos que escrevi sobre a Operação Lava-Jato até setembro de 2015. Salvo pequenas correções, em benefício da clareza, todas assinaladas, optei por manter a redação original.

Em 15 de abril de 2015, um ano depois das primeiras prisões autorizadas pelo juiz Sergio Moro, registrei minha visão sobre a Lava-Jato:

"No Brasil de 2015, o juiz federal Sergio Moro, da 13ª Vara Criminal de Curitiba, é a autoridade que autoriza prender e soltar, castigar e punir, vigiar e perseguir. Controla o poder de Estado em seu grau máximo, que diz respeito à liberdade dos cidadãos. Estabelece as duas fronteiras do mando — aquilo que se exerce por consenso, quando a sociedade aceita o que o Supremo Mandatário deseja, e aquilo que se cumpre por coerção. Além de manter o Executivo em alerta e frequente paralisia, a Lava-Jato enquadrou as lideranças principais do Legislativo, onde Eduardo Cunha e Renan Calheiros não passam de fantoches à mercê das investigações da Polícia Federal, das denúncias do Ministério Público — e do aval de Sergio Moro.

Não vamos nos iludir quanto ao Judiciário. Uma primeira instância exageradamente forte implica um Supremo fraco. Em dezembro de 1968, os brasileiros passaram a ter certeza de que viviam sob uma ditadura, depois que o regime militar suspendeu o *habeas corpus*, que permitia a um juiz determinar a soltura de um preso sem culpa formada. Em 2015, o fim do *habeas corpus* é uma realidade estatística."

Em setembro de 2015, quando escrevo esta introdução, a Lava-Jato ocupa o lugar central da situação política. Em torno de seus passos, movimentam-se os demais personagens, inclusive a presidente Dilma Rousseff, o Congresso e o Supremo Tribunal Federal. O *impeachment* da presidente passou a ser tratado como uma possibilidade concreta pela oposição.

No final de 2014, Sergio Moro recebeu a blindagem ritual dos principais veículos de comunicação: foi escolhido Homem do Ano em 2014, pela revista *IstoÉ*. Um dos 100 mais influentes do país, segundo a *Época*. A Personalidade do Ano, segundo o jornal *O Globo*.

Ao longo de 2015, o juiz foi glorificado pelos manifestantes que foram às ruas, em faixas que mostravam indignação contra a corrupção, pediam *impeachment* da presidente Dilma, a prisão de Luiz Inácio Lula da Silva e, pela primeira vez desde 1964, uma intervenção militar.

Isso não acontece por acaso. Conduzida com inegável competência técnica, sem deslizes formais, a atuação da 13ª Vara Criminal do Paraná desafia os direitos humanos, as garantias fundamentais e demais regras que definem um Estado Democrático de Direito. Por meio dela, Sergio Moro assegurou à oposição brasileira dois elementos que havia perdido desde a chegada de Lula ao Planalto, em 2003 — uma identidade e um discurso.

Silenciados pela incapacidade de oferecer respostas competitivas para um governo que distribuiu renda e, dentro de inúmeros limites e imperfeições, promoveu melhorias inegáveis nas condições de vida da maioria da população, em especial dos mais pobres, os adversários políticos de Lula-Dilma puderam retornar a postura de quem se apresenta como guardião dos bons costumes políticos e da superioridade da moral.

"Todas as crises brasileiras serão sanadas se for sanada a maior de todas, que é a crise moral", dizia, em 1950, um *slogan* de propaganda da UDN, em campanha para tentar impedir o retorno de Getúlio Vargas ao Palácio do Catete.

O tratamento bruto dos adversários, no qual a importância do espetáculo tinha prioridade sobre a consistência penal, conforme sustenta o juiz Rubens Casara em entrevista na página 159, tornou possível o retorno a uma postura de agressividade bruta, com movimentos de violência real e simbólica, como se viu às vésperas do 31 de março de 1964.

Naquela época, antecipando o que se iria ler e ouvir cinco décadas mais tarde sobre militantes do Partido dos Trabalhadores, o jornalista Helio Fernandes escreveu, nas páginas da *Tribuna da Imprensa*, um roteiro de caça aos aliados do governo João Goulart: "Na maioria das vezes, são traidores. Outras, são mercenários; outras ainda, carreiristas; outras mais, negocistas satisfeitos, que recebem todo apoio do partido, pois uma das coisas que mais preocupa os agitadores é a corrupção, e assim eles a estimulam de todas as formas, pois sabem que não há melhor maneira de estimular a desagregação de um país".

Em 1º de julho, um estudante brasileiro infiltrou-se entre os presentes na visita de Dilma Rousseff à Universidade de Stanford, nos Estados Unidos. Conseguiu ficar a poucos metros da presidente, quando gravou um vídeo postado na internet, o qual se referia à presidente da República como "Assassina, Comunista de Merda, Terrorista".

Reeleita com 54 milhões de votos, Dilma Rousseff enfrenta uma situação de cerco judicial.

Embora dados oficiais mostrem que os repasses dos programas sociais renderam juros ao Tesouro em todos os anos do governo Dilma, a rejeição das contas de 2014 pelo Tribunal de Contas da União, com base numa visão deturpada de "pedaladas fiscais", deu novo alimento à conspiração da oposição contra a presidente no Congresso.

No Tribunal Superior Eleitoral correm quatro Ações de Impugnação de Mandato Eleitoral. Se apenas uma delas for aceita, pode levar à perda do mandato e à posse — sem novas eleições — do segundo colocado no pleito, Aécio Neves. Comum em disputas municipais, o recurso é impensável em eleições presidenciais.

Foi por meio de uma Ação de Impugnação de Mandato que Roseana Sarney, a face mais conhecida da principal oligarquia brasileira, recuperou, nos tribunais, o mandato de governador que Jackson Lago ganhara nas urnas do Maranhão, em 2009.

Juristas respeitados acreditam que, seja encaminhado pelo Congresso, seja pelo TSE, a palavra final sobre o *impeachment* caberá ao STF, até porque se trata de uma decisão que diz respeito a um poder da República.

Apesar dos planos da oposição, é duvidoso imaginar que a população irá assistir, de braços cruzados, a uma tentativa de afastar a presidente, sem que se possa lhe atribuir um único crime de responsabilidade.

Meses depois da cerimônia de inauguração do segundo mandato no Planalto, Dilma faz um governo marcado pelo enfraquecimento político, pelo desgaste absoluto do Partido dos Trabalhadores e por incertezas quanto à economia. Quase uma rotina bimestral nas grandes cidades brasileiras, as mobilizações contra o governo só se explicam num ambiente de popularidade baixa e decepção política real.

Ainda que possam vir a produzir efeitos benéficos mais tarde, as medidas anunciadas por Dilma logo após a vitória contrariaram compromissos assumidos na campanha. Deram razão ao adversário que dizia que o modelo de crescimento seguido pelo governo tornara-se ilusório e insustentável, contribuindo para questionar/negar o argumento que o voto em Dilma seria uma forma de defender conquistas e reivindicações dos trabalhadores e dos mais pobres, contra uma oposição que representava os ricos e privilegiados.

Abandonados e sem argumentos, aliados tradicionais se afastaram. A militância, que corajosamente foi à rua defender o governo nos últimos dias do segundo turno, se recolheu.

Durante algumas semanas, Dilma conseguiu aliviar a pressão adversa graças a acordos de cúpula com o grande empresariado, o Judiciário e o Congresso, mais do que nunca um reduto assumido de adversários jurados daquilo que seu governo representou até agora. Uma proposta improvisada em torno de noções carcomidas que lembram o velho Consenso de Washington chegou a ser apresentada como "última chance" para a presidente manter-se no Planalto. No Senado, Renan Calheiros e José Serra se uniram num projeto de urgência para rever o sistema de partilha que garante à Petrobras o monopólio na exploração do pré-sal.

Afastado há cinco anos de qualquer função oficial, Luiz Inácio Lula da Silva tornou-se alvo de um assédio constante do Ministério Público, da Polícia Federal e dos principais meios de comunicação. O vazamento de conversas telefônicas e dados bancários sigilosos ameaça criar um ambiente de clamor para que, cedo ou tarde, Lula tenha a prisão decretada por Sergio Moro.

Menos de um mês depois de ser conduzido a uma cela da Polícia Federal em Curitiba, o empresário Marcelo Odebrecht, dono do maior grupo privado do país, foi indiciado por corrupção passiva e ativa, lavagem de dinheiro, formação de quadrilha, crime contra a ordem econômica e tributária.

Sócios e dirigentes de grandes construtoras privadas, que há meio século participaram da criação da sétima economia do mundo foram colocados de joelhos. Com obras paralisadas, as empresas perderam receitas. Sem pagamentos, ficaram sem crédito. Sem empréstimos, não podem enfrentar compromissos antigos nem bancar investimentos novos.

Avançando por outros investimentos em infraestrutura além da Petrobras, a Lava-Jato chegou ao Pará, onde procura denúncias sobre Belo Monte, quarta maior hidrelétrica do planeta.

Em Angra dos Reis, as investigações levaram à prisão preventiva do vice-almirante Othon Luiz Pinheiro da Silva, liderança do programa nuclear brasileiro. Quatro das seis empresas envolvidas na construção de Angra 3 anunciaram que suspendiam os trabalhos.

Em 3 de agosto de 2015, o ex-ministro José Dirceu foi conduzido pela Polícia Federal para uma cela em Curitiba. Julgado e condenado pela AP 470, Dirceu cumpria pena em regime de prisão domiciliar. Denunciado em delação premiada de um lobista, no início de julho os advogados de Dirceu solicitaram acesso de seu cliente aos termos da acusação, indispensáveis para sua defesa.

O pedido foi recusado pelo Supremo. A decisão chamou a atenção, pois a solicitação era prevista na súmula vinculante 14 do próprio STF. Aprovada em 2009 por nove votos a dois, a súmula define com todas as letras um direito básico: "é direito do defensor, no interesse do representado, ter acesso amplo aos elementos de prova que, já documentados em procedimento investigatório realizado por órgão com competência de polícia judiciária, digam respeito ao exercício do direito de defesa". Em 2009, quando votou a favor, Celso de Mello explicou que ela servia como "eficaz instrumento de preservação dos direitos fundamentais dos acusados". Argumentando no mesmo sentido, a ministra Carmen Lúcia lembrou que "investigação não é devassa".

Principal pilar da oposição para encamimhar um projeto de *impeachment* na Câmara, o deputado Eduardo Cunha foi atingido na testa pela comprovação de que possuía quatro contas na Suíça, onde recebeu propinas no valor de US$ 5 milhões. Protegido até o último momento pelos mesmos líderes do PSDB que mostraram um comportamento agressivo e desrespeitoso ao ouvir acusados de muito menor periculosidade na CPI da Petrobras, em outubro o destino de Cunha tornou-se alvo de duas negociações: sobre encaminhamento do *impeachment* e a escolha do sucessor na presidência da Câmara.

2

Para o ministro do Supremo Marco Aurélio Mello, "temos no cenário nacional uma inversão da ordem natural das coisas. Vem da Constituição o princípio da não culpabilidade. Mas infelizmente, ao invés de apurar-se para, selada a culpa, prender-se, prende-se, para depois apurar".

A combinação de denúncias permanentes de corrupção com notícias ruins no emprego e no consumo criou um abismo entre a maioria da população brasileira e o condomínio Lula-Dilma-PT.

O saldo foi a destruição da formação política que, mantendo um compromisso com os trabalhadores e a população mais pobre, foi capaz de cravar quatro vitórias consecutivas em campanhas presidenciais, feito inédito na história das eleições do país.

Numa situação em si bastante desfavorável para o governo, a Lava-Jato funcionou como o golpe de misericórdia no tripé socioeconômico que deu sustentação aos progressos ocorridos entre 2003 e 2014, quando ocorreu uma inegável melhoria na distribuição de renda e na oferta de oportunidades aos excluídos.

Este pacto triangular foi alimentado pela perspectiva de ganhos mútuos com a ampliação de um mercado de massas — vantajosa para as empresas, para a sustentação eleitoral dos governos Lula-Dilma e para os assalariados em geral, em especial para a parcela superexplorada dos brasileiros. O esgotamento foi sucedido por longas prisões preventivas, pelo choque das delações premiadas, pela execração pública de personalidades da economia e da política.

Num primeiro sintoma da nova situação política, uma maioria de deputados saída das urnas de 2014 — já abertas sob os efeitos da Lava-Jato — assumiu uma agenda regressiva em Brasília.

Os deputados ameaçaram reavivar o financiamento de campanha por empresas privadas, o caminho principal de entrada da corrupção em nosso sistema político — matéria que já estava sendo encaminhada pelo Supremo desde 2013. Num processo que será analisado com detalhes algumas páginas adiante, em decisão histórica, o STF declarou que as contribuições de pessoas jurídicas a partidos e candidatos são uma afronta à Constituição e devem ser banidas de nosso sistema eleitoral.

A Câmara também aprovou a redução da maioridade penal de 18 para 16 anos, medida que consolida a opressão policial sobre a juventude pobre, especialmente negra, das grandes cidades.

Nestes dois casos, ocorreram votações que violaram regras explícitas definidas pela Constituição para aprovar projetos de emendas constitucionais. Consultados por meio de mandado de segurança, ministros do STF optaram por não se envolver.

A Câmara aprovou um projeto de terceirização que reduz a cinzas a legislação trabalhista anunciada por Vargas em 1º de maio de 1943. A mudança só não virou lei porque precisava ser aprovada pelo Senado, onde o senador Paulo Paim, dirigente sindical gaúcho, decidiu liderar uma resistência na Comissão de Direitos Humanos, da qual é presidente.

"Toda semana, uma bomba do Riocentro explode no colo do governo", define o senador Romero Jucá (PMDB-RR), comparando a Lava-Jato ao grande atentado terrorista que atravessou a transição democrática. "Mas o Riocentro foi um só. Desta vez, é toda semana."

3

Em março de 2014, num comportamento que reflete desconfiança no interior do governo e entre seus aliados, a presidente da República deu, involuntariamente, sua contribuição para agravar a crise.

Presidente do Conselho da Petrobras à época da compra da refinaria de Pasadena — foco inicial das denúncias — ao ser questionada sobre o negócio, Dilma divulgou uma nota de próprio punho para responder a uma questão colocada pelo *Estado de S. Paulo*. A presidente da República disse que o Conselho jamais teria aprovado a transação se tivesse sido informado de forma adequada sobre todas as cláusulas de negociação, em particular duas exigências leoninas que se impunham à Petrobras.

Ao responder a uma questão que ninguém havia colocado — nunca se cogitou seriamente que Dilma pudesse ter qualquer responsabilidade por eventuais desmandos na empresa — a nota não tinha importância pelo que dizia. O importante era a mensagem. Ao afirmar que havia sido enganada, Dilma reforçou as suspeitas sobre os dirigentes que fecharam o negócio.

No dia seguinte à divulgação da nota, assessores do Planalto se perguntavam por que não tinham sido capazes de desobedecer à presidente. Numa medida de proteção ao governo e a ela própria, teria sido possível manter a resposta guardada em segredo para que Dilma pudesse pensar uma segunda vez, de cabeça fria.

Pelo caráter fortuito, o episódio chegou a ser comparado à carta--renúncia de Jânio Quadros, em 1961. Aliados de Jânio sempre estiveram convencidos de que teria sido possível evitar o final precoce de um governo de sete meses de duração se um ministro tivesse sido capaz de impedir, usado todos os meios a seu alcance, que enviasse a mensagem com a renúncia para o Congresso.

Foi depois da divulgação da nota presidencial que Sergio Moro autorizou o pedido de prisão preventiva de Paulo Roberto Costa, diretor de abastecimento da empresa na época da compra. Paulo Roberto foi recolhido a Polícia Federal em Curitiba, onde se encontrava o doleiro Alberto Youssef, preso três dias antes.

Conforme denunciado por Youssef, inclusive por foto que saiu da carceragem por meio da câmara do celular de seu advogado, sua cela fora equipada com aparelho de escuta telefônica realizada sem autorização judicial. Um agente da Polícia Federal de Curitiba revelou o fato num depoimento sigiloso à CPI da Petrobras. O relato foi corroborado por um delegado da própria PF, como você pode ler na página 302. Em 4 de maio de 2015, um mês antes de falar à CPI, os dois já haviam registrado oficialmente seus depoimentos. ("Termo de depoimento" de Dalmey Fernando Werlang e "Despacho" do delegado de Primeira Classe Mário Renato Castanheira Fanton.) Em 11 de agosto, numa reação em defesa dos delegados acusados, o *Estado de S. Paulo* noticiou que os dois foram denunciados criminalmente na Justiça Federal por "ofender a honra de colegas".

4

Orgulho da maioria dos brasileiros, associada a projetos de soberania e desenvolvimento que nunca foram partilhados por sua elite econômica, a Petrobras teve suas investigações acompanhadas pela população pelo olhar dos grandes meios de comunicação de massa. A maioria desses veículos combateu editorialmente a criação da Petrobras, em 1953. Nunca escondeu sua oposição à Lula e Dilma e sempre se alinhou às críticas de concorrentes do setor privado ao método de partilha para exploração das reservas do pré-sal, considerado o mais vantajoso em áreas de exploração de pouco risco.

Quando faltavam setenta e duas horas para o segundo turno da eleição presidencial, a *Veja*, semanal de maior circulação do país, antecipou a publicação daquela edição. Chegou às bancas a tempo de interferir no resultado do pleito por meio de uma reportagem distribuída num esquema relâmpago, que procurava comprometer Lula e Dilma com a corrupção na Petrobras. A revista ajudou a reanimar a campanha do PSDB, que naquele momento já dava sinais de conformidade com a derrota.

Mesmo assim, Dilma venceu, por 54,5 milhões de votos contra 51 milhões. Com seu eleitorado concentrado em pequenas cidades de estados menores, onde o voto é mais rarefeito, Dilma só assumiu a liderança na contagem eletrônica quando 89% dos votos já tinham sido apurados.

Em Belo Horizonte, onde o QG tucano estava reunido, aliados e celebridades que apoiaram Aécio na campanha passaram um dia de festa, graças a informações que vazavam da central de apuração do TSE em Brasília. Nos minutos finais, o festejo foi encerrado em ambiente fúnebre, como se pôde ver em imagens de celular que circularam pela internet.

Não há registro de nenhuma disputa tão apertada em eleições presidenciais brasileiras, em qualquer época. Mas polarização e extremo equilíbrio fazem parte do cardápio natural de possibilidade nos regimes democráticos. Na medida em que a população preserva o direito de escolher os governantes em urna, sem interrupções sucessivas como tantas vezes ocorreu no Brasil, a maioria cristaliza preferências. A disputa real passa a envolver, então, uma parcela particular de eleitores, que ora vota com um partido, ora com outro, e o resultado final nem sempre expressa diferenças dilatadas.

O que se pôde estranhar, após a apuração, foi a reação dos derrotados, estimulados sem maiores inibições pelo próprio candidato. A primeira ideia envolveu denunciar a possibilidade de fraude nas urnas eletrônicas, recurso bisonho que foi descartado pelos assessores politicamente mais centrados da campanha de Aécio. O combate prosseguiu pela apresentação das três Ações de Impugnação de Mandatos Eletivos, que procuravam um propósito político imediato.

Em "Considerações sobre *Mani Pulitti*," artigo de 2004 que é objeto obrigatório de estudo sobre as raízes políticas da Lava-Jato, o juiz Sergio Moro fala de um termo pouco conhecido, "deslegitimação". Criado por intelectuais europeus que estudaram o caso, a "deslegitimação" define um processo empregado por juízes italianos e pelos jornais daquele país para desmoralizar políticos e empresários denunciados na Mãos Limpas, impedindo que tivessem credibilidade para defender-se de acusações.

Era isso que a oposição tentava fazer com o mandato de Dilma, antes, durante e depois da eleição — com auxílio das denúncias vazadas da Lava-Jato.

Uma primeira ameaça jurídica contra o mandato de Dilma se apresentou em dezembro de 2014, quando o Tribunal Superior Eleitoral analisou e votou as contas da campanha da presidente reeleita.

Não parecia crível que os coordenadores de uma campanha que obtivera uma vitória dificílima fossem capazes de apresentar erros de contabilidade importantes a ponto de justificar a rejeição das contas, o que poderia servir como atalho óbvio para impugnar a candidatura.

As contas acabaram sendo aprovadas, quarenta dias depois da votação no segundo turno. Ainda fresca na memória de 140 milhões de eleitores, a decisão, por unanimidade, mostrou que contestar uma eleição daquele porte seria uma afronta às convicções democráticas dos brasileiros — inclusive boa parte dos eleitores de Aécio — que dificilmente aceitariam um golpe de Estado onde as togas fariam o papel de baionetas.

Lido em tom dramático no auditório principal do tribunal, o longo voto do ministro-relator Gilmar Mendes mostra que o discurso foi construído a partir de argumentos que se encaixavam na hipótese de rejeição. Nos últimos parágrafos do voto, Gilmar propôs que as contas fossem aprovadas "com ressalvas", obtendo unanimidade do plenário. Parecia o fim de uma guerra, mas era uma trégua.

Mesmo com as contas aprovadas, Gilmar não perdeu o foco e seguiu atento a novas possibilidades que iam sendo abertas pela Lava-Jato — e que ajudariam a dar musculatura às Ações de Impugnação. Em 29 de junho de 2015, quando já haviam se passado sete meses e quinze dias após a aprovação "com ressalvas" das contas, Gilmar mandou o Ministério Público apurar a denúncia de duas gráficas acusadas de receber recursos de uma empreiteira acusada de fazer doações à campanha de Dilma.

Apesar das tensões, nem o governo nem o PT tinham o direito de ficar surpresos. Gilmar já fora identificado como seu inimigo principal no Poder Judiciário desde 2012. Ao final de uma conversa reservada com Lula, realizada a pedido do ministro do STF, Gilmar acusou o ex-presidente de tentar fazer uma chantagem para garantir um tratamento benigno aos réus que em breve iriam enfrentar a AP 470. Única testemunha do encontro, Nelson Jobim sempre garantiu que Gilmar não falava a verdade. Mas o ministro do STF não se retratou nem se desmentiu, o que permitia prever seu comportamento dali por diante. Na campanha de 2014, Gilmar chegou a comparar o trabalho do marqueteiro do PT, João Santana, a Joseph Goebbels, ministro de propaganda do nazismo.

Semanas antes do final da campanha, ocorreu um fato que, embora já fosse previsto, o Planalto não encaminhou de forma adequada. Expirou o mandato do relator original das contas de Dilma. Como presidente da República, ela podia valer-se das prerrogativas presidenciais para definir o substituto de sua escolha. Tinha a prerrogativa de reconduzir o ministro cujo mandato havia expirado. Na verdade, o Planalto chegou a ser informado com relativa antecedência de que seria conveniente fazer logo a indicação do substituto. Caso a vaga fosse deixada para o sorteio do plenário, eram grandes as chances, justamente, de Gilmar acabar escolhido.

Embora sejam definidas por computador, as escolhas de juízes são ponderadas por outros critérios — como a carga de trabalho de cada um — que afunilam as possibilidades de cada ministro, o que permitia perceber que Gilmar era o grande favorito para a vaga.

Numa dessas pequenas tragédias que geram grandes problemas, o Planalto acabou permitindo que o inimigo entrasse em casa.

5

No mundo inteiro, a posse de reservas de petróleo é um fator de enriquecimento, poder político e também de corrupção. Sem ele, a criação e prolongada sobrevivência de regimes de natureza feudal, no Oriente Médio, seria impensável. Na Venezuela, uma elite predatória assumiu o controle da estatal PDVSA, explorando o país com métodos coloniais. Passou a acumular as grandes fortunas de Miami, excluindo a população do acesso à sua maior riqueza — processo que seria questionado no governo de Hugo Chávez.

No Brasil, apenas a censura impediu, durante a ditadura militar, que o enriquecimento de autoridades, executivos e empresários ligados à Petrobras pulasse o muro dos murmúrios reservados e se tornasse assunto de domínio público.

No governo José Sarney, descobriu-se um esquema de desvios na BR Distribuidora, subsidiária encarregada de compra e venda de combustíveis. Pressionado pelo tesoureiro PC Farias, o advogado Luiz Octávio da Motta Veiga pediu demissão da presidência da Petrobras, precipitando a derrocada de Fernando Collor. No governo Fernando Henrique Cardoso, nem uma denúncia de Paulo Francis, jornalista de alta credibilidade na corte do PSDB, convenceu as autoridades a abandonar a própria letargia e ir atrás das acusações.

Até por causa desses antecedentes, seria difícil questionar a necessidade de se realizar uma investigação a fundo nas denúncias de corrupção na empresa, que envolvem o desvio de uma riqueza que, até por lei, pertence à nação.

Mais do que nunca, os responsáveis devem ser investigados e levados a julgamento — se houver base para isso. Caso venham a ser considerados culpados, é justo que sejam condenados na forma da lei, assegurado o amplo direito de defesa.

Presente no mundo inteiro, inclusive em países que costumam ser apontados como modelo de cultura e de ética, a corrupção política alimenta-se de favores e acertos secretos. Só pode sobreviver por meio de informações privilegiadas, que em última análise estimulam a desigualdade e alimentam decisões à custa do povo.

Nos Estados Unidos, apenas no primeiro semestre de 2015, as multas contra empresas envolvidas em corrupção chegaram a US$ 23 bilhões. Em maio, foram apurados desvios até em verbas destinadas a pesquisas contra o câncer e fraudes num esquema de indenizações ligadas ao amianto.

Se a investigação de denúncias na Petrobras sempre foi uma necessidade, é impossível deixar de perguntar por que só agora se resolveu descobrir segredos tão antigos.

A Lava-Jato ocorre depois que os horizontes da democracia brasileira foram alargados dramaticamente, após a chegada de Lula e do PT ao governo, permitindo, pela primeira vez, que as camadas subalternas pudessem ter alguma voz — nem sempre ouvida — nas decisões de estado.

Até então encaradas com desconfiança e pouco-caso pelos governos anteriores, as reservas do pré-sal modificaram as bases materiais da política energética do país, que conquistou um novo lugar entre as potências mundiais de petróleo.

Nem o juiz Sergio Moro, nem os procuradores envolvidos no caso, teriam sido capazes de chegar aonde chegaram se sua atuação não atendesse a interesses econômicos e políticos capazes de mobilizar a parcela mais influente da sociedade, mas incapaz de se impor pelas urnas, onde cada homem vale um voto.

Como magistrado de primeira instância, curso no exterior e aplicação acima da média, Sergio Moro é um juiz de prestígio consolidado entre os colegas, especialmente mais jovens. Em 2014, ele ficou em primeiro lugar numa lista elaborada de magistrados que apontavam possíveis candidatos a uma vaga ao Supremo.

Também foi deslocado para Brasília, durante a AP 470, quando fez parte da equipe que auxiliava a ministra Rosa Weber, onde permaneceu por um ano. No início da década passada, Moro atuou no caso Banestado, uma investigação sobre remessa ilegal de US$ 30 bilhões para o exterior, que atingiu 137 políticos e 411 funcionários públicos e reuniu diversos personagens que se reencontrariam nas operações sobre a Petrobras, inclusive o doleiro Alberto Youssef e vários integrantes do Ministério Público.

Num comportamento que seria chamado de "procedimento persecutório" em relação a determinados acusados, Moro teve a atuação questionada no caso. A queixa foi parar no STF e o juiz venceu com folga: quatro votos a um.

Mesmo assim, foi alvo de uma crítica de Celso de Mello, decano do STF. Antecipando críticas que seriam ouvidas durante a Lava-Jato, Celso de Mello falou em "procedimento persecutório" e sugeriu que o comportamento do magistrado poderia levar à anulação do processo: "Não sei até que ponto a sucessão dessas condutas não poderia gerar a própria inabilitação do magistrado para atuar naquela causa, com nulidade dos atos por ele praticados", escreveu Mello. "O interesse pessoal que o magistrado revela em determinado procedimento persecutório, adotando medidas que fogem à ortodoxia dos meios que o ordenamento positivo coloca à disposição do Poder Público, transforma a atividade do magistrado numa atividade de verdadeira investigação penal."

Em 2014, o advogado Nelio Machado, que em épocas diferentes defendeu dois clientes na Lava-Jato, fez uma observação mais enfática: "Impõe-se, de toda sorte, que o magistrado do Paraná, o quanto antes, se declare suspeito, pelo inescondível apaixonamento que revela ter pela causa, que parece ser, em boa verdade, sua causa, causa esta que talvez possa chamá-la de 'minha', 'minha causa' ou, quem sabe, 'minha luta', tarefa incompatível com a judicatura, que há de ser impessoal".

Um debate importante sobre a Lava-Jato envolve a competência — no sentido jurídico, não técnico — de Sergio Moro para assumir a frente dos trabalhos.

A questão diz respeito ao princípio do *juiz natural*, garantia destinada a definir critérios objetivos na escolha de um magistrado, evitando que ele próprio se apresente para resolver casos em que possui algum interesse especial — seja pelas melhores intenções, seja por motivos condenáveis. A palavra natural, aqui, pode ser traduzida por neutralidade.

O tema faz parte das garantias fundamentais dos regimes democráticos e aparece já na primeira constituição brasileira, de 1824. Na carta de 1988, a garantia ao "juiz natural" consta do artigo 5º, o mesmo que garante que "não haverá juízo ou tribunal de exceção". No artigo 78 do Código de Processo Penal se estabelece que o critério prioritário para escolha do juiz natural é o "lugar da infração, à qual for cominada a pena mais grave". O mesmo artigo prevê que, caso o crime tenha ocorrido em mais de um local, "prevalecerá a (autoridade) do lugar em que tiver ocorrido o maior número de infrações, se as respectivas penas forem de igual gravidade".

Por esses critérios principais seria difícil sustentar que os crimes investigados pudessem ser entregues a Sergio Moro. A sede da empresa de Alberto Youssef, a CSA, endereço das tratativas investigadas sobre lavagem de dinheiro, fica em São Paulo, no bairro do Itaim, a poucos quarteirões onde fica a residência do próprio Youssef. Morto em 2010, o deputado José Janene, mesmo tendo sua base eleitoral no Norte do Paraná, "passa a maior parte dos dias da semana na cidade de São Paulo", informa o inquérito do caso.

Um levantamento preparado por Fernando Fernandes, escritório de advocacia que atuou na fase inicial da Lava-Jato, mostra que São Paulo era a sede das sete empresas envolvidas inicialmente, e também endereço residencial de dez entre dez executivos implicados. A exceção é o Rio de Janeiro: sede da Petrobras, e residência de Paulo Roberto Costa. Nenhum dos seis fatos criminosos assinalados pelo Ministério Público na denúncia inicial ocorria fora de São Paulo. Um crime foi repetido setenta vezes. O outro, 413. Sempre em São Paulo.

A alegação jurídica para que a Lava-Jato não fosse transferida para uma Vara Federal em São Paulo ou mesmo no Rio de Janeiro contraria a interpretação mais aceita sobre o caso. Quando não for possível definir a autoridade competente pelo local do crime, nem pelo crime mais grave, "firmar-se-á a competência pela prevenção". Essa foi a razão alegada pelo Ministério Público para defender que Moro seguisse à frente do caso: "o Juízo Federal de Curitiba foi quem primeiro praticou atos no processo". É uma decisão possível.

Mas a opinião de especialistas, que se pronunciaram em outros casos, construiu outra jurisprudência. Para Gustavo Badaró, "há uma hierarquia" definida entre as possibilidades para escolha do juiz natural, devendo prevalecer inicialmente "aquela que se refere ao local, depois a que define a gravidade do crime e apenas depois disso" deve prevalecer a opção que valeu na Lava-Jato. Para outro mestre, Aury Lopes Junior, autor de *Direito Processual*, "prepondera o lugar da infração mais grave". Para José Frederico Marques, em *Elementos de Direito Penal*, "se as penas forem qualitativa e quantitativamente iguais prevalecerá o foro em que houver ocorrido o maior número de infrações". Quando estava no Supremo, Eros Grau examinou um conflito de competência entre São Paulo e Curitiba num caso de gestão fraudulenta. Optou por São Paulo "para a qual a pena é maior".

No pedido de afastamento de Sergio Moro, o advogado Nelio Machado registra um elemento peculiar dos interrogatórios conduzidos pelo juiz, sugerindo que ele não queria correr o risco de perder o caso para o Supremo em função do elevado número de acusados com direito a foro privilegiado. Toda vez que um depoente iria referir-se a um deputado, senador, ministro — era interrompido pelo próprio Moro.

A decisão do STF de desmembrar a Lava-Jato, tomada em setembro, foi um passo necessário em defesa de direitos previstos na Constituição. O desmembramento permite o retorno ao princípio do juiz natural, a ser escolhido para julgar casos sem relação direta com a Petrobras, conforme o local em que o crime tiver sido cometido. Também evita que os réus sejam enquadrados numa operação que pretende "refundar o nosso Brasil," como disse um membro do MP. Além disso, os recursos da defesa serão julgados por diferentes tribunais superiores e é razoável supor que nem todos terão o mesmo alinhamento com decisões da primeira instância, como ocorre na Lava-Jato.

As mesmas vozes que em 2015 condenaram o desmembramento da Lava-Jato fizeram um silêncio cúmplice em 2012, quando o Supremo desmembrou o mensalão PSDB-MG e manteve todos acusados pela AP 470 no mesmo banco dos réus. O desmembramento de 2012 permitiu aos réus do PSDB uma impunidade escandalosa, mas estava juridicamente correto, pois assegurou um segundo grau de jurisdição a quem não tinha foro privilegiado. O errado foi impedir que este direito fosse assegurado a quem era acusado de envolvimento no esquema de financiamento do governo Lula, gerando um intolerável duplo tratamento.

6

Modelo teórico da Lava-Jato, a operação Mãos Limpas nasceu numa realidade diferente da brasileira. A base das campanhas eleitorais eram recursos públicos, disponíveis a todos os partidos.

Ao autorizar e na verdade estimular as contribuições de empresas privadas, aceitando limites especialmente altos para gastos de campanha, a legislação brasileira criou um ambiente promíscuo entre empresários, partidos e candidatos. Num regime de financiamento público, o quinhão de cada partido é determinado pelos votos recebidos nas eleições para a Câmara de Deputados. Pode haver distorções aqui e ali mas, em última análise, as verbas dependem do eleitor. O controle é mais fácil porque todo mundo sabe o que todos irão receber.

No financiamento privado, a palavra final é do empresário. A lógica é outra. Estamos dentro daquilo que se chama, sem nenhum pejorativo, de "democracia burguesa". Procura-se transportar, para as disputas eleitorais, as regras da economia de mercado. Inspiradas no modelo norte-americano, as campanhas permitem a organização de um toma-lá-dá-cá entre candidatos e empresas, que negociam contribuições no presente em troca de um tratamento favorável após a vitória. Pode-se lamentar, mas é assim que acontece e não custa lembrar: a ideia do financiamento privado é exatamente essa. Sua finalidade política é reforçar laços — inclusive materiais — entre o setor privado e os novos governantes.

Falando na condição de delator, Paulo Roberto Costa, diretor de Abastecimento da Petrobras, repetiu num de seus depoimentos que não há doações legais, mas sim "empréstimos a serem cobrados posteriormente a juros altos dos beneficiários das contribuições quando no exercício dos cargos".

Polarizando todas as eleições presidenciais desde 1994, PT e PSDB atingiram a mesma ordem de grandeza em matéria de contribuições financeiras, o que torna difícil todo esforço para estabelecer diferenças de natureza entre recursos de uns e de outros.

Em março de 2015, escrevi:

"Conforme o *Estado de S. Paulo*, entre 2007 e 2013, as vinte e uma maiores empresas da Lava-Jato repassaram R$ 571 milhões a petistas, tucanos, peemedebistas. Desse total, 77% saíram dos cofres das cinco maiores, que estão no centro das investigações: Andrade Gutierrez, Queiroz Galvão, Camargo Corrêa, Grupo Odebrecht e OAS.

"Segundo o levantamento, o Partido dos Trabalhadores ficou com a maior parte, o que não é surpresa. As doações ocorreram depois da reeleição de Lula. Cobrem aquele período do calendário político no qual Dilma Rousseff conquistou o primeiro mandato e Fernando Haddad venceu as eleições municipais de São Paulo. Mas o PSDB não ficou muito atrás. Embolsou 42% do total. Repetindo para não haver dúvidas: conforme análise do *Estado Dados*, de cada 100 reais enviados aos partidos ao longo de seis anos, quarenta e dois chegaram aos cofres tucanos."

Lendo a prestação das contas de campanha, verifica-se que as doações vieram do mesmo CNPJ, o que significa que saíram do mesmo cofre. Ambas foram feitas por transferência eletrônica ou cheque, nas mesmas datas ou dias muito próximos.

Quem olhar para as contas da campanha de 2014, focalizando no caso específico das empresas investigadas pela Lava-Jato, poderá fazer constatações reveladoras.

O comitê de Dilma Rousseff recebeu contribuições polpudas de várias empresas. No primeiro turno, por exemplo, a UTC lhe entregou R$ 7,5 milhões, contra R$ 2,5 milhões para Aécio. As contribuições da Odebrecht totalizaram 12,6 milhões para Aécio, entre agosto e novembro, contra R$ 3 milhões para Dilma. As contribuições da Brasken, que pertence ao mesmo grupo, também foram mais generosas com o candidato do PSDB: R$ 2 milhões a mais. O total que Dilma recebeu da OAS chegou a R$ 30 milhões. Aécio ficou com R$ 10,7 milhões. Na rubrica Andrade Gutierrez, Dilma recebeu R$ 16,8 milhões. Aécio, R$ 20,2 milhões.

Durante a fase inicial de sua existência o Partido dos Trabalhadores nunca recebeu um tratamento amistoso — nem mesmo civilizado — por parte das elites dirigentes do país. Em 1989, Mario Amato, principal liderança dos industriais de São Paulo, chegou a dizer que 400 mil empresários fariam fila no aeroporto em caso de vitória de Lula, na cena final de uma sequência de manobras sujas que já evidenciavam as dificuldades futuras para derrotar o candidato do PT pelas vias legítimas da política. A crescente popularidade de Lula obrigou a uma mudança. Deixava claro que todos deveriam preparar-se para enfrentar o dia em que ele chegasse à presidência.

Essa visão levou grandes empresários a se aproximar do candidato, o que permitiu ao PT construir estruturas profissionais de campanhas milionárias e sofisticadas como a dos demais partidos políticos brasileiros. Em 2002, Lula exigiu que a propaganda fosse entregue a Duda Mendonça, publicitário famoso pela recuperação da imagem de Paulo Maluf. Naquele mesmo ano, as conversas com empresários do setor produtivo, inclusive empreiteiros, tornaram-se mais frequentes e produziram contribuições eleitorais em escala comparável às destinadas aos principais concorrentes. Em 2002, Lula foi convidado para uma primeira conversa, a sós, com um presidente de um dos grandes bancos brasileiros. Conduzido pelo executivo Miguel Jorge, que se tornaria ministro no segundo mandato, o candidato encontrou-se com Emílio Botim, presidente mundial do Santander, que acabara de investir R$ 7 bilhões na privatização do Banespa.

Neste universo mascarado, aquilo que parece nem sempre é — e aquilo que é, pode não parecer.

Quem resolve? A política.

7

Em novembro de 2014, soube-se por meio de Julia Duailibi, de *O Estado de S. Paulo*, que os delegados que conduziam a Lava-Jato, na Polícia Federal do Paraná, formavam um núcleo de conhecidas preferências tucanas, explicitadas no segundo turno, em mensagens grotescas e desrespeitosas em relação a Dilma Rousseff e Lula. (Leia página 110).

Também há opinião política — ainda que não partidária — no texto de Sergio Moro sobre a Mãos Limpas. O juiz compara a política italiana com a brasileira. Mostra interesse em saber se há condições para realizar uma operação semelhante no Brasil, quando havia decorrido apenas um ano e meio depois de Luiz Inácio Lula da Silva tomar posse no Planalto. Formulando um juízo sobre a situação do país, Moro fala da decepção da população com os políticos — no momento em que o Brasil assiste ao início do governo de um presidente que se tornaria o mais popular da história do país.

Quando sugeriu que a Lava-Jato é uma resposta de Deus à necessidade de combater a corrupção, como relatou o repórter Bernardo Mello Franco, da *Folha de S.Paulo*, o procurador Deltan Dallagnol, coordenador da força-tarefa, usou um critério religioso para valorizar a Operação do ponto de vista político. Fez isso num país onde a Constituição diz que vivemos num estado laico, onde nenhuma religião pode ser perseguida — nem privilegiada.

O chefe da força-tarefa disse, mais de uma vez, que uma forma de o Brasil vencer a corrupção seria mirar-se no exemplo de transparência oferecido pelo regime de Hong Kong. Não é uma boa comparação. Colônia do PC chinês de 7 milhões de habitantes, rica e autoritária, em Hong Kong a população sequer tem direito de votar para escolher o governo.

Classificado por um repórter como "ideólogo" da Lava-Jato, o procurador Carlos Fernando Santos Lima definiu a Operação nos seguintes termos:

"O que nos preocupa é não conseguirmos montar para a população um quadro completo da corrupção, da cartelização, das mais diversas fraudes, enfim, da extensa criminalidade que permeia as relações público-privadas em nosso país. Cada acusação é como uma pequena peça de um imenso quebra-cabeça, e precisamos encaixar um número suficiente de peças desse *puzzle* para que todos que olharem esse conjunto possam saber como ele ficaria, se completo. Só assim a população poderá separar o joio do trigo."

8

A melhor crítica aos ruinosos efeitos econômicos da Lava-Jato não partiu de economistas ligados ao governo, mas de um trio de estudiosos liderado pelo professor Gesner Oliveira, economista ligado ao PSDB, que foi presidente do CADE — Conselho Administrativo de Defesa Econômica, e também do Conselho da Sabesp, estatal de águas do governo de São Paulo.

A partir da constatação de que "o espetáculo da investigação prevaleceu sobre o conteúdo" (*Folha de S.Paulo*, 15/6/2015), Gesner e dois professores, Fernando Marcato e Pedro Scazufca avaliam os efeitos nocivos que podem ser atribuídos à operação.

Sem deixar de reconhecer aspectos positivos na investigação, dizendo que "deve-se aperfeiçoar as relações entre público e privado, cobrando transparência e governança", os professores batem duro. Argumentam, por exemplo, que "não se pode querer saciar uma sanha irracional por vingança, aniquilando a experiência e o talento empreendedor nacionais".

Também acusam a Lava-Jato de basear-se em noções que "têm apelo popular e dão boas manchetes, mas são totalmente equivocadas e geram efeitos devastadores". Uma dessas noções, explicam, reside na teoria principal da denúncia, que aponta para a existência de um "cartel de empreiteiras" que estaria tirando vantagens indevidas da Petrobras. Eles mostram que essa visão é simplesmente "insustentável" do ponto de vista técnico. Isso porque uma empresa do tamanho da Petrobras possui um poder descomunal para organizar o mercado conforme seus interesses e conveniências. Nao pode sequer ser chamado de monopólio — mas de "monopsônio", termo que define uma empresa que possui controle total sobre movimentos da área em que atua.

Preocupados com a tonalidade politizada da operação, classificam como "misto de cinismo e ingenuidade" o argumento de que será possível substituir empreiteiras levadas a falência por novas empresas que irão aparecer no mercado, "inclusive estrangeiras". Não se deve admitir, dizem, "que o clamor popular execre e destrua o patrimônio e o empresariado brasileiro, com impactos nefastos na economia".

Apontando para um cenário desolador na economia, os economistas calcularam um potencial de destruição de renda e emprego. Dizem que uma Lava-Jato "malconduzida" pode custar R$ 200 bilhões no PIB e mais de 2 milhões de empregos. "É um passo na direção da depressão", concluem.

9

Embora todos digam que a corrupção não escolhe cor nem partido, é ainda mais fácil reconhecer que, na hora de apurar e punir, sempre aparecem políticos mais castigados do que outros.

Em 2002, quando Lula já despontava como candidato favorito à presidência da República, ocorreu o sequestro e assassinato do prefeito de Santo André, Celso Daniel, recém-nomeado para integrar a coordenação da campanha presidencial. Tanto a Polícia Civil, do governo Geraldo Alckmin, como a Polícia Federal, que entrou no caso por determinação de Fernando Henrique, concluíram que se tratava de crime comum. Mas o Ministério Público de São Paulo levou uma denúncia à Procuradoria Geral da República, onde dava outro rumo ao caso e apontava José Dirceu como mandante do crime. Destinado a ser assunto quente na reta final da campanha de 2002, a acusação não foi adiante porque esbarrou na firmeza do ministro Nelson Jobim, do STF. Sorteado para examinar a acusação, Jobim descartou o inquérito como "denuncismo".

Em 2004, surgiu uma denúncia contra Waldomiro Diniz, assessor de José Dirceu. A denúncia se baseava numa fita de vídeo gravada, divulgada pela *Época*. Um mês depois, uma segunda fita, em áudio, permitiu conhecer a história inteira: um subprocurador do Ministério Público havia convencido o contraventor Carlinhos Cachoeira — que havia gravado o vídeo que comprometia Dirceu — a lhe entregar a gravação chegando a argumentar "pra, desculpe a expressão, pra ferrar o chefe da Casa Civil da presidência da República, o homem mais poderoso do governo, ou seja, pra derrubar o governo Lula".

Em 2005, designado para investigar as denúncias da AP 470, o delegado Luiz Flávio Zampronha encontrou fatos que poderiam sustentar a denúncia. Também apurou provas e testemunhos que enfraqueciam a acusação. Trouxe ainda novidades que incriminavam o PSDB. As conclusões de Zampronha poderiam ter enriquecido o debate entre os juízes e permitido uma decisão final mais coerente com fatos e provas disponíveis. Mas diversas descobertas permaneceram guardadas num segundo inquérito, o 2474. Mantido na condição de secreto, ele não pôde ser debatido sequer pelos ministros do STF que julgaram a AP 470.

No final de 2006, quando ocorreu o escândalo conhecido como *aloprados,* os repórteres dos grandes jornais procuravam de qualquer maneira ter acesso às imagens de montanha de dinheiro apreendido. A divulgação das imagens fez parte de uma conversa entre o empresário João Roberto Marinho, um dos donos da Globo, e o ministro

Márcio Thomaz Bastos, durante um jantar no apartamento deste, em São Paulo. João Roberto sustentou que havia interesse jornalístico no pedido, lembrando que havia antecedentes favoráveis. O ministro recusou, escudado no regulamento da corporação, que veda divulgação de material apreendido. Mas o delegado, Edmilson Bruno, saiu na frente e providenciou a entrega, certificando-se, pessoalmente, de que o material chegaria a tempo para entrar na edição do *Jornal Nacional* daquela noite. O delegado Edmilson Bruno nunca escondeu a condição de eleitor e simpatizante do PSDB.

Só uma precisão cirúrgica permitiu separar o mensalão-PSDB--MG da Ação Penal 470, impedindo que dirigentes tucanos de Minas Gerais fossem contaminados durante investigações que envolviam episódios idênticos e simétricos, envolvendo os mesmos personagens — sejam banqueiros, publicitários, operadores e mesmo secretárias.

Personagem-chave de delações importantes, como de Paulo Roberto Costa e do próprio Camargo, a advogada Beatriz Catta Preta orientou Pedro Barusco, gerente da Petrobras que, na CPI, assumiu-se como um corrupto de longo curso, desde 1998, ainda no governo Fernando Henrique Cardoso. Questionado pelo deputado Leo de Brito (PT-AC) sobre a possibilidade de fazer um novo acordo de delação premiada, agora para revelar como funcionava o esquema nos tempos do PSDB, Barusco virou-se para a advogada e, após uma rápida troca de palavras, recusou a possibilidade. "Ficou claro que esse era um terreno proibido para ele", diz Leo de Brito.

"Não podemos esquecer que a Justiça é um aparelho ideológico de estado", afirma a deputada federal Luiza Erundina (PSB-SP). "Não trata todos do mesmo modo." Sucessora de Jânio Quadros, Adhemar de Barros e Paulo Maluf, Erundina foi a única prefeita de São Paulo forçada a restituir aos cofres da prefeitura um dinheiro que foi acusada de desviar — para pagar anúncios de jornal em apoio a uma greve geral.

A partir de *Homens livres na Ordem Escravocrata*, um clássico da sociologia brasileira de autoria da professora Maria Sylvia de Carvalho

Franco, é possível fazer uma reflexão sobre as mentalidades que orientaram o funcionamento da lei e da ordem na história de um país onde "o estado é visto e usado como 'propriedade' do grupo social que o controla".

Para a professora, o "aparelho governamental nada mais é do que parte do sistema de poder desse grupo, imediatamente submetido à sua influência, um elemento para o qual se volta e utiliza sempre que as circunstâncias o indiquem como o meio adequado". A professora sublinha: "só nesta qualidade se legitima a ação do estado".

A primeira investigação da Lava-Jato teve início num grampo telefônico que captava conversas entre o advogado Adolfo Gois e seu cliente, Roberto Brasiliano, um assessor do deputado José Janene (PP-PR), personagem importante da AP 470 e também das investigações sobre a Petrobras, até sua morte precoce, por doença cardíaca, em 2010. (*Habeas Corpus* 5009087-52.2014.404.0000/PR)

Era uma interceptação ilegal, pois a comunicação entre advogado e cliente é inviolável, conforme o artigo 5º da Constituição. O mesmo ocorreu na cela de Alberto Youssef conforme denúncia do próprio agente, que instalou um equipamento de escuta no local. Ricardo Pessoa, presidente da UTC, um dos principais acusados, foi grampeado momentos antes da prisão, quando dialogava com seu advogado.

Quem acompanha o histórico brasileiro de operações anuladas pelo uso de provas ilícitas sabe que as escutas telefônicas foram o motivo principal na maioria dos casos. Nos documentos reunidos na Operação Castelo de Areia, foram encontradas até tabelas com o pagamento de empreiteiras a executivos e dirigentes de empresas estatais ligadas ao PSDB paulista — mas também dirigentes de outros partidos —, com a quantia definida, a regularidade e assim por diante. A operação acabou anulada. O senador Demóstenes Torres também se beneficiou da mesma jurisprudência.

Está errado? Não. O advogado Lenio Streck, procurador aposentado, coloca nos seguintes termos: "Qual é o problema fulcral? A próxima vítima pode ser você. Hoje é bom relativizar a prova para pegar corruptos, lavadores de dinheiro. Amanhã isso será usado para qualquer coisa. Não se transige com garantias fundamentais. Ou elas valem ou não valem".

Os rigores da legislação brasileira sobre escuta telefônica sem autorização são uma resposta ao histórico de abusos deixados pela ditadura militar. A ideia é que os direitos humanos estarão protegidos, até de forma preventiva, se todo policial for ensinado a levar a sério aquele artigo da Constituição onde se diz, no inciso LVI do capítulo sobre direitos individuais, que "são inadmissíveis, no processo, as provas obtidas por meios ilícitos". Anula-se uma prova ilícita para impedir que o estado continue cometendo ilegalidades.

No final de julho, Deltan Dallagnol, chefe da força-tarefa da Lava-Jato, iniciou uma campanha para coletar 1,5 milhão de assinaturas a favor da aprovação de um projeto de mudanças legais que inclui, entre outras coisas, uma flexibilização das restrições contra o uso de provas obtidas por meios ilícitos. Caso a emenda venha a ser aprovada, o grampo ilegal pode tornar-se aceitável, sob determinadas condições.

Teremos, assim, a mesma seletividade — agora para aceitar provas num caso, e recusar, em outro. Não é difícil imaginar quem sairá prejudicado. A parte mais fraca, como sempre.

10

Num país onde quase 40% das pessoas detidas nas penitenciárias são cidadãos muito pobres, incapazes de se defender com uma assistência jurídica adequada, mantidos em regime de prisão preventiva por anos a fio, sem julgamento, a legislação recente tem tido cuidado de responder a essa situação.

Sempre cauteloso diante da ideia de encarcerar uma pessoa sem que ela tenha sido julgada, o Código Penal autorizava, até então, a prisão preventiva quando havia o risco de o acusado continuar praticando crimes, se fosse mantido em liberdade; se pudesse representar riscos para as investigações; ou ainda, se houvesse risco concreto de fuga.

Considerando que essas cláusulas, mesmo se aplicadas com prudência, poderiam ser insuficientes para resguardar o direito de toda pessoa ser considerada inocente até que se prove o contrário, a partir de 2011, o Código de Processo Penal passou a admitir medidas alternativas, como recolhimento domiciliar, suspensão do exercício de atividade econômica e monitoramento eletrônico do acusado, como opções prioritárias em relação à prisão preventiva.

Totalizando quarenta e oito prisões preventivas até julho de 2015, Sergio Moro sempre desmentiu advogados que denunciavam as detenções como um atalho para forçar os detidos a assinar acordos de delação premiada, assumindo seus crimes e denunciando outros integrantes do esquema. Mas as estatísticas não ajudam o juiz. Dos primeiros dezoito acordos de delação, apenas um não foi assinado por um prisioneiro.

Conhecido pelo hábito de defender em voz alta aquilo que nos meios jurídicos só se costuma dizer em voz baixa — em 2011, ele pediu o indiciamento do presidente Luiz Inácio Lula da Silva na AP 470 — o procurador Manoel Pastana, encarregado de dar pareceres em recursos dos réus da Lava-Jato, defendeu as prisões preventivas "diante da possibilidade real de o infrator colaborar com a apuração da infração penal". Numa entrevista a Pedro Canário, do *site* Conjur, o procurador lembrou que uma das razões legais para a prisão preventiva consiste na "conveniência da instrução", argumentando que "é possível interpretar que uma dessas conveniências seja forçar o réu a colaborar". Para Pastana, o encarceramento poderia servir de estímulo à obtenção de confissões e delações, já que existe a "possibilidade de a segregação influenciar (o acusado) na vontade de colaborar na apuração de responsabilidade". A franqueza de Pastana mereceu repúdio de Miguel Reale Júnior:

"Transformar a prisão, sem culpa reconhecida na sentença, em instrumento de constrangimento para forçar a delação, é uma proposta que repugna ao Estado de Direito: ou o acusado confessa e entrega seus cúmplices, ou permanece preso à espera do julgamento, com a possibilidade de condenação, mas passível de uma grande redução da pena se colaborar com as investigações".

As delações tinham uma utilidade técnica. Ao contrário do que se passara na AP 470, quando recursos de caixa dois, que sempre haviam sido considerados um delito fiscal, passaram a ser tratados como prova de crime, na investigação sobre a Petrobras todas as formalidades haviam sido cumpridas e todos os pagamentos eram declarados à Receita. Isso permitia sustentar o argumento de que tudo havia se passado dentro da lei, como reconheceu a *Folha de S.Paulo* em editorial de 11 de junho de 2015. A delação era a forma de sustentar outra versão, de que tudo era uma farsa.

No artigo "Considerações sobre *Mani Pulitti*", Moro deixa claro que as prisões tiveram um papel essencial nas investigações feitas na Itália e explica como isso funcionou:

"A estratégia de ação adotada pelos magistrados incentiva os investigados a colaborar com a Justiça. A estratégia desde o início submetia os suspeitos à pressão de tomar decisão quanto a confessar, espalhando a suspeita de que outros já teriam confessado e levantado a perspectiva de permanência na prisão pelo menos no período de custódia preventiva no caso da manutenção do silêncio ou, vice-versa, de soltura imediata em caso de uma confissão".

As raízes desse comportamento, dessa "pressão de tomar decisão quanto a confessar" como escreveu o juiz, na tentativa de "forçar o réu a colaborar", como disse o procurador, se encontram numa técnica no tratamento de pessoas detidas conhecida como "Dilema do Prisioneiro". Baseado na teoria dos jogos, o Dilema mostra as vantagem de jogar uns prisioneiros contra os outros, inclusive com emprego de mentiras.

Mesmo sem emprego de violência, essa situação permitiu a comparação da delação premiada a confissões obtidas sob tortura, como sustentam dois renomados advogados do país, Antônio Claudio Mariz de Oliveira e Ives Gandra. Para eles, há diversas formas de tortura:

"Uma delas é a tortura moral, esta sofisticadamente imposta aos presos preventivos, e a busca de sua confissão premiada leva o Poder Judiciário a mantê-los encarcerados por tanto tempo quanto necessário para derrubar sua resistência psíquica, sendo a confissão e a delação premiada o caminho para sair das prolongadas prisões decretadas".

Falando de uma sociedade fundada sob o princípio da liberdade e dos direitos individuais, eles lembram que essa tradição ensina que "só se considera alguém culpado após uma aprofundada avaliação probatória que passa no mínimo por duas instâncias de julgamento". "Só posteriormente, quando esgotados os recursos é que se decreta o cerceamento da liberdade e na hipótese de serem inaplicáveis outras medidas alternativas. Prender antes é excepcional".

Mesmo destinada a fazer um acusado falar sobre crimes, as leis sobre delação premiada exigem que a decisão seja inteiramente "voluntária", como prevê a Lei de Proteção às Vítimas e Testemunhas. Para cumprir essa exigência, basta que a pessoa decida fazer um acordo de delação. Mas a legislação tem mais de um ponto de vista. As leis contra o crime organizado, a lavagem de capitais e o tráfico de drogas pedem mais. As delações devem ser "espontâneas". Não podem ser sugeridas nem induzidas.

Embora depoimentos de réus encarcerados costumem ser objeto de desconfiança permanente, desde o início era possível questionar os depoimentos do doleiro Alberto Youssef, o mais prolixo entre todos. Youssef deixou gravada, em vídeo, a afirmação de que seu acordo de delação era inteiramente espontâneo.

Preso em 2000, na CPI do Banestado, Youssef é acusado de entregar os concorrentes e permanecer no negócio, esperteza que, pelas convenções naturais do ofício de delator, deveria ser suficiente para impedir que fosse convidado de novo para a função. Uma das principais autoridades brasileiras no assunto, com uma carreira no Judiciário — o Superior Tribunal de Justiça —, o jurista Gilson Dipp questionou a presença de Alberto Youssef na lista de delatores. Dipp recordou que Youssef já fizera delações em outra oportunidade, quando traiu o compromisso de abandonar toda atividade criminosa no futuro. Lembrou que um delator precisa ter um "perfil" adequado à função e concluiu: "Resta evidenciado que o colaborador não preenche esse requisito, deduzido da própria sentença que o condena, que aferiu negativamente sua personalidade e antecedentes criminais".

Além de permitir a sustentação de uma acusação difícil de provar quando há documentos que sustentam o contrário, a delação gera um efeito dramático — do ponto de vista político, o mais importante, já que pode ser exibido em sequências de poucos segundos de telejornal. Elas simplificam questões complexas, ajudam a dar credibilidade a argumentos nem sempre fáceis de demonstrar e, do ponto de vista do apoio popular, dispensam o contraditório.

Na Idade Média, as confissões eram o principal instrumento para se conduzir os hereges às fogueiras da Inquisição, transferindo para os condenados toda responsabilidade pelo seu destino. Procurador dos Grandes Expurgos da Era Stalinista (1936-1938), Andrey Vychinzky, alimentava suas denúncias a partir de confissões que davam consistência aparente a acusações pouco críveis contra personalidades de prestígio. Entre 200 mil vítimas fatais havia lideranças respeitadas e mesmo queridas pela população, que acabaram moralmente destruídas pelo isolamento, pelos maus--tratos e pela tortura. A confissão cumpria uma função política, ajudando a criar um ambiente de conformismo e resignação entre aliados políticos dos condenados, que poderiam interessar-se por sua defesa. Isso dava credibilidade às acusações contra eles — mesmo que fossem mentirosas.

Hannah Arendt lembra que Stalin só lançou um programa de extermínio físico de seus adversários quando todos os oponentes haviam "confessado seus erros" e "toda oposição organizada" havia desaparecido.

Arendt sublinha que o terror torna-se possível "quando o governante totalitário sabe que não precisa ter medo," diz ela.

Convencido de que a Lava-Jato produz uma "punição antecipada", o professor Renato Mello Jorge da Silveira, vice-diretor da Faculdade de Direito da Universidade de São Paulo, compara a Operação ao Caso Dreyfuss, fraude judiciária que condenou um oficial judeu a cumprir pena a ferros na Guiana, vítima de uma "minuciosa campanha midiática que colocava toda a população contra o capitão supostamente traidor".

O professor assinala o ressurgimento — mais uma vez, em contexto inapropriado — da teoria do domínio do fato, que ajudou a produzir condenações sem prova na AP 470. Advogados envolvidos no caso concordam. Dizem que seus clientes têm sido acusados por uma teoria nascida na mesma árvore chamada "cegueira deliberada". Conforme este ponto de vista, uma pessoa pode ser condenada quando não impediu a ocorrência de crimes que, conforme a polícia e o ministério público, ocorriam sob seu nariz.

Embora a lei determine que as delações premiadas devam permanecer em segredo até a apresentação da denúncia, elas sempre acharam o caminho para aparecer nos jornais, nas revistas, nas emissoras de TV.

Em 2004, Moro tinha clareza sobre a necessidade de "deslegitimar" os políticos que seriam alvo da Lava-Jato. Nunca escondeu que precisava contar com jornais e revistas para isso: "ao mesmo tempo em que tornava a ação judicial possível, a deslegitimação era por ela alimentada".

Moro explica: "A investigação vazava como uma peneira. Tão logo alguém era preso, detalhes de sua confissão eram veiculados no

L'Espresso, no *La Repubblica* e outros jornais e revistas *simpatizantes* (o grifo é meu)".

As confissões permitiram a construção de um enredo, contando uma história sem a qual os jornais não conseguem funcionar. Eram necessárias porque ajudavam a vencer uma dificuldade crucial — contornar, por meio de depoimentos, a dificuldade de provar que os partidos investigados haviam recebido propinas, e não contribuições legais.

Se era fácil reconhecer integrantes das quadrilhas profissionais que atuavam na Petrobras, sem distinção de preferência política, era muito mais complicado envolver tesoureiros e operadores políticos de forma consistente.

Sua resistência a colaborar — direito reconhecido em jurisprudência da Suprema Corte dos Estados Unidos — demonstrou que era difícil fazê-los admitir que haviam cometido aquilo que procuradores definiam como crimes e, mais ainda, colaborar na investigação.

Um tesoureiro, originalmente, é um militante político que já deu inúmeras provas de fidelidade ao partido e se dedica a administrar recursos para sustentar uma visão de mundo e um projeto político, atividade essencial não só para que uma determinada ideia deixe de ser um exercício diletante, mas também para que o regime democrático possa sobreviver como método preferencial de governo. Os compromissos com o dinheiro que chega às mãos de um tesoureiro — qualquer que seja o caminho percorrido — têm natureza diferente da relação do empresário, executivo ou lobista que está ocupado com um puro ganho econômico. Não é sua propriedade e, em princípio, não se destinam ao enriquecimento nem a financiar a boa vida — embora isso possa acontecer, como se sabe.

A base da delação é o discurso do arrependimento, pelo qual o colaborador repudia o que fez no passado e tenta justificar um fato sempre moralmente delicado: salvar a própria pele em troca da denúncia de amigos e colegas. Há uma outra complicação, como observa Renato Mello Jorge da Silveira: as delações se dirigem, como prioridade, para testemunhas que ocupam posição de mando, o que permite a quem dava ordens a partir de cargos altos tirar vantagem de sua posição mais uma vez sobre aqueles que se encontram em posição inferior: "beneficia-se o criminoso de alta gama, aquele que teria mais informações. Pactua-se, portanto, com quem mais delinquiu. Pune-se, por outro lado, a menor criminalidade ou outros, que simplesmente ficaram aquietados".

Um fator decisivo para a delação não envolvia o presente dos encarcerados, mas sua perspectiva de futuro.

Se ninguém embarca numa caminhonete negra da Polícia Federal imaginando que fará um passeio, a maioria dos prisioneiros começou a ter clareza da própria situação quando Sergio Moro passou a autorizar a transformação de prisões temporárias de cinco dias, prorrogáveis por mais cinco, em preventivas e os recursos levados aos tribunais superiores, passaram a sofrer derrotas sistemáticas.

Conforme dados divulgados em julho, dos 186 recursos levados ao Tribunal Regional da 4ª região, apenas cinco favoreceram os réus. No Superior Tribunal de Justiça, foram 144 a 138. No Supremo, o placar foi de sete contra cinco.

Num despacho de 27 de julho de 2015, Sergio Moro menciona decisões de tribunais superiores que se debruçaram sobre pedidos de *habeas corpus*, na Lava-Jato e em outros casos, para justificar uma de suas negativas.

No Superior Tribunal de Justiça, o ministro Newton Trisotto emprega a repercussão da própria Lava-Jato nos meios de comunicação — em grande parte fruto de vazamentos — como argumento para rejeitar o pedido dos réus. Descreve o ministro: "nos últimos vinte anos, nenhum fato relacionado à corrupção e à improbidade administrativa, nem mesmo o famigerado 'mensalão', causou tanta indignação, tanta 'repercussão danosa e prejudicial ao meio social', quanto estes sob investigação na Operação Lava-Jato — investigação que a cada dia revela novos escândalos".

Em outra decisão, que envolve um personagem que também foi alvo de grande cobertura midiática, a ministra Ellen Gracie invocou a necessidade de manter a prisão do juiz Nicolau dos Santos Neto, condenado por desvios milionários na Justiça do Trabalho. A ministra alegou a necessidade de "resguardar a ordem pública" em "consequência dos graves prejuízos causados à credibilidade das instituições".

A experiência ensina que vivemos num mundo no qual é complicado falar da "repercussão" de um caso ou de outro sem levar em conta a importância que os meios de comunicação lhe atribuem. Quase sempre, a repercussão é criada — ou diminuída — pela valorização que determinado fato obtém na mídia.

Mesmo assim, é possível citar outras decisões que envolviam casos de repercussão, na época respectiva, e foram resolvidas de forma oposta.

Em maio de 2007, o ministro Gilmar Mendes deferiu o pedido de uma liminar que pedia um *habeas corpus* favorável a um executivo da empreiteira Gautama, preso no curso da Operação Navalha, no Maranhão, acusado de pagar "vantagens indevidas" a funcionários públicos. Ao explicar a decisão, Gilmar empregou argumentos que também poderiam fazer sentido para os prisioneiros da Lava-Jato.

Curiosamente, um dos motivos alegados para manter o acusado na prisão era "a finalidade de obtenção de depoimento". Muito sensatamente, Gilmar lembrou que isso não era necessário, já que os responsáveis pelo inquérito possuíam "amplos poderes para convocar sempre que necessário o ora paciente".

Depois de sublinhar que a prisão preventiva é "medida excepcional e que exatamente por isso demanda a explicitação de fundamentos consistentes", o ministro argumenta na sentença que falar que a soltura do acusado poderia colocar a "ordem pública em perigo" não passava de um "verdadeiro prejulgamento".

Em 2008, no julgamento de outro *habeas corpus*, Eros Grau deu um voto que se tornou referência histórica.

Procurando a origem dos questionamentos às garantias fundamentais, o ministro falou do "individualismo que domina, o egoísmo que preside nossas relações". Na conclusão, referindo-se ao juiz que havia negado o *habeas corpus*, Eros Grau falou para a história:

"Pior que a ditadura das fardas é a das togas, pelo crédito de que dispõe na sociedade. A nós cabe, no entanto, o dever de exercer com sabedoria nosso poder, e impedi-la".

Em Curitiba, as sucessivas derrotas em tribunais superiores provocaram o sentimento de derrota antecipada de prisioneiros. Eles passaram à delação premiada quando começaram a ser confrontados — explicitamente, segundo seus advogados — com o risco de serem condenados a quarenta anos de prisão — a pena máxima da AP 470, recebida por Marcos Valério.

A delação premiada de Dalton Avancini, presidente da Camargo Corrêa, mudou seu destino. Originalmente seria condenado a quinze anos e dez meses de prisão, cumprindo parte da pena em regime fechado. Com a delação, passou para um ano em prisão domiciliar, quando será obrigado a usar tornozeleira eletrônica. Depois desse período, entra no regime semiaberto, no qual é obrigado a dormir em casa e cumprir cinco horas semanais de serviços comunitários. Mais tarde, cessa a obrigação de dormir em casa. Avancini foi condenado a pagar R$ 1,2 milhão de multa criminal e R$ 2,5 milhões como multa cível. Seu vice, Eduardo Hermelino Leite, fechou acordo em circunstâncias muito parecidas.

11

Diante dos efeitos que a Lava-Jato provocou no governo, chega a ser curioso admitir que Lula e Dilma Rousseff têm razão em reivindicar para si iniciativas de combate à corrupção que acabaram atingindo o próprio PT e demais aliados. Mas é verdade, ainda que seja difícil de aceitá-la diante da visão, presente nos meios de comunicação e na Justiça, de que o partido não passa de fachada para uma "organização criminosa".

Depois de ilustrar a campanha de 2002 com um *slide* "Corrupção: Tô Fora", o governo deu sequência, ao menos parcialmente, ao que havia prometido aos eleitores. Leis contra a corrupção foram agravadas, em prejuízo dos condenados — o que incluiu até condenados pela AP 470.

Criada na mesma época, a Controladoria Geral da União (CGU) funcionou como uma típica agência anticorrupção. Em dez anos investigou e puniu — inclusive com exclusão do serviço público — mais de 4.400 servidores, permitindo um retorno ao tesouro da ordem de R$ 10 bilhões, e uma economia efetiva de R$ 297 milhões.

Embora o Brasil tivesse uma lei de delação premiada aprovada já no governo de Fernando Henrique Cardoso, a legislação ganhou uma nova versão no governo Dilma. A mudança consistiu na oferta de benefícios mais generosos aos réus, que passaram a ter direito ao perdão judicial — antes a maior vantagem era redução para um terço da pena — livrando-se ainda de restrições e condicionalidades consideradas desestimulantes. "A medida se transformou numa arma de destruição em massa", escreveu o jornal britânico *Financial Times*, em agosto de 2015, referindo-se às investigações realizadas na Petrobras. Crítico permanente da gestão Dilma na área econômica, o *Financial Times* avalia que o "fortalecimento das instituições de combate à corrupção" pode transformar-se no principal legado do governo Dilma.

Por mais que os adversários tenham dificuldade para reconhecer, sugerindo que as investigações aconteceram por geração espontânea, muitas medidas práticas de combate à corrupção foram uma resposta aos compromissos da campanha de Lula. Apostando, certamente, no reforço da aprovação popular que estas medidas iriam permitir, os novos governantes não apenas reforçaram o estado com recursos e equipamentos compatíveis com as necessidades do mundo contemporâneo. Também garantiram uma autonomia de atuação nunca vista pela Polícia Federal nem pelo Ministério Público, que até então se encontravam sob comando de dirigentes em posição de dependência — para não falar coisa pior — em relação ao Executivo.

A autonomia da PF para realizar investigações incluiu vários casos exemplares. Para evitar vazamentos e interferências de cima, o diretor-geral só era formalmente avisado de uma grande operação na véspera — e devia comunicar a seu chefe, o ministro da Justiça, no dia seguinte.

Também ocorreram casos nada exemplares. Suspeito de oferecer favores indevidos a pequenos empresários do ABC paulista, um dos irmãos de Lula teve sua casa invadida e revirada sem aviso prévio numa operação de busca e apreensão da Polícia Federal. A operação incluiu remexer no armário de roupas íntimas de uma sobrinha do presidente — numa data bem escolhida, quando Lula se encontrava em viagem oficial à Índia, e só pôde ser informado do caso por telefone.

O Ministério Público foi agraciado, por Lula, com uma medida mais ousada. Ele assumiu o compromisso verbal — ou seja, pela palavra de presidente da República — de sempre indicar para o posto de Procurador Geral da República o nome mais votado numa lista tríplice da própria categoria. Entre outras coisas, o PGR é a autoridade que tem a prerrogativa exclusiva de mandar investigar o presidente da República, ministros, senadores e deputados.

Parecia um gesto simbólico. Foi chamado de populismo em determinados círculos. Diante da realidade específica da política brasileira, pode-se ter opiniões contra ou a favor. Na prática, revelou-se uma decisão temerária.

Até então, o PGR era indicado pela presidência da República, e seu nome estava sujeito a aprovação do Senado. Era num ritual idêntico ao da nomeação de juízes para o Supremo, caminho que preserva a prerrogativa de dois poderes eleitos — Executivo e Legislativo — sobre uma corporação na qual se ingressa por concurso público.

Com a mudança, criou-se uma enorme fonte de poder, uma das mais ativas da República, que tinha como origem uma base de eleitores inferior aos votos necessários para escolha de um diretório central de estudantes nas grandes universidades brasileiras.

Um levantamento interno, feito em 1996, seis anos antes da vitória de Lula, ajuda a entender a cultura da corporação que o novo governo iria enfrentar.

A partir de uma amostra de 763 entrevistas entre integrantes do Ministério Público em sete estados do país pelo Instituto de Estudos Econômicos, Sociais e Políticos de São Paulo (IDESP), é possível ter uma ideia mais precisa sobre sua visão de país e sobre o papel do Ministério Público naquele momento. Para quem conviveu, mesmo superficialmente, com organizações que autodefinem-se como uma espécie de vanguarda política — ou cultural — é impossível deixar de imaginar que muitos procuradores se enxergam dessa forma.

Em média, 31,2% dos procuradores entrevistados "concordam totalmente" e 53,1% "concordam em termos" com a afirmação de que "a sociedade brasileira é hipossuficiente, isto é, incapaz de defender autonomamente seus interesses e direitos e, por isso, as instituições da Justiça devem atuar afirmativamente para protegê-la". Segundo o levantamento, 48,2% "concordam totalmente" e 36,4% "concordam em termos" com a afirmação de que o MP "deve desempenhar o papel de promoção da conscientização e da responsabilidade da sociedade brasileira". Questionados se os compromissos com "justiça social deve preponderar sobre a estrita aplicação da lei", 28,6% responderam "concorda totalmente" e 43,6% responderam "em termos".[1]

---

[1] CAVALCANTI, Rosângela Batista. Cidadania e acesso à justiça. p. 54 e seguintes. Editora Sumaré, Instituto de Estudos Econômicos Sociais e Políticos de São Paulo, 1999.

Não é difícil imaginar que, com essas convicções, e uma autonomia de ação assegurada na Constituição, os procuradores tenham se revelado ótimos aliados para quem está na oposição. Mas péssima companhia para quem está no governo. Investigam, atuam, denunciam, procuram provas — e é claro que isso atinge, preferencialmente, quem está no comando do estado.

Em 1997, num seminário sobre o papel do Ministério Público, a professora Ada Pellegrini Grinover falou em "deslumbramento" do MP, que "estaria deixando de exercer sua função essencial, a condução da ação penal, para se colocar equivocadamente no papel de 'defensor do povo'". Voz autorizada do direito brasileiro, a professora lembrou na ocasião que "a função de defensor do povo é uma extensão do poder político do Congresso... representante do povo só é quem é escolhido pelo povo, e o Ministério Público não se legitima pelo voto popular no Brasil".[2]

Em 2003, quando Lula fez a mudança, a maioria dos procuradores era formada por críticos assumidos dos valores garantistas. Adotada pelo filósofo italiano Norberto Bobbio, um dos mais influentes da segunda metade do século passado, o garantismo sustenta que os direitos fundamentais estão na base do Estado Democrático de Direito, que só se afirma quando protege os direitos do cidadão contra o estado.

Para um mestre internacional, o jurista italiano Luigi Ferrajoli, um dos criadores do movimento Magistrados pela Democracia, o ataque às garantias fundamentais é parte de movimentos que desejam construir uma democracia autoritária para sustentar um capitalismo duro.

Os procuradores estavam convencidos de que, ao priorizar em demasia os direitos de defesa, a doutrina garantista tornara-se instrumento jurídico ideal para assegurar a impunidade de quem podia

---

[2] Idem.

pagar bons advogados e multiplicar recursos destinados a paralisar as decisões da Justiça.

O debate não envolvia apenas questões teóricas. Desde a queda de Fernando Collor, em 1992, produto de uma aliança entre jornalistas, Ministério Público e lideranças ligadas ao Partido dos Trabalhadores, os grandes partidos haviam estabelecido alianças próprias com determinadas fatias do Ministério Público, com as quais se aliavam numa guerra de denúncias contra respectivos adversários políticos, numa situação que confirmava — com exceções, é verdade — que os "defensores do povo" a que se referiu Ada Pelegrini Grinover, estavam predestinados a enquadrar-se politicamente, também, fato sabido e admitido por todos. Por essas incoerências e zonas de risco da política eleitoral, os presidentes eram aconselhados a não deixar o Ministério Público à solta.

Embora não lhe faltassem adversários no Ministério Público nem escândalos nos jornais, Fernando Henrique Cardoso teve uma relativa tranquilidade assegurada durante seus dois mandatos graças à fidelidade de Geraldo Brindeiro, PGR apontado pelo vice Marco Maciel. Brindeiro manteve-se impassível diante das denúncias capazes de prejudicar o governo, que invariavelmente eram arquivadas. Ao entregar a escolha do PGR a uma categoria, Lula abriu a porta para seus inimigos.

Os procuradores com simpatia pelo governo e pelo PT ficaram imobilizados, pois qualquer gesto seria colocado sob suspeita. Aqueles que tinham simpatia e até mais do que isso pelo PSDB e de outras siglas de oposição, sentiram-se estimulados a investigar, apurar e denunciar.

Católico praticante, ligado à Igreja Católica, que havia apoiado Lula em 2002, o PGR Claudio Fonteles não chegava a ser visto como simpatizante do governo — mas não era seu inimigo. Ao tomar posse, tomou medidas disciplinadoras contra núcleos que, de um lado e de outro, operavam no interior da instituição com conhecidas preferências políticas. Também definiu a regra que todos tinham liberdade para agir, mas que ele seria o único a falar pelo Ministério Público.

Mas a autoridade de Fonteles era mais fácil de anunciar do que manter. O PGR ficou em situação difícil quando se revelou que a fita de vídeo divulgada pela *Época* para comprometer um assessor de José Dirceu fora obtida por um subprocurador que despachava na sala ao lado — coisa que Fontelles soube pelo *Jornal Nacional*.

Antes que Roberto Jefferson tivesse denunciado o *mensalão* de Marcos Valério e Delúbio Soares, Fonteles recebeu uma denúncia sobre um esquema que viria a ser chamado de Mensalão PSDB-MG. Levou a denúncia ao Supremo Tribunal Federal. Mas o caso só começou a ser apreciado com atenção depois da denúncia contra os petistas.

Os líderes "tuiuiús", assim chamados em homenagem a um pássaro do Pantanal, tinham um acordo de cavalheiros pelo qual nenhum deles disputaria um segundo mandato na categoria. Fonteles foi o primeiro e único a cumprir o combinado. Quando deixou a Procuradoria, a denúncia que levaria a AP 470 já estava em andamento, mas o serviço foi assumido pelo sucessor — eleito.

Embora tivesse o poder de arquivar ou mandar apurar, em fim de mandato, Fonteles deixou o caso para o sucessor, Antônio Carlos Fernando. Este não perdeu tempo. Apresentou a denúncia em prazo recorde, envolvendo quarenta acusados. Também pediu a prisão preventiva de catorze implicados, inclusive José Dirceu, José Genoíno e Delúbio Soares, medida que o relator Joaquim Barbosa recusou. O novo PGR foi o primeiro a empregar o termo "organização criminosa" para se referir aos petistas. Também teve a iniciativa de criar um novo inquérito, o 2474, que manteve em segredo provas e testemunhas que poderiam ser úteis para a defesa.

No julgamento da AP 470 pelo Supremo, o PGR Roberto Gurgel, sucessor de Antônio Carlos Fernando, fez a denúncia da AP 470 com base na teoria do domínio do fato, sugerindo que a posição de José

Dirceu na hierarquia do Partido dos Trabalhadores, e posteriormente na Casa Civil do governo Lula, pudesse dispensar a apresentação de provas concretas de sua responsabilidade. Durante o julgamento transmitido ao vivo pela TV, o próprio Claus Roxin, jurista alemão que formulou a teoria do domínio do fato, e esteve no Brasil na época do julgamento, sentiu-se no dever de alertar: "Na Alemanha temos o mesmo problema. É interessante saber que aqui também há o clamor por condenações severas, mesmo sem provas suficientes. O problema é que isso não corresponde ao direito. O juiz não tem que ficar ao lado da opinião pública".

Quando Lula se deu conta de que havia cometido um erro, atribuiu o fato à sua formação de dirigente sindical, habituado acima de tudo a prezar decisões coletivas tomadas em assembleia. Mas a situação era um fato consumado, o que tornava todo esforço para reverter a situação numa operação de risco, pois era razoável esperar uma retaliação corporativa como resposta de funcionários estáveis, com trânsito fácil nos meios de comunicação.

Pode-se explicar, em parte, esse comportamento, pela experiência traumatizante de militantes e dirigentes da primeira geração que fundou e dirigiu o PT, formados em plena ditadura militar, escola política onde se aprende que direitos e garantias constitucionais não passam de instrumentos políticos, sem valor real que se movem para um lado ou para outro ao sabor da relação de forças entre adversários políticos.

O caráter seletivo da AP 470 e da Lava-Jato mostra que essa visão não está essencialmente errada. Mas o tratamento recebido pelo partido, também mostra o lado perverso da situação: toda vez que a democracia é atingida, a parte mais fraca é a principal prejudicada.

A Lava-Jato mostrou que a seletividade chega a ser garantida pela posteridade, inclusive.

Um ano depois da morte de Eduardo Campos, a Justiça não é capaz de informar sequer quem era o verdadeiro proprietário do jatinho que transportava o candidato do PSB no momento de sua morte. Nem as famílias que perderam suas casas na tragédia conseguem ser indenizadas em razão disso. Como observou mestre Jânio de Freitas, "ou a identificação foi deixada de lado por pressões injustificáveis, ou está feita e silenciada sob pressão. Há acobertamento".

Não há investigação sobre os herdeiros — políticos — do deputado Sérgio Guerra, do PSDB pernambucano. Ele morreu em virtude de um câncer, mas foi denunciado em delação premiada por Ricardo Pessoa, da empreiteira UTC. A denúncia é que recebeu R$ 10 milhões para bloquear uma CPI que iria investigar, justamente, corrupção na Petrobras.

A morte do deputado José Janene (PP-PR), responsável pela aliança da legenda com o Partido dos Trabalhadores, não impediu que a Lava-Jato encontrasse seu sucessor na distribuição de recursos para o PP, apurando que as funções foram assumidas pelo doleiro Alberto Youssef, o que permitiu reconstruir os principais elos perdidos. Quando surgiram dúvidas muito graves sobre o papel de Janene, chegou-se a cogitar a possibilidade de exumar seu cadáver, pois duvidava-se até que estivesse morto de fato, mas a intervenção indignada da viúva impediu o procedimento.

12

Presentes às manifestações de caráter insurrecional de junho de 2013, muitas vezes de forma anônima, uma década depois que Lula reconheceu o direito dos procuradores escolherem o PGR em escrutínio interno, eles obtiveram uma segunda vitória política importante.

Conseguiram derrotar a PEC 37, com a qual os delegados pretendiam preservar sua autonomia nas investigações, conservando a clássica divisão de trabalho na atividade judicial, que pode ser resumida assim: a polícia, que investiga um caso, não acusa o réu; este papel é do Ministério Público, que faz a denúncia, mas não julga, atribuição que cabe ao juiz. A base desse funcionamento é a garantia de que a investigação será uma obra coletiva. Nem a polícia, nem o Ministério Público, nem o juiz serão capazes de impor seu ponto de vista, já que a todo momento a visão de uma parte será submetida ao contraditório da outra.

Como o leitor há de recordar, os protestos tiveram início com passeatas de estudantes que pediam o cancelamento de passagens de ônibus, mas logo passaram a exibir cartazes com mensagens antidemocráticas, como "Povo unido não precisa de partido", dirigida diretamente ao PT, e ainda "Chega de políticos incompetentes!" e mesmo "Intervenção Militar Já!".

Ação de massa com adesão nunca vista, sem uma direção aparente, os protestos arrastaram até forças que deveriam proteger as instituições, defender o governo e manter a ordem. Descontentes com salários e benefícios, em vez de cumprir o dever de garantir a ordem, agentes da Polícia Federal participaram ativamente de ações contra o governo, como protesto e vingança.

Até então, as previsões iniciais indicavam que a PEC deveria ser aprovada sem maiores dificuldades por um acordo sustentado pelo Planalto. Em virtude dos vasos comunicantes que ligam parlamentares e prefeitos, que a cada dois anos costumam ajudar-se mutuamente em campanhas eleitorais, ora no plano federal, ora no plano municipal, não parecia difícil obter apoio para uma proposta que representava uma derrota do Ministério Público. Atuando, muitas vezes, no plano municipal, com o mesmo espírito de "defensores do povo" apontado por Ada Pelegrini Grinover, os procuradores são alvo permanente de reclamações de centenas de prefeitos do país inteiro, quem sabe milhares. Eles acusam o MP de valer-se de uma interpretação forçada de suas atribuições constitucionais para questionar e barrar decisões de caráter político, que envolvem a esfera de competência de quem tem um mandato obtido nas urnas. Com bens bloqueados na Justiça, à espera de uma decisão final sobre sua conduta, é comum ouvir de antigos prefeitos a promessa de nunca mais disputar um novo mandato. A mobilização dos procuradores virou o jogo, porém.

Embora a maioria das pessoas não fizesse ideia do que era a PEC 37, logo sugiram pais carregando crianças no ombro com um cartaz que dizia: "PEC 37 = corrupção". Engajado numa causa que não fazia parte de suas atribuições como PGR, Roberto Gurgel chegou a promover um "mutirão contra a corrupção" de 158 procuradores, que se tornou alvo de uma crítica contundente de *O Estado de S. Paulo*: "Mais do que um ato de protesto, essas operações midiáticas são uma verdadeira tentativa de retaliação contra políticos, por parte do MP".

Quando a PEC foi a plenário, a derrota era um fato tão previsível, que seria aconselhável retirar o projeto de votação. Mas nem isso se fez. A PEC foi enterrada por 430 votos contra nove.

No interior do Ministério Público, o procurador Eugênio Aragão escreveu um artigo no qual explicava o que ninguém queria enxergar: "O movimento das ruas se deixou apropriar por um dos lados do conflito corporativo. Deixou-se de cobrar o que realmente importa na investigação criminal: segurança jurídica, respeito aos direitos do investigado e o fim da violência policial e de disputas corporativistas".

No mesmo período, a menos de cem metros do Congresso, no STF, repetiu-se uma situação semelhante. Por oito votos contra um, os ministros votaram a favor da prisão imediata do deputado Natan Donadon (PMDB-RO), condenado a treze anos e quatro meses pelos crimes de peculato e formação de quadrilha. Havia poucas dúvidas sobre a culpa de Donadon. O problema é que em 2010, antes de ser condenado, ele havia renunciado ao mandato, o que lhe daria o direito de ser julgado pela justiça comum.

Marco Aurélio Mello votou contra. O argumento foi que, após a renúncia ao mandato, Donadon tornara-se um cidadão comum,

— como o próprio tribunal já reconheceu em diversas oportunidades, antes e depois daquela decisão. Mas ninguém estava disposto a defender uma jurisprudência do próprio STF, com uma multidão na porta.

"Se a prisão não fosse anunciada para o mesmo dia, a multidão derrubava o alambrado que cercava nosso prédio para invadir isso aqui", admite um ministro em conversa reservada.

13

Em setembro, quando proibiu o financiamento de campanhas eleitorais por empresas, o Supremo Tribunal Federal criou as condições para o país enfrentar a corrupção denunciada na Lava-Jato num ambiente menos hipócrita.

O debate entre os ministros trouxe pelo menos dois votos esclarecedores nos momentos finais. Tornou mais fácil compreender que ao separar as contribuições de pessoas físicas — autorizadas dentro de determinados limites — e proibir aquelas feitas por pessoas jurídicas, a decisão aprovada estabelece uma fronteira essencial.

A ministra Carmen Lúcia lembrou que a soberania popular pertence aos brasileiros e brasileiras, eleitores e eleitoras, que são seres dotados de princípios e podem defender valores, ao contrário de empresas, entes inanimados que têm apenas interesses e, podemos acrescentar, não possuem consciência própria e só atuam por determinação dos acionistas.

Num raciocínio que certamente reflete a experiência como juíza do trabalho, a ministra Rosa Weber lembrou que a contribuição de empresas ajuda a reforçar, na vida política, a situação de domínio que já possuem na vida social e econômica de um país. Nessa situação, ao permitir que tenham uma influência descomunal sobre as decisões do estado, o financiamento empresarial amplia a desigualdade entre brasileiros, prejudicando os assalariados e menos favorecidos.

Ao privilegiar os fundos partidários, de natureza pública, a decisão do STF pode contribuir para popularizar o acesso ao poder de estado, que hoje passa pelo funil de campanhas milionárias, com candidaturas cada vez mais elitizadas. Trinta anos depois da posse do primeiro presidente civil no final do regime de 1964, as eleições brasileiras só costumam permitir, com exceções cada vez mais excepcionais, o ingresso na política aos muito ricos e aqueles que entraram em seu clube.

O placar, de 8 votos a 3, expressa uma maioria que estava clara há mais de um ano, quando o Supremo passou a examinar a Ação Direta de Inconstitucionalidade 4650, apresentada pela Ordem dos Advogados. Em abril de 2014, a proposta reuniu uma maioria de 6 votos a 1 num plenário de 11 votos possíveis.

Só faltava, na prática, cumprir o ritual, recolher os votos restantes e proclamar o resultado. Neste momento, o ministro Gilmar Mendes, o mais empenhado adversário da ADI 4650, fez um pedido de vistas que durou um ano e cinco meses. O ministro interrompeu a decisão quando a vitória da ADI parecia um fato consumado. Liberou o processo quando a situação política do país se modificara a ponto de o Congresso ter aprovado um projeto de lei que tentava liberar aquilo que o STF queria proibir.

Em movimentos em sequência que não escaparam a bons observadores, em março de 2015 Gilmar Mendes opinou numa entrevista que o financiamento de campanha não deveria ser resolvido pelo Supremo. "Isso é matéria do Congresso por excelência", sinalizou. Em maio, a Câmara iniciou uma série de votações, inclusive de um projeto de emenda constitucional. Mais tarde, também aprovou um projeto de lei ordinária.

Antes disso, 7 milhões de brasileiros deram apoio à ADI 4650 por meio de um abaixo-assinado. Nas redes sociais, dezenas de milhares de internautas se engajaram no movimento "Devolve, Gilmar", cobrando a liberação do processo. Além da OAB, entidades respeitáveis das lutas democráticas, a começar pela Conferência Nacional dos Bispos do Brasil (CNBB), assumiram uma postura de mobilização permanente, batendo às portas do gabinete do presidente do STF, Ricardo Lewandowski, para cobrar uma providência em conversas indignadas.

Por decisão de Lewandowski, a sessão de retorno foi marcada apenas quatro dias úteis depois de Gilmar anunciar que liberava o processo. Foi um prazo recorde considerando a tradição de morosidade do Judiciário. Numa demonstração de espírito de luta, três dias antes de Gilmar apresentar seu voto, Lewandowski publicou um artigo na *Folha de S.Paulo*, intitulado "Judicatura e dever de recato". O assunto do texto era "verborragia de integrantes do Poder Judiciário", que, "há muito é tida como comportamento incompatível com a autocontenção e austeridade que a função exige". Lewandowski lembrou até que a "incontinência verbal pode configurar desde uma simples falta disciplinar até um ilícito criminal, apenada, em casos extremos, com a perda do cargo, sem prejuízo de outras sanções cabíveis". O texto não mencionava nomes — nem seria conveniente fazer isso —, mas era fácil concluir que o presidente do STF mandara uma mensagem a Gilmar Mendes.

No dia marcado, Gilmar Mendes leu um voto que durou quatro horas e meia. Alvo de críticas públicas, nos dias seguintes, pelo tom conspiratório de sua argumentação, Gilmar fez uma acusação política ao Partido dos Trabalhadores, ao governo Dilma e às entidades que apoiaram a ADI 4650, que estariam unidas num projeto que "visava à perpetuação de um partido no poder, por meio do asfixiamento da oposição". Descrevendo uma fantasiosa estratégia maquiavélica, o ministro sustentou que o "partido do poder" só resolveu proibir contribuições de empresas depois que, graças à corrupção dos últimos anos, foi capaz de garantir recursos para custear despesas eleitorais até 2038 — até lá, como se sabe, estão previstas ao menos seis campanhas presidenciais, quando Luiz Inácio Lula da Silva estará com 93 anos, Dilma, com 91, Fernando Henrique Cardoso com 107 e Aécio Neves, com 78 anos. Dirigido preferencialmente à plateia que acompanha os debates do Judiciário pelas antologias de frases agressivas editadas pelos telejornais, o discurso do ministro não mudou nenhum voto no plenário.

O maior efeito prático foi abrir espaço para que o advogado Cláudio Pereira de Souza Neto, secretário-geral da OAB, tivesse direito de ir à tribuna colocar uma questão de fato, lembrando que a ADI 4650 foi levada ao Supremo quando a entidade estava sob a presidência de Ophir Cavalcanti, notório adversário do "partido do poder". Sem esconder certo incômodo, Gilmar buscou impedir que o advogado fizesse uso da palavra, mas foi corrigido por Lewandowski: "Vamos garantir a palavra ao advogado. Vossa Excelência falou por quase cinco horas", disse Lewandowski. "Só que eu sou ministro da Corte e o advogado é advogado", rebateu Gilmar. "E eu estou presidindo a sessão", replicou Lewandowski. "Vossa Excelência pode permitir que ele fale por dez horas, mas eu não fico", protestou Mendes, deixando o plenário.

Durante a sessão de 17 de setembro, viveu-se novo momento de tensão. Depois que todos os ministros haviam votado, abriu-se um debate sobre as chamadas "modulações", que envolviam medidas práticas para dar encaminhamento à ADI 4650. As discussões, improvisadas, logo mostraram que havia o risco de a proclamação final do resultado ser adiada por uma semana, duas, quem sabe meses, numa sequência de movimentos de bastidores que poderiam gerar um novo impasse, num típico caso em que uma maioria consegue ganhar, mas não consegue levar.

Quando, novamente, Gilmar Mendes retirou-se dos trabalhos antes do encerramento, anunciando que pretendia apresentar novas propostas na semana seguinte, colocou-se uma questão numérica grave. Como o plenário já estava desfalcado de dois ministros que, tendo votado em 2014, não haviam comparecido às sessões, bastaria mais um dos presentes seguir o exemplo de Gilmar para garantir que a decisão não pudesse ser tomada por falta de quórum. Num comentário fulminante, Marco Aurélio Mello alertou os presentes contra as "manobras com o quórum". Atento, Ricardo Lewandowski reassumiu o controle dos trabalhos. Fez uma consulta formal ao plenário, confirmando que as contribuições de pessoas jurídicas haviam sido consideradas inconstitucionais por 8 votos a 3 — e deu a decisão como encerrada, para alívio do conjunto de lideranças de entidades civis que acompanhavam o debate nas confortáveis poltronas de douro do tribunal.

Diante de uma derrota de valor histórico contra um sistema de dominação política da classe dominante, os adversários da ADI 4650 reagiram da forma que se poderia imaginar numa conjuntura onde os conflitos e interesses se manifestam a todo o momento, sem maiores disfarces.

Inconformados com a possibilidade de perder o imenso poder de influenciar as decisões do mundo político por meio do dinheiro, porta-vozes do universo conservador brasileiro — a começar por grandes grupos de comunicação — atacaram a decisão minutos depois de seu anúncio oficial, quando o relator Luiz Fux dava uma primeira entrevista coletiva, ainda nas escadarias do Supremo.

Como se estivessem falando de uma mudança inevitável e corriqueira, como alterações nas previsões meteorológicas do próximo fim de semana, os repórteres diziam que a principal consequência da decisão seria trazer o caixa 2 de volta para as campanhas eleitorais, perguntando ao ministro o que ele tinha a dizer a respeito.

"Não se pode tomar uma decisão jurídica tendo a fraude como princípio", reagiu Fux, esclarecendo que se deve ter o "Estado de Direito ideal" como meta a ser alcançada.

Os dias seguintes deixaram claro que a tese de que a ADI 4650 está pré-condenada ao fiasco assume uma postura ideológica que o mestre Albert Otto Hirschman (1915-2012) definiu como a "retórica da fracassomania".

Analisando o debate político dos países emergentes, em especial na América Latina, Hirschman, professor muito respeitado pela primeira geração de intelectuais ligados ao PSDB, mostrou que o conservadorismo mais intransigente possui uma estratégia definida para defender seus interesses. Evita travar um combate aberto contra projetos que podem vir a se mostrar úteis ao desenvolvimento de uma sociedade. Em vez disso, estimula uma postura de permanente conformismo, alegando que tentativas que contrariam aquilo que se acredita ser a ordem natural das coisas não só estão pré-condenados a fracassar (daí o nome "fracassomania"), mas trazem o risco de gerar, perversamente, uma situação ainda pior do que a anterior.

O recado dos derrotados pela ADI 4650 é político. As "análises" e "ponderações" sobre o caixa 2, anunciadas com ares de alta sabedoria, cumprem a função de avisar ao país que os poderosos de sempre, que têm força para proteger aliados e perseguir adversários políticos, não pretendem abrir mão do direito de continuar alugando o poder de estado para atender a seus interesses.

A mensagem é: já que isso não poderá ser feito dentro da lei, será feito clandestinamente.

UM EXEMPLO

Considerada a mais importante decisão de direito penal dos Estados Unidos, o caso Miranda x Arizona, julgado pela Suprema Corte dos EUA que examinou o caso em 1966, deixou lições úteis para o Brasil de 2015.

Acusado de ter raptado e estuprado uma moça em Phoenix, no Arizona, Ernesto Miranda foi levado a uma delegacia e, depois de horas de interrogatório, assinou uma confissão de culpa não apenas por este crime, mas por dois outros que lhe eram atribuídos. Três anos depois, a Suprema Corte decidiu mandar o condenado para casa. Os juízes ficaram convencidos de que, durante o interrogatório, Ernesto Miranda tinha sido levado a fazer confissões de maneira não "totalmente voluntária", como sustentava seu advogado. Convencida de que o acusado tinha sido forçado a se autoincriminar, por pressão de qualquer tipo, a Corte concluiu, por cinco votos a quatro, que a confissão era nula. A sentença, favorável a Miranda, foi assim:

"Concluímos que sem salvaguardas próprias o interrogatório sob custódia de pessoas suspeitas ou acusadas de crime contém pressões que operam para minar a vontade individual de resistir, para que não seja compelido a falar quando não o faria em outra circunstância. Para combater essas pressões e permitir uma oportunidade ampla do exercício do privilégio contra a autoincriminação, o acusado deve ser adequadamente informado de seus direitos e o exercício desses direitos deve ser completamente honrado".

Os juízes não se manifestaram sobre a culpa ou inocência de Ernesto Miranda. Fixaram um princípio: de que o direito de defesa de um acusado tem precedência sobre os direitos de investigação do estado.

Não foi uma decisão popular, como reflete o placar apertado. Recebeu muitas críticas num país onde a pena de morte sobrevive em vários estados da União e em tempos passados o linchamento foi uma tradição duradoura. A decisão da Corte ajudou a consolidar uma visão que define a linha divisória entre um Estado de Exceção e o Estado Democrático de Direito: é melhor ter um culpado solto do que um inocente preso.

Porém, a história não terminou como se poderia imaginar. Fora da cadeia, Ernesto Miranda acabou confessando o crime para a namorada. Ela testemunhou contra ele. Miranda foi condenado e preso mais uma vez. Tentou um recurso à Corte Suprema, mas esta não lhe deu ouvidos.

UMA CONCLUSÃO

Se, mesmo de forma desigual, os mandatos de Lula e Dilma construíram um momento histórico novo para a maioria dos brasileiros, a questão colocada em 2015 é saber por que o governo se transformou num ambiente de desconfiança e derrota quando, em situação normal, deveria haver espaço para triunfo e celebração, também.

Poucos meses depois da vitória em outubro de 2014, um governo que havia sido capaz de vencer uma campanha dificílima encontrava-se emparedado, sem agenda política real, forçado a cuidar exclusivamente da própria sobrevivência para tentar chegar a 2018.

A economia ajuda a entender o problema, em parte. Na década anterior, a recuperação econômica do país, a partir de 2004, ajudou os brasileiros a enxergar um futuro melhor para suas vidas e suas famílias, reforçando a posição de Lula para enfrentar a maré adversária da AP 470 e garantir a reeleição em 2006. Em 2015, com o país em recessão, a economia ajuda a empurrar Dilma para baixo, reforçando o desgaste da Lava-Jato. Em 2004, os percalços da economia faziam parte da herança do governo anterior, de Fernando Henrique Cardoso. Em 2015, correta ou não, a crítica de Dilma é uma autocrítica.

Com aliados à direita e a esquerda, os argumentos mais importantes na defesa política da Lava-Jato dizem que a presença de empresários e altos executivos no banco dos réus poderia indicar que se trata de um "avanço da democracia". Estaria sendo aplicada a regra de que a Lei Vale para Todos.

É complicado, até porque não se trata de uma novidade. Em nome do combate à corrupção e à subversão que fazia parte do discurso oficial do regime militar, empresários que eram aliados de João Goulart foram perseguidos duramente no pós-64. Muitos foram forçados a se desfazer de seu patrimônio e perderam acesso a decisões do estado. Isso não modificou a natureza do regime em construção.

Em 2012, as cinco penas mais graves da AP 470 foram atribuídas a empresários e banqueiros, fato que também era lembrado no julgamento como prova de que a Justiça não fazia distinção entre pobres e ricos. (Os mesmos empresários, em outra conexão política, nem sequer foram julgados pelo mensalão PSDB-MG.)

Nos tribunais, a Justiça julga indivíduos — não julga classes sociais. Num processo no qual o componente político pode ser o principal agravante, alinhamentos de um grande empresário, como Marcelo Odebrecht, ou de um operário do chão de fábrica — como o metalúrgico Paulinho da Força — têm uma importância mais decisiva do que origem social ou patrimônio.

No mais completo levantamento até hoje sobre políticos condenados por corrupção, realizado em 2007, pelo movimento Ficha Limpa, o primeiro partido da lista é o DEM, com 20,4% do total de cassados. O PMDB, com 19,5%, vem em segundo. O PSDB em terceiro, com 17%. O PT — Lula já havia sido reeleito presidente — encontrava-se em 9º, atrás inclusive do PPS, de ex-comunistas, com 2,9%. Em 2015, quando o PGR Rodrigo Janot denunciou quarenta e sete políticos como envolvidos na Lava-Jato, descobriu-se que no "escândalo do PT", era o Partido Popular que tinha o maior número de acusados: vinte e oito. O PMDB ficou em segundo lugar, com dez. O PT ficou em terceiro, com seis.

Até isso demonstra que a seletividade está na essência das investigações, naquele sistema judiciário que atua como "propriedade do grupo social que o controla", para lembrar a análise de Maria Sylvia de Carvalho Franco.

"A experiência brasileira mostra um fenômeno curioso", argumenta a pesquisadora Marta Arretche, organizadora da obra *Trajetórias das desigualdades: quanto o Brasil mudou nos últimos 50 anos*, em entrevista a Ricardo Mendonça, da *Folha de S.Paulo*. "A ameaça eleitoral da esquerda historicamente representou um incentivo relevante para que partidos conservadores incluam a questão social em sua agenda de governo."

— Medo da esquerda? — perguntou Ricardo Mendonça.

— Desde a redemocratização, todo candidato potencial sabia que teria de enfrentar o Lula na eleição seguinte. Também sabia que não entregar ou propor políticas para enfrentar a gravidade da questão social aumentaria o eleitorado potencial do PT. Não tratar da questão social implicaria aproximar 90% do eleitorado potencial, dada a distribuição da renda, no colo do PT. É por isso que até muito recentemente não tínhamos direita no Brasil.

Lembrando a reeleição de Dilma em 2014, por uma diferença magra, mas inquestionável, é difícil negar que a novidade surgida "muito recentemente" foi a Lava-Jato. Ela permitiu que o conservadorismo recuperasse a voz.

Ator e espectador das mudanças ocorridas no país a partir de 2003, o embaixador Samuel Pinheiro Guimarães afirma que "a novidade histórica extraordinária do momento que se iniciou em 2003 consiste em que, pela via institucional, um grupo político com origem na periferia e na camada intermediária do sistema social assumiu o controle de parte importante do centro legal-estatal da macroestrutura hegemônica de poder, em especial do Executivo, e se articulou com certos setores da macroestrutura".

Antecipando o que viria depois, Samuel afirma: "A disputa pelo controle do processo se desenvolve entre os que defendem os objetivos políticos históricos desse grupo da periferia de promover a desconcentração de poder e os representantes dos grupos tradicionais, que se originam na macroestrutura hegemônica".[3]

Seria cômodo, contudo, deixar de apontar atitudes políticas que ajudaram a expor o PT aos ataques de adversários históricos, contribuindo para enfraquecer tremendamente um projeto que, com todas as falhas que se possa apontar, permitiu muitas vitórias importantes da maioria da população.

Está claro que em determinado momento dessa história, uma parcela do governo e da direção do PT perdeu de vista a noção mais importante de um movimento político popular, que é o respeito à base social, à identidade política, aos compromissos de origem.

Mesmo capazes de priorizar a luta contra a desigualdade, demonstrando também uma lealdade absoluta às instituições democráticas, seus dirigentes não quiseram ou não puderam combater com a energia necessária o nascimento de interesses próprios no PT nem ambições espúrias de enriquecimento entre dirigentes e altos funcionários do estado.

Em situações cada vez mais frequentes, a permanência no governo — a qualquer custo — ganhou prioridade sobre o debate necessário para prosseguir na transformação da sociedade. Interesses burocráticos, conhecida doença de estruturas partidárias, ganharam prioridade.

Para muitos quadros do partido, as campanhas eleitorais se tornaram uma oportunidade de ganhar dinheiro com facilidade. Em busca de recursos cada vez mais altos, para sustentar máquinas políticas cada vez mais caras, chegou-se a aceitar contratação de operadores financeiros remunerados por resultado da arrecadação, num trabalho tipicamente empresarial, de consequências nefastas para o partido e seus compromissos.

---

[3] GUIMARÃES, Samuel Pinheiro. *Desafios brasileiros na era dos gigantes*. Ed. Contraponto: Rio de Janeiro, 2005, p. 70.

Lideranças formadas nas primeiras gerações de dirigentes petistas construíram empresas privadas, empenhadas em explorar oportunidades de negócio na União, estados e municípios.

Nessa passagem, dirigentes do PT não apenas deixaram de lado o melhor que trouxeram para a política brasileira, que eram suas origens. Esqueceram que, justamente porque podiam falar em nome dos operários, da população pobre e dos excluídos, jamais teriam direito a usufruir, da mesma maneira, dos benefícios e conforto sem legitimidade que a proximidade do poder de estado permite a políticos de outras legendas, com outra história e outros horizontes. Foram admitidos no clube, mas não tinham os mesmos direitos dos outros sócios.

Num artigo publicado em agosto de 2015, o professor Wanderley Guilherme dos Santos explica que a "Lava-Jato revelou a tragédia da vitória do capitalismo sobre a liderança dos trabalhadores". Deixando claro que as diferenças entre classes não foram abolidas nem mesmo na prisão, Wanderley antecipa uma tragédia na qual a parte mais fraca está condenada a sofrer mais: "os grandes empresários e as grandes empresas, ao fim e ao cabo, vão se safar, com os acordos de leniência e as delações premiadas, reservas que fazem parte de suas mochilas de sobrevivência. Não assim a destroçada elite petista, à qual não resta senão acrescentar o opróbrio da traição à vergonha da confissão".

Definindo a atuação da liderança petista como uma candidatura ao suicídio, Wanderley Guilherme descreve um comportamento que se poderia comparar ao de um garçom que, durante um banquete para convidados selecionados, decide deixar a bandeja de lado para alimentar-se de iguarias que deveria oferecer aos demais — mas que não estava autorizado a consumir, muito menos na frente dos outros. "A caça ao intruso foi imediata. A cada política em benefício dos miseráveis, mais se acentuava a perseguição ao novo jogador, insistindo em reclamar parte do botim tradicional da economia brasileira."

Exatamente por ser quem era, vir de onde veio, o Partido dos Trabalhadores, seria perseguido, destroçado e massacrado, sempre que se afastasse daquele mundo que lhe deu origem — ainda que tivesse governado o Brasil como nenhum de seus antecessores até aqui, exibindo um desempenho absolutamente superior no atendimento às necessidades das grandes maiorias.

Mesmo tendo a possibilidade de serem iguais, era preciso saber que deveriam ser diferentes.

Se a experiência de outras épocas poderia servir de ensinamento, era a certeza de que não havia motivo para aguardar por um tratamento justo nem igualitário.

Nascido como instrumento daquilo que ainda hoje se chama luta de classes, jamais conseguiria sobreviver fora dela.

O ministro do
TCU José Jorge

CAPÍTULO 1.
5 DE MAIO DE 2014

ONDE ESTÁ JOSÉ JORGE?

Sumido, ministro do TCU, relator de denúncias contra diretores da Petrobras, preocupa a CPI

O destino de José Jorge, ministro do TCU, relator de cinco denúncias contra diretores da Petrobras, é alvo de justas preocupações por parte da CPI.

Ele já foi convidado para dar depoimento, mas não disse nem sim nem não e, a qualquer momento, pode ser convocado pelos parlamentares para falar e, neste caso, será obrigado a comparecer. A requisição do senador Antônio Carlos Rodrigues, de São Paulo, está pronta para ser debatida e votada.

O TCU, não custa lembrar, não é um poder autônomo. É um órgão auxiliar do Legislativo, a quem presta assessoria jurídica. José Jorge chegou ao tribunal por indicação de Fernando Henrique Cardoso e, antes disso, foi ministro das Minas e Energia durante o reinado tucano. Na condição de ministro, presidiu o Conselho Administrativo da Petrobras e ocupava o posto quando ocorreram dois desastres na empresa.

O primeiro foi uma ruinosa troca de ações com uma subsidiária da Repsol, na Argentina. Prejuízo estimado: US$ 2,5 bilhões. O segundo foi o naufrágio da P-36, plataforma oceânica responsável por 6% do petróleo do país. Prejuízo estimado: US$ 1 bilhão por ano.

Referindo-se àquele período em que José Jorge era o mandachuva na área de energia brasileira, a revista *Veja* fez uma observação curiosa, sem dar nomes, mas reveladora do que se passava na maior empresa brasileira: "Um urubu pousou no ombro da Petrobras e nada consegue espantá-lo".

Você já fez as contas: estamos falando de um prejuízo que, em teoria foi produzido pela compra de Pasadena. Detalhe: Pasadena existe, refina petróleo e pode dar lucro. Se a economia norte-americana mantiver o ritmo deste ano, o prejuízo anunciado na compra pode virar lucro. Quanto à plataforma naufragada, hoje serve de moradia para lagostas, peixes coloridos e outros animais estranhos que habitam o fundo do mar. Irreversível, a troca de ações fez a alegria de mão única de quem empurrou o mico para os cofres brasileiros.

Não se deve colocar o carro na frente dos bois e incriminar José Jorge por aquilo que ocorreu sob sua gestão. Todos são inocentes até que se prove o contrário, certo? Mas, com todos estes números no currículo, José Jorge conseguiu ser o relator de cinco "missões investigativas" realizadas para apurar a denúncia de Pasadena. Vamos ser simpáticos.

Imagine se, um dia, quando deixar o governo, o atual ministro das Minas e Energia, Edson Lobão, vai parar no TCU. De repente, surge uma denúncia sobre a Repsol, ou sobre a plataforma, José Jorge fica na berlinda e Lobão vai para o ataque. Pode? Claro que não. O conflito de interesses seria óbvio demais para ser ignorado.

Estamos falando de um personagem múltiplo que, às vezes faz o papel de raposa e, em outras, de galinha e, quem sabe, daquele urubu sugerido pela *Veja*. Como imaginar que possa ter isenção para examinar, julgar e condenar?

É nesse jogo de sombras que a oposição procura manter o interesse sobre a denúncia contra a Petrobras. O Congresso fez duas CPIs para investigar o caso e nenhuma delas trouxe qualquer novidade substancial — apenas confirmou aquilo que era possível perceber depois dos primeiros depoimentos.

Essa é a utilidade do factoide da semana, em torno das reuniões dos dirigentes da Petrobras que antecederam seus depoimentos. Só o puro interesse político-eleitoral pode tentar transformar uma banalidade em escândalo, distorção assinalada hoje pelo mestre Jânio de Freitas. Ele escreveu:

> *Não pesquisam nada, não estudam nada, apenas ciscam pedaços de publicações para fazer escândalo. Com tantos meses de falatório sobre Petrobras e seus dirigentes, o que saiu de seguro (e não é muito) a respeito foi só por denúncias à imprensa. Mas a Petrobras sangra, enquanto serve de pasto eleitoral.*

Não custa recordar que a oposição só não participou da CPI do Senado porque não quis, preferindo fazer o teatrinho da denúncia. Mas foi até o STF garantir outra CPI, a segunda, para tratar do mesmo assunto, que nada apurou nem demonstrou de relevante. Quer convencer os brasileiros, agora, que a CPI nada descobriu porque os diretores combinaram as respostas. Não dá para acreditar na pura ingenuidade de tantos políticos veteranos. Ou contavam com a disposição dos acusados para se autoincriminarem, ainda que estes sempre tenham afirmado que as denúncias eram falsas. Ou já sabiam de antemão que nada havia para ser descoberto e que o importante era manter o clima inquisitório — de grande utilidade na campanha eleitoral.

O ponto é este. Chamados a depor, os acusados compareceram à CPI e prestaram todos os depoimentos necessários. Se algum ponto relevante ficou para ser esclarecido, ninguém lembrou de perguntar.

Os depoentes receberam orientação de advogados e assessores, o que é natural em virtude de provocações, frases de efeito e acrobacias perante câmeras de TV; são o trunfo de cada parlamentar-inquisidor, treinado em jogar para a plateia que tudo acompanha de casa. Se não fossem prestar este serviço, por que seriam contratados, muitas vezes a peso de ouro?

Invertendo o sinal: alguém acha que os deputados e senadores da oposição buscam informações num convento de freiras? Preparam perguntas e montam cenários lendo poemas barrocos? Seria este um mundo sem promessas obscuras, negócios prometidos, recompensas insinuadas?

A questão real, sabemos todos, é outra.

Mesmo reunindo o PSDB, tradicional adversário do PT, e dois ex-ministros de Lula que agora frequentam outro palanque, a oposição não consegue ser uma ameaça ao governo. Suas intenções de voto, somadas, nunca estiveram tão baixas, lembra Maurício Puls, no artigo "Sem rumo", publicado na *Folha de S.Paulo* no último sábado. Este é o combustível do dia. O resto é teatro.

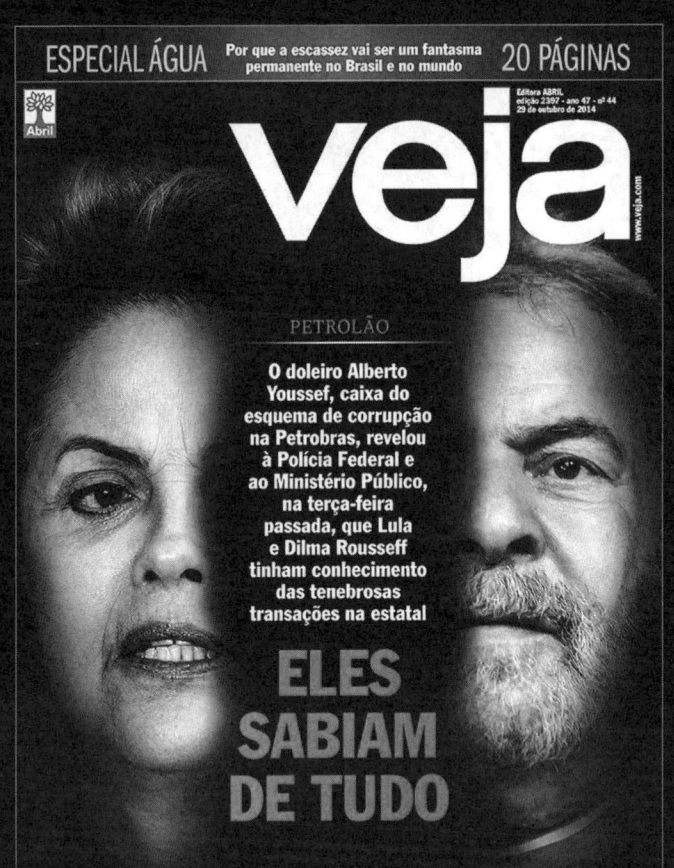

> ESPECIAL ÁGUA — Por que a escassez vai ser um fantasma permanente no Brasil e no mundo — 20 PÁGINAS
>
> Editora ABRIL
> edição 2397 - ano 47 - nº 44
> 29 de outubro de 2014
>
> # veja
>
> www.veja.com.br
>
> PETROLÃO
>
> O doleiro Alberto Youssef, caixa do esquema de corrupção na Petrobras, revelou à Polícia Federal e ao Ministério Público, na terça-feira passada, que Lula e Dilma Rousseff tinham conhecimento das tenebrosas transações na estatal
>
> ## ELES SABIAM DE TUDO

Revista *Veja* coloca Lula e Dilma na capa às vésperas do pleito em 2014

CAPÍTULO 2.
4 DE OUTUBRO DE 2014

UMA FARSA ÓBVIA E MAL ENSAIADA

Golpe midiático contra Dilma só pode dar mais argumentos favoráveis à regulamentação da mídia

Numa tradição que confirma a hipocrisia das conversas de palanque sobre alternância de poder, os escândalos eleitorais costumam ocorrer no país sempre que uma candidatura identificada com os interesses da maioria dos brasileiros ameaça ganhar uma eleição.

Não tivemos "balas de prata" — nome que procura dar ares românticos a manobras que são apenas sujas e vergonhosas — para impedir as duas eleições de Fernando Henrique Cardoso nem a vitória de Fernando Collor. Mas tivemos tentativas de golpes midiáticos na denúncia de uma ex-namorada de Lula em 1989; no terror financeiro contra Lula em 2002; na divulgação ilegal de imagens de reais e dólares clandestinos dos *aloprados*; e numa denúncia na véspera da votação, em 2010, para tentar comprometer Dilma Rousseff com dossiês sobre adversários do governo.

Em outubro de 2014, quando a candidatura de Dilma Rousseff avança em direção às urnas com uma vantagem acima da margem de erro nas pesquisas de intenção de voto, *Veja* chega às bancas com uma acusação de última hora contra a presidente e contra Lula. Comentando o teor da reportagem, Lula declarou ao *Portal 247*:

"*A Veja é a maior fábrica de mentiras do mundo. Assim como a Disney produz diversão para as crianças, a Veja produz mentiras. Os brinquedos da Disney querem produzir sonhos. As mentiras da Veja querem produzir ódio*".

O mais novo vazamento de trechos atribuídos aos múltiplos depoimentos do doleiro Alberto Youssef expressa uma tradição vergonhosa pela finalidade política, antidemocrática pela substância. Não, meus amigos. Não se quer informar a população a partir de dados confiáveis. Também não se quer contribuir com um único grama para se avançar no esclarecimento de qualquer fato comprometedor na Petrobras. O advogado de Youssef nem sequer reconhece os termos do depoimento. Tampouco atesta sua veracidade sobre a afirmação de que Lula e Dilma sabiam das "tenebrosas transações" que ocorriam na empresa, o que está dito na capa da revista.

Para você ter uma ideia do nível da barbaridade, basta saber que, logo no início, admite-se que só muito mais tarde, por meio de uma investigação completa, que ninguém sabe quando irá ocorrer, se irá ocorrer, nem quando irá terminar, "se poderá ter certeza jurídica de que as pessoas acusadas são culpadas".

Não é só. Também se admite que Youssef "não apresentou provas do que disse".

Precisa mais? Tem mais.

Não se ouviu o outro lado com a atenção devida, nem se considerou os argumentos contrários com o cuidado indispensável numa investigação isenta.

O que se quer é corromper a eleição, por meio de um escândalo sob encomenda, uma farsa óbvia e mal-ensaiada. Insinua o que não pode dizer, fala o que não pode demonstrar, afirma o que não conferiu nem pode comprovar.

Só o mais descarado interesse pelos serviços político-eleitorais que poderia prestar na campanha presidencial permitiu a recuperação de um personagem como Alberto Youssef. Recapitulando: há uma década ele traiu um acordo de delação premiada numa investigação sobre crimes financeiros, e jamais poderia ter sido levado a sério em qualquer repartição policial, muito menos numa redação de jornalistas, antes que cada uma de suas frases, cada parágrafo, cada palavra, fosse submetida a um trabalho demorado de investigação. Até lá, deveria ser colocada sob suspeita. Mas não. Um depoimento feito há 48 horas, contestado pelo advogado, por um cidadão que não é conhecido por falar a verdade, virou capa de revista. Que piada!

Isso ocorre porque vivemos num país onde, 30 anos depois do fim da ditadura militar, os inimigos do povo conquistaram direito a impunidade. Esse é o dado real.

Sabemos, por exemplo, que se houvesse interesse real para investigar e punir os casos de corrupção seria possível começar pelo mensalão do PSDB-MG, pelo propinoduto do metrô paulista, pela compra de votos para aprovar a emenda que permitiu a reeleição.

As vítimas daquilo que se pode chamar de erros da imprensa, mesmo quando se trata de fabricações, não merecem sequer direito de resposta.

Num país onde as instituições são respeitadas e os funcionários públicos cumprem deveres e obrigações, a Polícia Federal não poderia deixar-se usar politicamente dessa maneira, num comportamento que compromete os direitos de cada cidadão e a ordem republicana.

Diante da incapacidade absoluta de enfrentar um debate político real, com propostas e projetos para o país, o que se pretende é usar uma investigação policial para ganhar pelo tapetão aquilo que não se consegue alcançar pelas urnas — o único caminho honesto para a defesa de interesses num regime democrático. Num país onde a alternância no poder nunca passou do revezamento entre legendas cosméticas, em 2014 os conservadores brasileiros são obrigados a encarar o horizonte de sua quarta derrota eleitoral consecutiva, a mais dolorosa entre todas. Depois de falar de alternância no poder, talvez fosse o caso de falar em alternância de métodos, não é mesmo?

Imaginando que estavam diante de uma campanha próxima de um passeio, com uma adversária enfraquecida e sem maiores talentos oratórios, salvaram-se, por um triz, do vexame de ficar de fora do segundo turno.

A verdade é que não há salvação, numa democracia, fora do voto. Toda vez que se procura interferir na vontade do eleitor por meio de atalhos, o que se produz são situações de anormalidade democrática, onde o prejudicado é o cidadão.

Essas distorções oportunistas cobram um preço alto para a soberania popular. Não há almoço grátis — também na política.

O exercício de superpoderes políticos tem levado a Polícia Federal a se mobilizar para se transformar numa força autônoma, que escolhe seu diretor-geral que não presta contas a ninguém a não a ser a seus próprios quadros.

O melhor exemplo de uma organização capaz de funcionar dessa maneira foi o FBI norte-americano, nos tempos de John Edgar Hoover. Instalado durante longos 49 anos no comando da organização, Hoover colecionava dossiês, fazia chantagens e perseguições a políticos à direita e à esquerda. Agia por conta própria e também atendia pedidos que tinha interesse em atender — mas recusava aqueles que não lhe convinham. Era o chefe de uma pequena ditadura policial. Lembra quem usava essa palavra?

Da mesma forma, os golpes midiáticos só podem ocorrer em países onde os meios de comunicação têm direito a atirar primeiro para perguntar depois, atingindo cidadãos e autoridades que não têm sequer o clássico direito de resposta para recompor as migalhas de uma reputação destruída pela invencionice e falta de escrúpulos. Não custa lembrar. Graças a um pedido de vistas providencial do ministro do STF Gilmar Mendes, *Veja* deixou de cumprir um direito de resposta em razão da publicação de "fato sabidamente inverídico".

A imprensa erra e fabrica erros sem risco algum, o que só estimula uma postura de arrogância e desprezo pelos direitos do eleitor. Imagine você que hoje, quando a própria revista admite que publicou uma denúncia que não pode provar, é possível encontrar colunistas que já falam em *impeachment* de Dilma. Está na cara que eles já perderam a esperança de eleger Aécio.

Mas cabe respeitar o funcionamento da Justiça, o prazo de investigações e tudo mais. Ou vamos assumir desde já que o golpe midiático é golpe mesmo?

Com esse comportamento, a mídia brasileira prepara o caminho de sua destruição na forma que existe hoje. Como se não bastassem os números vergonhosos do *manchetômetro*, que demonstram uma postura parcial e tendenciosa, o golpe da semana só fará aumentar o número de cidadãos e de instituições convencidos de que a sobrevivência da democracia brasileira depende, entre outras coisas, de que se cumpra a legislação que regula o funcionamento da mídia. Está claro que este será um debate urgente a partir de 2015.

O conselheiro nacional do Ministério Público, Luiz Moreira

CAPÍTULO 3.
10 DE OUTUBRO DE 2014

TENTATIVA DE INTERFERÊNCIA NA DISPUTA ELEITORAL

Para conselheiro nacional do Ministério Público, vazamento de informações obtidas pela delação premiada compromete imparcialidade da Justiça

Doutor em Direito, com curso de pós-graduação na Alemanha, o professor Luiz Moreira é um dos principais estudiosos da judicialização — aquele processo das sociedades contemporâneas pelo qual o poder judiciário busca interferir em decisões do poder político. Conselheiro Nacional do Ministério Público, Luiz Moreira condena com veemência o vazamento das informações de Paulo Roberto Costa e Alberto Youssef a respeito do escândalo da Petrobras. Isso porque elas foram obtidas pelo regime de delação premiada — cujo pressuposto é o sigilo. O professor deu a seguinte entrevista ao *Portal 247*:

> *Portal 247* — Como explicar que informações obtidas a partir de um acordo de delação premiada tenham vazado para os jornais, para o rádio e a TV?
> **Luiz Moreira** — Explica-se a partir de uma tentativa de interferência na disputa eleitoral. É lamentável que o sistema de justiça produza essa anomalia, ou seja, que um procedimento judicial cercado de técnicas sofisticadas de colhimento dos testemunhos

simplesmente se volte contra a ordem judicial que determina seu sigilo. No fundo, esse vazamento deslegitima o sistema de justiça, porque ele perde sua imparcialidade, porque perde seu apego à legalidade. Cria-se a sensação de que estamos num vale-tudo e que o sistema de justiça, além de imiscuir-se na disputa eleitoral, também não tem compromisso com a ordem jurídica.

Portal 247 — Por que nenhuma autoridade assume suas responsabilidades nessa situação?
Luiz Moreira — Esta situação é fruto de uma covardia institucional que prospera em certos círculos, em que arestas são evitadas. Este é o ambiente propício para que interesses corporativos se sobreponham à República. Impressiona o silêncio das autoridades e a disseminação de uma cultura de desconfiança em que todos somos corruptos até que se prove o contrário. Este ambiente que produziu uma espécie de estado de exceção que ataca diretamente as liberdades e criminaliza a política. Claro que institucionalmente estas ações têm propósito eleitoral e político. Eleitoral, porque é produzida para interferir no segundo turno das eleições presidenciais; política, porque fabrica a submissão do estado aos órgãos de controle e cristaliza o *status quo*.

Portal 247 — Qual a justificativa para se manter a delação premiada sob sigilo?
Luiz Moreira — Era de se esperar que o sigilo durasse, no mínimo, até que o processo eleitoral fosse concluído. Fundamental para o sistema de justiça é a produção de segurança e que a sociedade lhe atribua respeitabilidade. Se o sistema de justiça passa a agir sem critérios mínimos e passa a se imiscuir na disputa eleitoral, deixa de ser visto como imparcial. O sigilo é inerente à delação premiada. Nesse sentido, os testemunhos só são verossímeis se acompanhados de provas. Sem provas, não têm qualquer valor jurídico.

Portal 247 — Por que acreditar que as informações estão sendo divulgadas de forma seletiva?

Luiz Moreira — A seletividade é óbvia. Explico: os depoimentos colhidos são tomados a partir de uma técnica sofisticada que garante o sigilo, protege os dados e impossibilita tanto a difusão do teor dos depoimentos quanto das informações colhidas. Nesse sentido, há uma engenharia responsável pelo vazamento que seleciona criteriosamente que partes devem ser divulgadas e o momento adequado para que o vazamento chame mais atenção e cause mais impacto nos eleitores. Estou afirmando claramente que há um projeto de poder nesses vazamentos, que tenta se sobrepor pelo medo, na medida em que produz uma chantagem institucional sem precedentes. Não por acaso as duas delações em questão vazam, respectivamente, na reta final do primeiro turno e no início do segundo. Todo mundo sabe que seria possível aguardar o fim das eleições. Isso não iria interferir de forma nenhuma na produção de provas nem nos testemunhos.

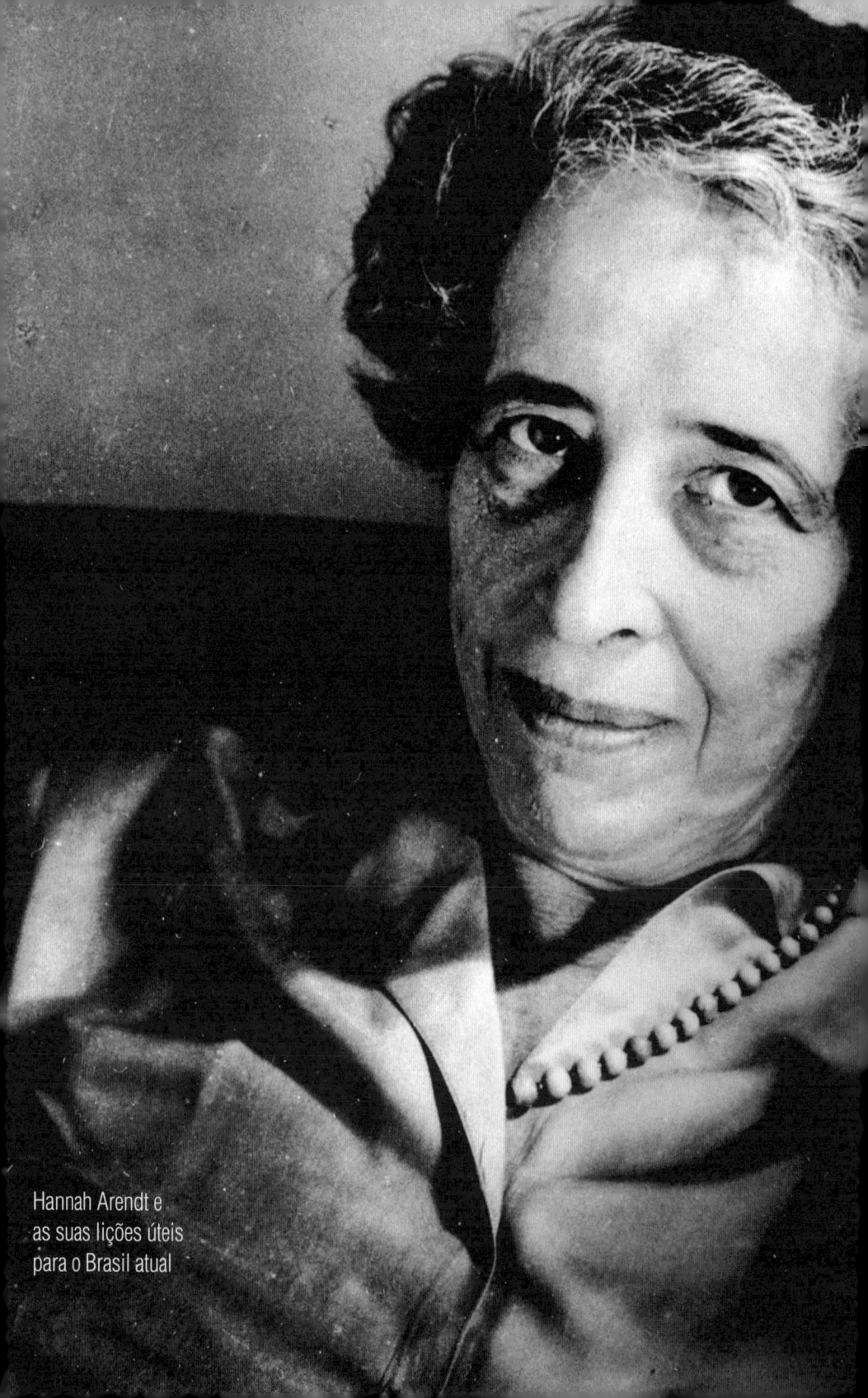

Hannah Arendt e
as suas lições úteis
para o Brasil atual

CAPÍTULO 4.
18 DE OUTUBRO DE 2014

O FASCISMO À ESPREITA NA RETA FINAL

Atos de violência e intimidação são resultados previsíveis de uma política de criminalização da política e dos políticos

Na quinta-feira, quando Dilma teve uma queda de pressão no SBT, um médico gaúcho usou o *twitter* para mandar essa "#%&!##"chamar um "médico cubano". (Dois dias antes, ao sair do carro no estacionamento da TV Band, para o debate anterior, a presidente foi recebida pelos gritos de um assessor do adversário. Ouviram-se coisas como "vaca", "vai para casa...")

No Rio, o cronista Gustavo Duvivier passou a receber diversos tipos de ameaça depois que publicou um texto em que deixou clara sua preferência por Dilma.

Agressores avançaram sobre o escritor Enio Gonçalves Filho, blogueiro de boa inspiração — e que é cadeirante — quando ele se dirigia ao Churrasco dos Desinformados, na praça Roosevelt. No meio do caminho, três sujeitos avantajados tentaram obrigá-lo a tirar sua camisa vermelha — ele é petista —, chacoalhando a cadeira de rodas. Enio se dirigia a um protesto para responder ao comentário de Fernando Henrique Cardoso sobre a vantagem de Dilma nos estados do Nordeste. ("O PT está fincado nos menos informados, que coincidem de ser os mais pobres. Não é porque são pobres que apoiam o PT. É porque são menos informados", disse FHC.)

Uma comunidade de quase 100 mil usuários numa rede social, que se declaram profissionais da classe médica brasileira, se tornou palco de uma guerra dentro da corrida presidencial. Com o título de "Dignidade Médica", as postagens do grupo pregam "castrações químicas" contra nordestinos e profissionais com menor nível hierárquico, como recepcionistas de consultório e enfermeiras, e propõe um "holocausto" contra os eleitores de Dilma.

Eleições apertadas, que envolvem projetos políticos distintos, podem gerar conflitos entre eleitores que chegam a lembrar torcidas de futebol. Mas estamos assistindo a uma situação diferente: ações agressivas destinadas a dar suporte a uma ideologia política de exclusão e negação de direitos elementares.

A maioria dos estudiosos costuma ligar a emergência do ódio político, sentimento que está na base dos movimentos fascistas, a situações de crise econômica, quando muitas pessoas não enxergam uma saída para suas vidas nem para suas famílias. Embora a economia brasileira tenha crescido pouco em 2014, ninguém definiria a situação do Brasil como catastrófica.

Ao contrário do que ocorria na Europa dos anos 1920 e 1930, que viu nascer os regimes de Benito Mussolini e Adolf Hitler, o Brasil não se encontra numa situação de superinflação nem de desemprego selvagem. A média dos últimos quatro anos de inflação é a segunda mais baixa da história do IBGE — numa linha que vai até 1940.

O desemprego é o menor da história e continua caindo. Nada menos que 123 mil novos postos de trabalho foram criados em setembro de 2014. É inegável que ao longo dos anos recentes ocorreram avanços na distribuição de renda, no combate à desigualdade, na ampliação dos direitos de quem passava excluído pela história.

A intolerância de 2014 teve origem política e foi estimulada pelos adversários do PT e Dilma. Procura-se questionar a legitimidade de suas decisões e rebaixar moralmente os eleitores que os apoiam.

Em 2006, quando Lula foi reeleito, um ano e meio depois das denúncias de Roberto Jefferson, o *Estado de S. Paulo* publicou uma reportagem tentando sustentar que "a aceitação da corrupção na política está mais presente entre os eleitores de baixa renda".

Ao fazer pesquisas que associavam valores morais aos anos de educação formal de um cidadão, estudos semelhantes sugeriam que a baixa escolaridade formal — condição da maioria dos brasileiros — tornava a parcela menos educada da população mais vulnerável ao "jeitinho" e outras práticas consideradas condenáveis.

Procurando entender a origem do fascismo nas primeiras décadas do século passado, Hannah Arendt deixou lições que podem ser úteis para o Brasil de 2014. A filósofa alemã usava uma expressão interessantíssima — "amargura egocêntrica" — para definir a psicologia social de pessoas que integravam movimentos de vocação fascista. Ela escreveu: "a consciência da desimportância e da dispensabilidade deixava de ser a expressão da frustração individual e se tornava um fenômeno de massa".

É sempre interessante recordar um levantamento feito em 2011 pelo instituto DataPopular. Entrevistando 18 mil cidadãos na parte superior da pirâmide de renda, o DataPopular descobriu que:

- 55,3% concordam que deveria haver produtos para ricos e pobres;
- 48,4% concordam que a qualidade dos serviços piorou com o maior acesso da população;
- 62,8% concordam que estão incomodados com o aumento das filas;
- 49,7% concordam que preferem frequentar ambientes com pessoas do seu nível social;
- 16,5% concordam que pessoas malvestidas deveriam ser barradas em alguns lugares;
- 26,4 % concordam que o metrô aumenta a circulação de pessoas indesejáveis na região em que moram;
- 17,1% concordam que todos os estabelecimentos deveriam ter elevadores separados.

A intolerância e o ódio cresceram no Brasil como uma consequência inevitável de um movimento destinado à criminalização da política e dos políticos — em particular do Partido dos Trabalhadores, nascido para ser "aquela parede protetora" das classes assalariadas e dos mais pobres, para usar uma expressão de Hannah Arendt. Pela destruição das barreiras de classe, que permitem distinguir um partido de outro, os interesses de uns e de outros, firmou-se o conceito de que nossos homens públicos são autoridades sem escrúpulo e bandidos de alta periculosidade, sem distinção, descartáveis e equivalentes, "não apenas perniciosas, mas também obtusas e desonestas", como escreveu a mestra.

As atitudes agressivas e tentativas de humilhação nasceram durante o julgamento da AP 470, no qual se assistiu a um espetáculo seletivo de longa duração. Enquanto os acusados ligados ao PT e ao governo Lula eram julgados em ambiente de carnaval cívico-televisivo, num *show* transmitido e estimulado por programas de TV, os acusados do PSDB, envolvidos nos mesmos esquemas, dirigidos pelas mesmas pessoas — e até com mais tempo de atividade — foram despachados para tribunais longe da TV, a uma distância de qualquer pressão por celeridade. Até hoje não foram sequer julgados — embora a denúncia seja anterior.

Há outros componentes no Brasil de 2014. A referência sempre odiosa aos médicos cubanos que respondem pelo atendimento de brasileiros, que nossos doutores verde-amarelos não têm a menor disposição de atender, revela o casamento do preconceito com um anticomunismo primitivo, herança viva da ditadura de 1964. Permite ao fascismo recuperar o universo "Ame-o ou Deixe-o" e assumir-se como aliado da ditadura sem dizer isso de forma explícita.

O progresso social dos últimos anos ajudou a criar ressentimento nas camadas de cima que se veem ameaçadas — em seu prestígio, mais do que por outra coisa — em razão do progresso dos mais pobres, essa multidão despossuída que na última década conseguiu retirar uma fatia um pouco mais larga do bolo da riqueza do país.

Em 2010, a vitória de Dilma Rousseff foi saudada em São Paulo por um grito no *twitter*: "Faça um favor a SP: mate um nordestino afogado!", escreveu uma estudante de direito. Três anos mais tarde, ela foi condenada a um ano e cinco meses de prisão, e teve a pena transformada em prestação de serviços comunitários.

"O que perturba os espíritos lógicos é a indiscutível atração que esses movimentos exercem sobre a elite", escreveu Hannah Arendt.

Richard Sennet, um dos principais estudiosos das sociedades contemporâneas, definiu o ressentimento como a convicção de que determinadas reformas em nome do povo "traduzem-se em conspirações que privam as pessoas comuns de seu direito e seu respeito". Para Sennet, os benefícios oferecidos aos mais pobres resultam em insegurança e insatisfação por parte dos cidadãos que estão acima das políticas sociais dirigidas às camadas inferiores. Conforme o sociólogo, essas pessoas cultivam o sentimento de que o governo "não conhece grande coisa de seus problemas, apesar de falar em seu nome".

Mas quais seriam esses problemas? Hannah Arendt falou em "amargura egocêntrica".

Na década de 1950, poucas medidas de Getúlio Vargas despertaram mais o ódio de seus adversários como a decisão de aumentar o salário mínimo em 100%. Pouco importava que esse número se baseasse na inflação do período anterior, altíssima, que jamais fora corrigida pelo governo Dutra, que pretendia provocar a morte lenta das conquistas sociais definidas durante o primeiro governo de Getúlio. A questão é que, com um salário desses, um operário da construção civil poderia ganhar o mesmo que um militar de baixa patente e outros funcionários públicos — e isso era inaceitável num país onde o trabalho de um pedreiro era visto como a herança da escravidão.

O fim da história nós sabemos.

Joseph Goebbels, o ministro da propaganda de Adolf Hitler

CAPÍTULO 5.
23 DE OUTUBRO DE 2014

BADERNA É CONTRA A DEMOCRACIA

Inconformada com a vantagem da presidente na reta final, a oposição cultiva o caos para hoje, amanhã e depois da eleição

As lideranças que condenaram Lula depois que ele disse que o tratamento agressivo dispensado a Dilma Rousseff e ao PT por seus adversários poderia ser comparado aos crimes do nazismo merece uma reflexão.

Não ouvimos reações tão enfáticas quando o ministro Gilmar Mendes aproveitou uma votação no Tribunal Superior Eleitoral para comparar o trabalho do marqueteiro João Santana ao desempenho de Joseph Goebbels, o ministro da propaganda de Adolf Hitler. O candidato Aécio Neves fez a mesma comparação e nada se ouviu. Idem para Fernando Meirelles, o cineasta engajado na campanha de Marina Silva.

Numa postura de apelo à violência, diante da votação de Dilma no primeiro turno junto a eleitores do Nordeste, integrantes de um movimento chamado Dignidade Médica sugeriram: "Médicos do Nordeste: causem um holocausto aí. Precisamos mudar essa realidade!". Nada se disse.

Durante seus dois mandatos como presidente da República, Lula construiu uma agenda positiva de aproximação entre Brasil e Israel.

Ele foi o primeiro presidente brasileiro a fazer uma visita oficial àquele país. Somente nos primeiros cinco anos do governo Lula, o intercâmbio comercial entre os dois países mais que triplicou, chegando a US$ 1,6 bilhão, fazendo do Brasil o principal parceiro comercial de Israel na América Latina. Ao assinar um tratado de livre-comércio com o Mercosul, Israel tornou-se o primeiro país fora do continente a participar desse acordo de países sul-americanos.

A denúncia do Holocausto e sua tragédia é parte da consciência de nosso tempo. Está nos filmes que assistimos, nos romances que recomendamos a nossos filhos, nos relatos históricos que impedem que se esqueça o que aconteceu. E é bom que seja assim. A lembrança de fatos históricos ajuda a alimentar a memória, este instrumento vigoroso contra todas as formas de horror e toda atitude de indiferença que sempre serviu para acobertar os grandes crimes contra a humanidade. O Holocausto é um desses fatos que marcam, ferem e ensinam.

O ciclo de ditaduras da América Latina, que teve outro caráter e outro grau de violência, também deixou lições e advertências num país que participou do esforço de guerra contra o nazismo e, em 1947, apoiou a formação do Estado de Israel.

No Brasil de 2014, uma parcela dos adversários de Dilma Rousseff se afastou das opções democráticas de luta política para pregar métodos autoritários como resposta ao progresso da candidata do PT nas pesquisas eleitorais. Diante do risco de uma eventual derrota eleitoral, possibilidade que sempre faz parte das regras aceitas de todo jogo democrático, queriam atemorizar e intimidar eleitores que poderiam dar a vitória à adversária. Prega-se a intolerância, a violência, a baderna e a provocação. Militantes — inclusive em cadeira de rodas — têm sido agredidos, ameaçados. O preconceito é estimulado, manipulado. Judeu e petista, o governador da Bahia, Jaques Wagner, ouviu palavras inaceitáveis, quando jantava dias atrás num restaurante nos Jardins, em São Paulo. O governador foi forçado a agir com educação, e ao mesmo tempo com firmeza, para evitar uma cena de constrangimento maior.

Emprega-se o discurso da moralidade — seletivo a ponto de sua hipocrisia tornar-se evidência — para esconder o que não passa de um projeto de poder. Em campanha para impedir o retorno de Getúlio Vargas ao Catete, em 1950, a UDN fez da moralidade o tema principal de sua campanha, chegando a dizer em panfletos: "Todas as crises brasileiras serão sanadas se for sanada a maior de todas, que é a crise moral". Batida sem apelação nas urnas, por um eleitorado que prezava a herança social e a opção pelo desenvolvimento de Vargas, a oposição conspirou vinte e quatro horas por dia contra ele. Fez uma guerra cruel, com elementos racistas, contra Samuel Wainer, o jornalista que fundou o jornal *Última Hora* — e que era judeu — para impedir que Getúlio tivesse condições políticas de governar. Em 1954, como se sabe, a crise terminou com um tiro no peito. Dez anos depois, sem a menor possibilidade de chegar à presidência em eleições livres e diretas, a oposição a Jango uniu-se para o golpe de 1964, que evitou uma probabilíssima vitória de Juscelino Kubitschek no ano seguinte e deu posse a uma sucessão de cinco generais-presidentes.

A consciência da história cumpre uma função que pode ser banal, mas não deixa de ser necessária: ajuda a compreender os erros e tragédias do passado para evitar que se repitam no presente. A possibilidade cada vez mais real de uma vitória de Dilma Rousseff coloca em evidência o plano B da oposição mais conservadora, que consiste em promover o caos e inviabilizar um governo saído das urnas, com toda legitimidade que se pode obter sob o pior regime do mundo — com exceção de todos os outros. Como explica o governador Wellington Dias (PT-PI), o discurso do ódio tenta impedir o eleitor de refletir sobre seu voto. Não é difícil acrescentar: em caso de resultado negativo nas urnas, o ódio ajudará a impedir o adversário de governar. Por isso, nos últimos dias, a oposição já desistiu de pedir votos para Aécio. Como disse uma eleitora tucana ouvida na *TV Folha*: quer um golpe militar, mas agora vai votar no Aécio.

O que se quer é aumentar a "indignação", o combustível para o pós-urna. Você entendeu, né? Tiveram quatro anos — por baixo — para formar um candidato competitivo. Contaram com a boa vontade absoluta dos meios de comunicação, inclusive estrangeiros. Sabotaram a Copa, manipularam a Bolsa. E nada. Podem perder para Dilma, aquela para quem seus amigos gritaram "VTNC". Por isso se fala em "indignação". Que remédio?

Para quem gosta de entender de verdade as técnicas políticas produzidas pelo nazismo, Hannah Arendt recorda os ensinamentos oferecidos aos comandados de Heinrich Himmler, o chefe da tropa de assassinos de Hitler chamada SS, responsável pelos crimes mais cruéis do Reich, desde administração de campos de extermínio até fuzilamentos em massa de civis em países ocupados. Arendt recorda que esses criminosos fardados não eram pessoas comuns, ocupadas com questões da vida cotidiana, mas envolvidos somente "em grandes questões ideológicas, de importância para as próximas décadas ou séculos".

Com uniformes negros, portando uma caveira como símbolo de identificação, faziam do ódio, a morte e a destruição seus alvos de atuação. Estavam convencidos que "trabalham numa grande tarefa que só aparece uma vez a cada dois mil anos". Deu para perceber a importância de se abandonar o mundo da vida real e as regras de convívio construídas por uma população ao longo de sua história, o debate sobre o salário, o emprego, o futuro dos filhos, distribuição de renda e os valores básicos de decência e democracia para se praticar crimes inaceitáveis em situações de normalidade? Deu para entender a importância de trocar o mundo concreto pelo abstrato, três dias antes da votação, abandonando um candidato de carne e osso pelo estado de "indignação"?

Arendt lembra qual o tipo de barbaridade que se pode justificar com uma "grande tarefa que só aparece uma vez em cada dois mil anos"? Quantas pessoas você pode chutar, esmurrar, xingar quando acredita contemplar um horizonte como este? Como se dizia nas marchas do pré-1964: "Deus", "Pátria", "Família", "Liberdade". Não havia uma Constituição, um calendário eleitoral, nem um conjunto de direitos e princípios a serem respeitados. Havia abstrações, ideias que cada um compreende como quer, aceita como quer — só não pode tentar submeter e subjugar quem está em desacordo.

Vamos combinar: indignados e revoltados devem estar os brasileiros nordestinos. Eles são ofendidos diariamente num país onde a Constituição diz que preconceito é crime, mas nem aquela estudante que colocou no *twitter* em 2010 "faça um favor a SP: mate um nordestino afogado!" passou uma noite atrás das grades. Nem uma noite. Também deveriam estar indignados os brasileiros que venceram a fome e a miséria, pela qual a nação inteira é historicamente responsável, omitindo-se até outro dia, e hoje são tratados como aproveitadores, preguiçosos.

Como se sente o cidadão que procura informações confiáveis num país onde o *manchetômetro* demonstra matematicamente que todo mundo é enganado todos os sete dias da semana? Sente-se num país livre?

Estes são motivos reais de indignação. Eles não se resolvem pela violência nem pelo discurso moral. Seu terreno de ação é a política, o respeito à democracia e ao voto.

ESTADÃO | POLÍTICA + | ECONOMIA + | INTER

Política

ÚLTIMAS | BROADCAST POLÍTICO | ELEIÇÕES | ESTADÃO DADOS

Planalto mapeia votos para barrar impeachment

Independência do Ministério Público é fundamental para defesa...

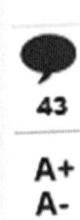

Delegados da P exaltam Aécio e PT na rede

JULIA DUAILIBI, ESPECIAL PARA O ESTADO - O ESTADO DE S. PAU
13 Novembro 2014 | 03h 00

Estadão denuncia apoio de delegados da PF à campanha de Aécio Neves

Durante a eleição, perfis de policiais que chamam Lula de 'anta' e repli

Delegados federais da Operação Lava Jato, forç

CAPÍTULO 6.
13 DE NOVEMBRO DE 2014

A VOLTA DA REPÚBLICA DO GALEÃO?

Campanha anti-PT de delegados da Polícia Federal lembra desvios de IPM da Aeronáutica que emparedou Getúlio Vargas em 1954

Em reportagem publicada no *Estado de S. Paulo*, Julia Duailibi revela que delegados encarregados da investigação da Operação Lava-Jato utilizaram-se de redes sociais para fazer campanha a favor de Aécio Neves e ofender o ex-presidente Luiz Inácio Lula da Silva e a presidente Dilma Rousseff.

A reportagem mostra uma mobilização política-policial com poucos antecedentes históricos. Descreve delegados engajados partidariamente para combater e desmoralizar personagens centrais de uma investigação em curso, sob seus cuidados.

Um dos coordenadores da Lava-Jato referiu-se a Lula como "essa anta". Um outro participa de um grupo no *Facebook* cujo símbolo é uma caricatura de Dilma com dois incisivos vampirescos, com uma faixa escrita "fora PT", e proclama que seu objetivo é mostrar que "o comunismo e o socialismo são um grande mal que ameaça a sociedade".

O aspecto disciplinar do caso está resolvido no artigo 364, no regimento disciplinar da polícia federal, que define transgressões disciplinares da seguinte maneira:

I —   referir-se de modo depreciativo às autoridades e atos da Administração Pública, qualquer que seja o meio empregado para esse fim;

II —   divulgar, através da imprensa escrita, falada ou televisionada, fatos ocorridos na repartição, propiciar-lhe a divulgação, bem como referir-se desrespeitosa e depreciativamente às autoridades e atos da Administração;

III — promover manifestação contra atos da Administração ou movimentos de apreço ou desapreço a quaisquer autoridades.

Em 1954, quando o major Rubem Vaz, da aeronáutica, foi morto num atentado contra Carlos Lacerda, um grupo de militares da aeronáutica abriu um IPM à margem das normas e regras do Direito, sem respeito pela própria disciplina e hierarquia.

O saldo foi uma apuração cheia de falhas técnicas e dúvidas, que nunca foram nem precisavam ser esclarecidas, como recorda Lira Neto no último volume da trilogia *Getúlio*, mas que possuía um objetivo político declarado — obter a renúncia de Vargas. Menos de vinte dias depois, o presidente da República, fundador da Petrobras, dava o tiro no peito.

Em 2014, nem é preciso perder tempo com perguntas sobre a isenção dos policiais, sobre foco, sobre o indispensável distanciamento profissional para produzir provas consistentes e críveis. Está tudo claro. A desobediência a determinações claríssimas do regimento da PF sinaliza uma fraqueza profissional inaceitável.

Fica difícil saber até onde se faz uma investigação necessária em torno da Petrobras — e onde ocorreu algo que tem características de uma conspiração, típica dos que se valem de seus postos no estado para atingir finalidades políticas.

Quem terá coragem de negar que as mais graves suspeitas que rondam o inquérito desde o início, de que seria uma investigação dirigida para causar prejuízos imensos ao Partido dos Trabalhadores, evitando comprometer políticos e legendas da oposição, ganharam veracidade e consistência a partir de hoje?

Como duvidar de uma ululante teoria do domínio do fato para tentar colocar a presidente e o ex num escândalo cujo alcance ninguém conhece?

Em 2004, quando ocorreu a primeira denúncia contra o Partido dos Trabalhadores, apareceu um vídeo onde Waldomiro Diniz, assessor parlamentar do PT, pedia propina para o bicheiro Carlinhos Cachoeira. Semanas depois, surgiu uma gravação, onde o procurador, que conseguiu o vídeo comprometedor, apela a Cachoeira para lhe entregar a fita, usando um argumento claríssimo: "pra ferrar o chefe da Casa Civil da Presidência da República, o homem mais poderoso do governo, ou seja, pra derrubar o governo Lula…".

A primeira gravação foi um escândalo. A segunda, logo caiu no esquecimento — embora fosse indispensável para compreender a primeira. Isso porque atrapalhava o esforço para criminalizar o governo do Partido dos Trabalhadores. Resta saber, agora, o que será feito com o antipetismo militante e radical dos delegados.

Responsável pela polícia federal, o ministro da Justiça, José Eduardo Cardozo, anunciou a abertura de uma investigação. "É importante dizer que, se por um lado os delegados têm todo o direito de se manifestar a favor do candidato A, B, C ou D, contra o partido Y, contra o partido Z, de outro lado, quem conduz uma investigação deve ser absolutamente imparcial, até para que não traga nulidade ao processo", afirmou Cardozo. Ele acrescentou que "a manifestação é livre, mas um delegado não pode conduzir uma investigação parcialmente, pelas suas convicções íntimas, nem divulgar informações sigilosas".

Nessas horas, é bom evitar confusões. Até agora ninguém questionou o direito de os delegados terem suas próprias opiniões políticas. Quem coloca essa carta na mesa apenas ajuda a embaralhar uma discussão séria e urgente. Delegados e agentes da PF são brasileiros como os outros, em direitos e obrigações. Isso não está em questão.

O que se questiona é um comportamento indisciplinado, que está longe de configurar um caso menor. A indisciplina não é uma reação de garotos e garotas malcomportados na sala de aula. É um ato político.

Em 2006, foi a indisciplina de um delegado da polícia federal, eleitor assumido do PSDB, que forneceu aos jornais e à TV imagens do dinheiro apreendido no caso dos aloprados, garantindo uma cena de alto impacto eleitoral, que assegurou a realização de dois turnos na sucessão presidencial.

Também se questiona outra coisa. Assim como acontece com militares, delegados são cidadãos que têm várias regalias — inclusive o porte de arma — no exercício de suas funções.

A sociedade lhes dá este direito porque confia em sua capacidade não só para obrigar os outros brasileiros a respeitar a lei e a ordem, mas também em sua disposição para dar o exemplo e submeter-se às peculiaridades que a lei e a ordem reservam para quem tem o direito de portar armas, abrir inquéritos, denunciar e acusar.

Esta é a questão. Basta recordar que foram — justamente — personagens e supostas revelações da Lava-Jato que alimentaram a tentativa de golpe eleitoral midiático de 26 de outubro para se entender a importância de apurar cada passo, cada mensagem, cada iniciativa dos delegados denunciados.

CAPÍTULO 7.
5 DE JANEIRO DE 2015

MÃOS LIMPAS A LIMPO

O primeiro-ministro Bettino Craxi foi o principal troféu político da Operação Mãos Limpas, na Itália

Matriz da Lava-Jato, Operação Mãos Limpas guarda muitos pontos obscuros – até participação da CIA e do embaixador dos EUA numa investigação que fez 1.223 condenações em dez anos

Matriz ideológica da Operação Lava-Jato, com a qual o juiz Sergio Moro investiga a Petrobras e ameaça produzir uma crise sem paralelo em nossa história política, a Operação Mãos Limpas merece mais do que um minuto de reflexão por parte dos brasileiros.

Iniciada com um flagrante forjado contra um alto funcionário do Partido Socialista Italiano, em Milão, em 1992, em dez anos a Operação Mãos Limpas investigou 6 mil pessoas e condenou 1.223, entre empresários, parlamentares e dirigentes políticos. Dez acusados se suicidaram, entre eles um presidente e um diretor da ENI, a estatal italiana de petróleo, que mais tarde foi privatizada. Vinte anos depois, as vitórias contra a corrupção merecem aplauso e reconhecimento, mas não permitem uma visão heroica nem romântica. Há um número considerável de perguntas que precisam de respostas.

Os primeiros passos da Operação ocorreram naquele período histórico marcado pela queda do Muro de Berlim e o esfacelamento da União Soviética, quando Washington procurava definir um novo eixo da política mundial depois da Guerra Fria, tentando consolidar-se como única potência mundial.

Força subterrânea e decisiva da política italiana desde o final da Segunda Guerra Mundial, quando articulou o condomínio destinado a impedir de qualquer maneira que o Partido Comunista chegasse ao governo, a participação da CIA na Operação Mãos Limpas é um fato admitido mesmo por diplomatas norte-americanos.

O principal troféu político da Operação foi a destruição da carreira do primeiro-ministro Bettino Craxi, do PS, que, ao assumir o posto, em 1983, tornou-se o segundo chefe de governo italiano, em quarenta anos, que não pertencia aos quadros da Democracia Cristã, partido que governou a Itália com apoio direto do Vaticano e de Washington.

Na Europa de seu tempo, Craxi chegou a ser conhecido por dar apoio a militantes perseguidos pelas ditaduras apoiadas pelos EUA no Velho Mundo, como o fascismo na Espanha e o salazarismo em Portugal — até o fim da vida seria elogiado por Mário Soares por essa atuação. Acusado de aceitar favores e dinheiro clandestino de grandes empresas, Craxi exilou-se na Tunísia, onde morreu, em 2000. Craxi sempre reconheceu que recebera verbas de campanha eleitoral, usadas desde sempre pela totalidade dos partidos políticos, e questionava a visão de quem pretendia classificar a democracia italiana como um caso de polícia.

"Se a maior parte disso (dos recursos de campanha) deve ser considerada pura e simplesmente criminosa, então a maior parte do sistema político é um sistema criminoso", disse, num discurso ao parlamento. "Não conheço ninguém nesta Casa que possa ficar em pé e negar o que eu digo."

No segundo ano de seu mandato, Bettino Craxi tornou-se um político descartável por Washington depois que, em 1985, se recusou a aceitar uma intervenção norte-americana no sequestro do Achille Lauro, um navio de turistas que navegava pelo Mediterrâneo até que foi dominado por quatro terroristas palestinos. Quando o sequestro terminou, caças da Força Aérea dos Estados Unidos interceptaram um avião militar italiano que transportava os terroristas, já feitos prisioneiros, forçando sua aterrissagem numa base militar dos EUA na Sicília, num esforço para julgar os sequestradores conforme suas próprias leis, embora o crime tivesse ocorrido em águas territoriais italianas. Craxi enfrentou o estilo *cowboy* da diplomacia de Ronald Reagan e, mobilizando a Força Aérea e os Carabinieri, assegurou que os sequestradores fossem julgados por um tribunal italiano.

Conforme o diplomata Reginald Bartholomew — embaixador dos Estados Unidos em Roma entre 1993 e 1997 — admitiu ao jornal *La Stampa*, os primeiros passos da investigação sobre a corrupção política na Itália foram partilhados entre o Ministério Público, em Milão, e a CIA. O embaixador assumiu o posto em Roma como homem de Bill Clinton na Itália, para suceder aos diplomatas do governo republicano de George Bush, pai. Bartholomew conta que desembarcou na Itália quando as denúncias e prisões se encontravam em seu ponto máximo, o que fazia a Casa Branca temer pela estabilidade política de um país que se tornara um aliado histórico. Convencido de que a Operação se transformara numa perseguição fora de todo controle ("os direitos de defesa dos acusados eram violados sistematicamente, o que era inaceitável"), Bartholomew participou de articulações para formar um novo sistema de partidos políticos, com a presença de neofascistas, e de sobreviventes do antigo PC, convertidos à posição de aliados da Casa Branca de Bill Clinton.

Para o embaixador, o ponto grave, no aspecto jurídico, é que os tribunais se mostravam inteiramente intimidados pela ação do Ministério Público. Bartholomew convidou um ministro da Suprema Corte dos Estados Unidos, Antonin Scalia, para reunir-se com magistrados italianos. No encontro, diz o embaixador, Scalia lembrou aos magistrados que tinham obrigação de defender os princípios da Justiça e os direitos dos acusados. Também disse que as prisões preventivas contrariavam "frontalmente os direitos dos acusados" e também os "princípios fundamentais do direito anglo-saxão".

Essa advertência de Antonin Scalia, magistrado republicano, conhecido pelo apego absoluto aos direitos individuais, adversário da política de cotas, joga luzes sobre a dificuldade de se produzir sentenças serenas num ambiente de investigações abertamente politizadas. A Operação Cosa Nostra, que se iniciou uma década antes da Mãos Limpas, e tinha as organizações mafiosas como alvo específico, condenou Giulio Andreotti, um dos principais políticos da democracia cristã, com sete ministérios no currículo. Quatro anos depois, Andreotti foi absolvido, por falta de provas.

Muitas pessoas acreditam que os suicídios entre acusados na Operação Mãos Limpas devem ser vistos como provas definitivas de culpa, uma espécie trágica de confissão, excluindo-se a hipótese de que a capacidade de resistência dessas pessoas tenha sido quebrada pela convicção de que haviam se tornado impotentes para enfrentar um tratamento que consideravam abusivo. Conforme esse ponto de vista, as mortes seriam uma espécie de autopunição, arrependimento. Será mesmo?

O comportamento do deputado Sergio Moroni, que se matou aos quarenta e cinco anos com um tiro na boca, em casa, onde morava com a mulher e a filha, permite duvidar. Antes de cometer suicídio, Moroni enviou uma carta ao presidente da Assembleia Nacional. O documento nada tem de confissão. É uma denúncia. Ele escreve: "não creio que nosso país irá construir o futuro que merece, cultivando um clima de *pogrom* contra a classe política". Moroni critica os jornais e as emissoras de TV por "destruir reputações", sem dar ouvidos ao outro lado. Lembrando que "não é fácil distinguir quem aceitou adequar-se aos procedimentos decorrentes de uma lógica de partidos e quem tirou proveito pessoal", fala de "um longo véu de hipocrisia que tem acobertado por longos anos o modo de vida dos partidos e dos sistemas de financiamento de campanha". Numa demonstração de que enxergava os riscos em jogo, Moroni diz que "espero contribuir para uma reflexão mais justa", a respeito de uma "democracia que deve tutelar-se".

Culpado ou inocente, a carta de Moroni aponta para a questão central — a soberania popular, que não admite tutelas, sob o risco de desfigurar-se, como todo regime construído de fora para dentro. A intervenção, as prisões e cassações destruíram um sistema partidário formado pela sociedade italiana após a vitória contra o fascismo. Realizou-se a partir daí um processo seletivo, que abriu espaço para organizações de natureza fascista, como a Liga do Norte e o Movimento Social Italiano, e também para o antigo Partido Comunista. Todos acabariam sentando-se à mesa do embaixador Bartholomew para debater o futuro político do país. (Antonio di Pietro, o procurador que liderou a operação Mãos Limpas, também tentou uma fatia do bolo. Fundou um partido que não passou dos 3% dos votos.)

Na principal ironia da história, o maior beneficiário foi o empresário de mídia Silvio Berlusconi, personagem inclassificável em muitos aspectos, inclusive aqueles que não fazem parte de conversas familiares. Graças à Mãos Limpas, que tirou de cena concorrentes que poderiam lhe fazer frente, Berlusconi teve força para ocupar por duas vezes o posto de primeiro-ministro, totalizando uma permanência somada de sete anos e meio no cargo, período que fez dele o mais duradouro chefe de governo italiano em seis décadas de pós-Guerra, superando diversas raposas com mais experiência e talento.

Dentro de um universo de instituições enfraquecidas, a posse de uma rede privada de emissoras de TV transformou Berlusconi num político imbatível, que acumulou poderes de ditador e foi capaz de submeter o país a uma sucessão de vexames — no caso mais notável, convenceu o Parlamento a aprovar uma lei que simplesmente impedia que fosse investigado por corrupção. Quando deixou o cargo, forçado por mais escândalos — fiscais, familiares, bunga-bunga — o regime político italiano fora colocado de joelhos, como um poder submisso diante da *troika* do FMI, do Banco Central e da União Europeia, que desde então se vale de sucessivos governos sem musculatura real para confrontar uma política de esvaziamento de um dos mais respeitados estados de bem-estar social do planeta.

O juiz Sergio Moro em entrevista coletiva

CAPÍTULO 8.
16 DE JANEIRO DE 2015

ESCÂNDALO PRONTO PARA SERVIR

A partir de artigo de 2004, é possível demonstrar que há onze anos Sergio Moro já pretendia fazer uma operação espetacular que iria "deslegitimar" o sistema político brasileiro

Um dos aspectos mais curiosos da Operação Lava-Jato reside em seu caráter totalmente previsível. Desde que, sob orientação do juiz Sergio Moro, as primeiras prisões foram efetuadas e os primeiros depoimentos, colhidos, já era possível adivinhar que o país iria assistir a uma operação-monstro, predestinada a fazer história pela quantidade de empresários e políticos denunciados.

Essa convicção não se baseia em simples impressões nem se explica pelo conhecimento de testemunhos e provas reunidos nos últimos meses. Apoia-se num artigo publicado em julho de 2004, chamado "Considerações sobre a Operação *Mani Pulitti*", disponível na internet. Num texto de apenas seis páginas, escrito antes que Roberto Jefferson tivesse denunciado o mensalão que gerou a AP 470, quando a compra da refinaria de Pasadena pela Petrobras nem sequer havia sido efetivada, Sergio Moro deixa claro que havia onze anos já estava decidido a repetir, no Brasil, uma operação semelhante à Mãos Limpas.

Estamos falando de um modelo de trabalho. A partir da Mãos Limpas italiana — operação contra corrupção política realizada nos anos 1990, encerrada em ambiente de euforia com mais de 1.200 condenações —, Sergio Moro define um roteiro para o futuro próximo e deixa claro que acha necessário repetir uma investigação semelhante no Brasil — a questão é encontrar a oportunidade.

Longe da postura equilibrada e distante que se espera de um juiz, ou mesmo de um trabalho acadêmico, o artigo de Sergio Moro é um roteiro de agitação política. Transpira voluntarismo, pede ação e discute estratégias para atingir seus objetivos. O texto confirma que o conhecimento jurídico de Sergio Moro não merece reparos. O que se debate é o uso político que pretende fazer desse conhecimento — pois se trata de uma ideia em busca de uma chance de virar realidade, ou de um esquema mental à espera de um recheio.

Como ponto de partida, o juiz procura estabelecer várias semelhanças entre o Brasil e a Itália — recurso obrigatório para quem quer justificar a aplicação, aqui, do mesmo remédio que foi empregado por lá. Escreve:

"No Brasil, encontram-se presentes várias das condições institucionais necessárias para a realização de uma ação judicial semelhante. Assim como na Itália, a classe política não goza de prestígio junto à população, sendo grande a frustração pela quantidade de promessas não-cumpridas após a restauração democrática".

Como sempre acontece numa situação descrita de forma tão clara, cabe perguntar se é assim mesmo. Até porque um diagnóstico tão definitivo sobre o sentimento da população ("grande frustração pela quantidade de promessas não-cumpridas após a restauração democrática") resume uma visão frequentemente veiculada por comentaristas sempre nostálgicos do regime militar. A "grande frustração... após a restauração democrática" sempre foi um argumento essencial para justificar medidas antidemocráticas, não é mesmo?

ITÁLIA À BEIRA DA DISFUNCIONALIDADE

Em julho de 2004, quando o artigo foi publicado, o governo Luiz Inácio Lula da Silva completava um ano e seis meses.

Com seus altos e baixos, o governo FHC, que se prolongou por dois mandatos, deixou um benefício inegável — a estabilidade da moeda. A partir de 2003, ano difícil, já com Lula, teve início um processo que pode ser definido como *reconhecimento relativo* da democracia pelos brasileiros.

Em 2004, a economia disparou e cresceu 5,7%. Em 2006, 11 milhões de famílias já eram atendidas pelo programa Bolsa Família, que logo se tornaria o maior programa de distribuição de renda do mundo. Numa atitude incompatível com uma postura de "grande frustração", o eleitor reelegeu os candidatos do Partido dos Trabalhadores nas três campanhas presidenciais que vieram a seguir, totalizando quatro vitórias consecutivas, feito jamais ocorrido em nossa história. Uma série histórica de pesquisas do Ibope aponta para uma elevação crescente da aprovação dos brasileiros à democracia na época.

Se em 2000, 52% dos brasileiros diziam que só compareciam à cabine eleitoral porque eram obrigados por lei, em 2010 essa porcentagem caiu para 36%. Em 2014, diz o Ibope, os satisfeitos com a democracia chegavam a 46%, contra 20% de insatisfeitos.

Ponto de partida ideológico para a Lava-Jato, a semelhança entre o que se passava com a política italiana e com a política brasileira é um exercício de vontade e não uma situação real.

Em meio século de pós-Guerra, a Itália conviveu com um sistema político particularmente instável, que em várias oportunidades esteve à beira da disfunção. Entre 1946 e 1992, ano em que teve início a Mãos Limpas, a Itália teve vinte e oito governos diferentes, que duraram um ano e sete meses cada um, em média. Em dez casos, os governos duraram menos de um ano. Poucos duraram mais de quatro anos. Vários sobreviveram por seis meses ou menos. Em 1954, o democrata-cristão Amintore Fanfani bateu um recorde: seu governo durou vinte dias.

Essa permanente dança de cadeiras tinha origem numa ambiguidade política que se prolongou por quatro décadas de Guerra Fria. Nesse período, os italianos usufruíam de uma democracia real, mas parcial: ao mesmo tempo em que admitia uma ampla liberdade política na vida cotidiana dos cidadãos, o país era tutelado por Washington, que mantinha um veto ao Partido Comunista. O PCI tinha o direito de existir como partido e disputar eleições em todos os níveis, mas deveria ser impedido de qualquer maneira de conquistar o governo da República Italiana, ainda que tenha chegado a receber até 34% dos votos. Ao longo dos anos, construiu-se até um dispositivo militar clandestino, com ajuda da CIA, que incluía dezenas de generais e várias organizações subterrâneas, inclusive a loja maçônica P-2, que poderiam entrar em ação caso fosse necessário.

Em sua raiz, as contribuições ilegais aos partidos reuniam recursos clandestinos, internos e externos, destinados a fortalecer as campanhas e estruturas dos adversários do PCI, que precisava ser impedido, de todas as maneiras, de formar seu próprio governo.

A partir de citações de acadêmicos que se dedicaram ao estudo da Operação Mãos Limpas, a leitura do texto de Sergio Moro permite concluir que é necessário acentuar a "deslegitimação do sistema político brasileiro", como condição para que a operação tenha eficácia.

Avaliando as várias etapas da Operação Mãos Limpas, o juiz sublinha: "a deslegitimação, ao mesmo tempo em que tornava possível a ação judicial, era por ela alimentada". O contexto desse termo-chave, "deslegitimação", deve ser bem entendido. Pode adquirir significados diferentes de um país para outro.

É, em primeiro lugar, surpreendente que se tente promover a "deslegitimação" de instituições democráticas no Brasil, país que entre 1964 e 1985 enfrentou vinte anos de regime militar.

ECONOMIA PIOR DO QUE A GREGA

É curioso que, em vez de buscar fortalecer instituições que se considera fragilizadas procure-se seu enfraquecimento. O leitor tem todo direito de perguntar aonde se quer chegar por esse caminho, concorda?

Escrevendo sem rodeios num país onde a Constituição fala da separação entre poderes, que devem ser autônomos mas harmônicos, Sergio Moro argumenta que um dos fatores principais para o sucesso das ações judiciais na Itália residiu na "maior legitimação da magistratura em relação aos políticos profissionais".

Neste ambiente, a "deslegitimação" faz parte de um esforço maior: apresentar os políticos de forma criminalizada, como profissionais aparentados a atividades criminosas, sem compromissos de nenhuma espécie fora o próprio conforto. Fica aceitável que sejam submetidos a um tratamento sem qualquer relação com os direitos e garantias de nosso tempo.

O saldo da "deslegitimação" do sistema político italiano é conhecido e dificilmente será descrito de forma positiva. Como sempre acontece quando a democracia é modificada de fora para dentro, o que sempre envolve algum grau de truculência que passa por cima da soberania popular, a Mãos Limpas devastou o sistema político e permitiu uma integração subordinada do país à ordem econômica da União Europeia, sob poder do FMI, do Banco Central Europeu e do governo alemão. Do ponto de vista criminal, nem as crianças sugerem que a corrupção tenha acabado.

Uma das justificativas assumidas por Sergio Moro para explicar a Operação Mãos Limpas foi a "integração europeia, que abriu os mercados italianos a empresas de outros países europeus, elevando os receios de que os italianos não poderiam, com os custos da corrupção, competir em igualdade de condições com seus novos concorrentes". A promessa era que a Mãos Limpas iria ajudar a modernizar a economia italiana, criando condições para um ambiente de crescimento e prosperidade. A vida prática mostrou o caráter enganoso dessa visão.

Não há sinal real de que a economia italiana tenha recolhido benefícios da Mãos Limpas. Pelo contrário: enfrenta, há muitos anos, um dos piores momentos de sua história. Há uma década, tem o pior desempenho da Europa, incluindo a Grécia, informa a revista *The Economist* na edição de 3/1/2015: "em valores constantes, a economia italiana afundou nos primeiros catorze anos do século (mesmo o PIB da Grécia é maior hoje do que era em 1999)".

Depois da Mãos Limpas, o procurador Antonio Di Pietro, que obteve na Operação o mesmo destaque obtido por Joaquim Barbosa na AP 470, ingressou na carreira política. Como recorda Sergio Moro, Di Pietro costumava referir-se ao sistema político italiano como uma "democracia vendida".

O próprio Di Pietro tentou seguir carreira política. Fez um partido próprio, que não atingiu o quociente mínimo para ter uma cadeira no parlamento. Também foi acusado de ter embolsado indevidamente a herança de uma viúva que admirava suas ideias.

A necessidade de se investir na "deslegitimação" explica a necessidade de os juízes cultivarem ótima convivência com os meios de comunicação. Não se trata de relações públicas, mas de força política: o que se busca é transformar a mídia em braço auxiliar e apoio social.

OPINIÃO PÚBLICA OU PUBLICADA?

Moro refere-se aos jornais como sinônimo da "opinião pública", ignorando a distinção necessária entre "opinião pública" e "opinião publicada", que permite lembrar que os meios de comunicação são empresas privadas, respondem a acionistas, procuram sustentação no mercado publicitário, desenvolvem interesses comerciais e preferências políticas — e é dessa forma que publicam determinadas notícias e eliminam outras, apresentam os fatos sob o ângulo x e ignoram o ponto de vista y e assim por diante.

Numa afirmação que chama atenção, Moro reconhece que a punição de agentes públicos é sempre difícil "pela carga de prova exigida para alcançar a condenação em processo criminal".

Nesta circunstância, ele atribui à mídia uma exótica função punitiva, papel que, nos regimes democráticos, deveria ser uma exclusividade da Justiça — e jamais de empresas privadas que exploram o mercado de notícias, no qual circulam informações confiáveis, mas também a mentira e a desonra.

Ele afirma que os jornais e revistas podem servir como um "salutar substitutivo" à punição judicial, pois têm "condições melhores de impor alguma espécie de punição a agentes corruptos, condenando-os ao ostracismo".

Num país onde o fantasma do bolivarianismo faz parte da crítica mais vulgar a toda tentativa de ampliar a pluralidade dos meios de comunicação, este raciocínio conduz a uma visão preocupante sobre o trabalho dos jornalistas. Estes deveriam abrir mão da indispensável independência de sua atividade para assumir o *dever* de distribuir castigos suplementares a pessoas condenadas pela Justiça. Não custa lembrar que uma visão democrática do trabalho dos jornalistas tenta assegurar a repórteres e editores a liberdade para julgar e avaliar todo fato social por seus próprios critérios. Isso inclui, naturalmente, as decisões do Poder Judiciário, sujeitas a apreciações positivas ou negativas como todas as outras. Sem essa liberdade, a humanidade não teria conhecido, por exemplo, a verdade sobre o caso Dreyfus, revelada por Émile Zola, condição para que um erro histórico da Corte Militar francesa no final do século XIX pudesse ser denunciado e corrigido, na medida do possível.

Em 2014, os vazamentos sobre a Lava-Jato serviram para colocar o mundo político brasileiro numa posição precária e frágil perante o Judiciário, demonstrando quem tinha "maior legitimação".

Um ponto importante no plano de trabalho "Considerações sobre a Operação *Mani Puliti*" reside na utilização dos meios de comunicação na obtenção de delações premiadas, base para acusações fortíssimas, assinadas na esperança de serem recompensados por penas leves. Numa afirmação que lança dúvidas sobre sua visão quanto aos direitos de cada prisioneiro, Sergio Moro chega a ser irônico e permite que um juízo político influencie uma decisão jurídica. Diz que, nestes casos de corrupção política, "não se está traindo a pátria ou alguma espécie de resistência francesa".

Quem for atrás de estudos clássicos do Direito Penal reunidos em torno de uma situação conhecida como Dilema do Prisioneiro irá descobrir que estamos diante de uma situação estudada pela teoria dos jogos, cujo resultado pode ser programado com relativa segurança conforme a situação de cada pessoa presa, suas possibilidades de comunicar-se com outros envolvidos e o acesso aos termos do inquérito policial.

Detidos que se comunicam entre si tendem a combinar versões mutuamente favoráveis, obtendo penas menores. Presos mantidos em regime de isolamento são facilmente convencidos a fazer revelações inéditas se forem levados a imaginar que estão apenas confirmando aquilo que já foi informado. Num comentário que sublinha a importância de se manter um fluxo contínuo de vazamentos para os jornais, Moro fala da importância da "disseminação de informações sobre uma corrente de confissões ocorrendo atrás das portas fechadas dos gabinetes dos magistrados". Seja divulgando informações verdadeiras, seja apenas espalhando rumores de interesse da polícia, os meios de comunicação assumem um papel auxiliar na acusação, de valor questionável na medida em que não têm meios independentes para comprovar a veracidade daquilo que é publicado. A compreensão desse jogo permite entender o que envolve as prisões preventivas, situação em que foram mantidos os principais acusados da Lava-Jato. O que se espera é que um longo confinamento convença os detidos a confessar os crimes que a polícia e o ministério julgam que cometeram.

Neste ambiente, o que se pergunta é o impacto da Lava-Jato na política e também na economia. As vinte e três empresas citadas no inquérito empregam 350 mil funcionários. Com R$ 70 bilhões anuais em investimentos, a Petrobras está no coração da investigação e alimenta 6 mil empresas fornecedoras. Um cálculo da consultoria LCA, divulgado pela revista *Exame*, sustenta que uma queda de 10% nos investimentos da Petrobras pode ter um impacto de meio por cento no crescimento do PIB, que atravessou 2014 contornando o marco zero.

Cerimônia de batismo da plataforma P-52, na Bacia de Campos (RJ)

CAPÍTULO 9.
6 DE FEVEREIRO DE 2015

POR QUE FHC CRUZOU OS BRAÇOS?

Hoje, capaz de pedir punição dos mais altos hierarcas na Lava-Jato, Fernando Henrique cruzou os braços em 1996, quando Paulo Francis denunciou corrupção na Petrobras e seu governo poderia virar alvo

Confesso que ando cada vez mais espantado diante das homenagens a Paulo Francis em virtude das acusações de corrupção na Petrobras, feitas em 1996, no programa *Manhattan Connection*.

 A convicção generalizada é que Francis estava absolutamente correto em suas denúncias e, ameaçado por um processo de US$ 100 milhões na Justiça de Nova York, acabou sofrendo um enfarto que provocou sua morte. Em razão disso, não paramos de ouvir elogios à sua visão como jornalista e à sua argúcia como analista. Mas se Francis falou a verdade, a pergunta real é saber por que nada se fez diante do que ele disse, o que transforma as homenagens de hoje num caso exemplar de silêncio e covardia, à espera de uma investigação responsável e exemplar.

 Em 1996, o país tinha um presidente da República eleito, Fernando Henrique Cardoso, empossado havia dois anos no Planalto, com apoio da mais fina flor do baronato brasileiro — e até uma fatia de potentados internacionais. Tinha um vice, Marco Maciel, que trazia o apoio do mundo conservador do PFL e dos herdeiros da ditadura.

Também tinha um ministro das Minas e Energia, Raimundo Mendes de Brito, afilhado de Antônio Carlos Magalhães, vice-rei da Bahia. Na Polícia Federal, encontrava-se Vicente Chelotti como diretor. O procurador-geral da República era Geraldo Brindeiro, que logo faria fama como engavetador.

Nenhuma dessas autoridades veio a público para esclarecer as acusações, fosse para mostrar que Paulo Francis tinha razão, ou para dizer que estava errado. Ninguém correu riscos, não fez perguntas, nem trouxe respostas, nem confrontou Joel Rennó, o presidente da Petrobras que entrou com ação na Justiça contra o jornalista porque se considerou ofendido pelas acusações.

Paulo Francis falou a verdade? Mentiu? Exagerou? Estava de porre? Não sabemos.

Referindo-se a contas secretas na Suíça, Paulo Francis fala com o desembaraço de quem está falando de verdades inquestionáveis como a existência do Pão de Açúcar na paisagem do Rio de Janeiro. Diz que "todos os diretores da Petrobras têm conta lá". Alguns jornalistas presentes dão sorrisos maliciosos. Nada que lembre a indignação de hoje. Um deles adverte, sem que se possa ver seu rosto: "olha que isso dá processo...". Em outro depoimento, também disponível na internet, Paulo Francis afirma que os diretores da Petrobras são muito queridos na Suíça, onde têm contas de 50 e 60 milhões de dólares.

Fernando Henrique Cardoso não deixou sequer um palpite sobre o caso. Mobilizou-se para convencer Joel Rennó para desistir da ação.

E a denúncia?

Se hoje FHC enche o peito para dizer que a Justiça deve fazer aquilo que ninguém fez, sem poupar os "mais altos hierarcas", eufemismo para chegar a Dilma e Lula, não custa perguntar por que se calou quando tinha vários instrumentos do estado na mão. Se hoje as denúncias são uma forma da oposição tentar atingir Dilma, em 1996 e 1997 era seu governo que poderia se tornar alvo.

Não havia nada para ser investigado, nem com auxílio da justiça da Suíça?

Soube-se ontem que, em 1997, o ano em que Paulo Francis morreu, o gerente da Petrobras Pedro Barusco, que, em 2015, se tornaria um dos personagens principais do inquérito da Lava-Jato, já tinha um bom cargo na empresa. Naquele ano, passou a receber, além do salário e demais benefícios legais, uma propina mensal entre US$ 20 mil e US$ 50 mil de uma empresa holandesa com interesses específicos na área sob seus cuidados.

Em 1998, pouco depois dos primeiros pagamentos feitos a Barusco, os interesses privados, que no mundo inteiro são a mola principal de iniciativas de corrupção em empresas estatais, ganhavam novo impulso na Petrobras.

Num decreto assinado por Fernando Henrique Cardoso, e preparado pela subchefia para Assuntos Jurídicos da Presidência da República, cujo titular era Gilmar Mendes, hoje ministro do STF, aprovou-se a criação de um "procedimento licitatório simplificado da Petrobras". O Decreto 2.745 pretendia agilizar os investimentos da empresa, o que não está errado, por princípio, quando se recorda que a Petrobras atua num mercado em que concorrentes privados atuam em alta velocidade, fora do ritmo lento e burocratizado das licitações públicas.

Mas o procedimento "simplificado" está na origem intelectual do hoje célebre "clube das empreiteiras", denunciado em tom de escândalo.

Haviam-se passado apenas dois anos da acusação de Paulo Francis e a alteração ocorrida não foi pequena. Em vez de submeter as obras milionárias da empresa às disputas duras e complicadas de uma licitação pública, autorizou-se a chamada de interessadas pelo sistema de carta-convite, o caminho mais fácil para a seleção de amigos e exclusão de inimigos. É uma situação tão escandalosa, que nunca faltaram críticas ao decreto e mesmo ações questionando sua legalidade. O decreto do "clube das empreiteiras" mantém-se em vigor por meio de liminares. Uma delas, ironicamente, foi concedida pelo próprio Gilmar Mendes que, já como ministro do STF, julgou o trabalho da subchefia que estava sob sua guarda quando servia ao governo FHC.

Em vários países, as empresas estatais, particularmente de petróleo, vivem uma situação contraditória. De um lado, expressam a vontade política de soberania nacional — que justifica sua existência — diante de reservas de valor estratégico. De outro, são alvo permanente de pressões do setor privado, interessado em transferir ganhos em escala formidável para seus cofres particulares. O resultado é um universo de muita tensão.

A PDVSA venezuelana foi ocupada, historicamente, pela elite econômica do país, aquela que é conhecida por manter um patrimônio maior em Miami do que em Caracas. Depois da posse de Hugo Chávez, cuja vitória criou uma situação política inédita, a alta burocracia da empresa tornou-se aliada da oposição conservadora e chegou a tentar promover um golpe de Estado, impedindo a distribuição de petróleo num país onde o mais refinado produto local é a cerveja e depois o refrigerante.

Num país onde a Petrobras sempre foi alvo de ataque feroz por parte do empresariado conservador e seus aliados externos, após a democratização não houve um governo que não tivesse enfrentado uma investigação em torno de desvios e irregularidades. (Considera-se certo como 2 + 2 = 4 que havia esquemas sob a ditadura, mas nunca vieram a público.)

Em 1989, no governo de José Sarney, a descoberta de um milionário esquema de desvios levou ao afastamento do presidente da BR Distribuidora e seu principal auxiliar. Em 1992, uma tentativa de intervenção de PC Farias na direção da empresa levou à saída do advogado Luiz Octávio da Motta Veiga, que preferiu ir embora em vez de atender aos pedidos do tesoureiro de Fernando Collor.

A ideia de que os esquemas de corrupção na Petrobras nasceram a partir de 2003, com a chegada de Luiz Inácio Lula da Silva ao Planalto, é falsa mas tem uma utilidade política óbvia: ajuda a transformar uma operação policial num instrumento de destruição política, cujo alvo final é o governo Dilma Rousseff e o Partido dos Trabalhadores. Também permite acobertar responsabilidades passadas, o que é sempre conveniente em campanhas de moralismo seletivo. Mas o preço é apagar a memória histórica, o que impede qualquer debate sensato sobre o caso.

O ex-ministro do STF Joaquim Barbosa em entrevista

CAPÍTULO 10.
19 DE FEVEREIRO DE 2015

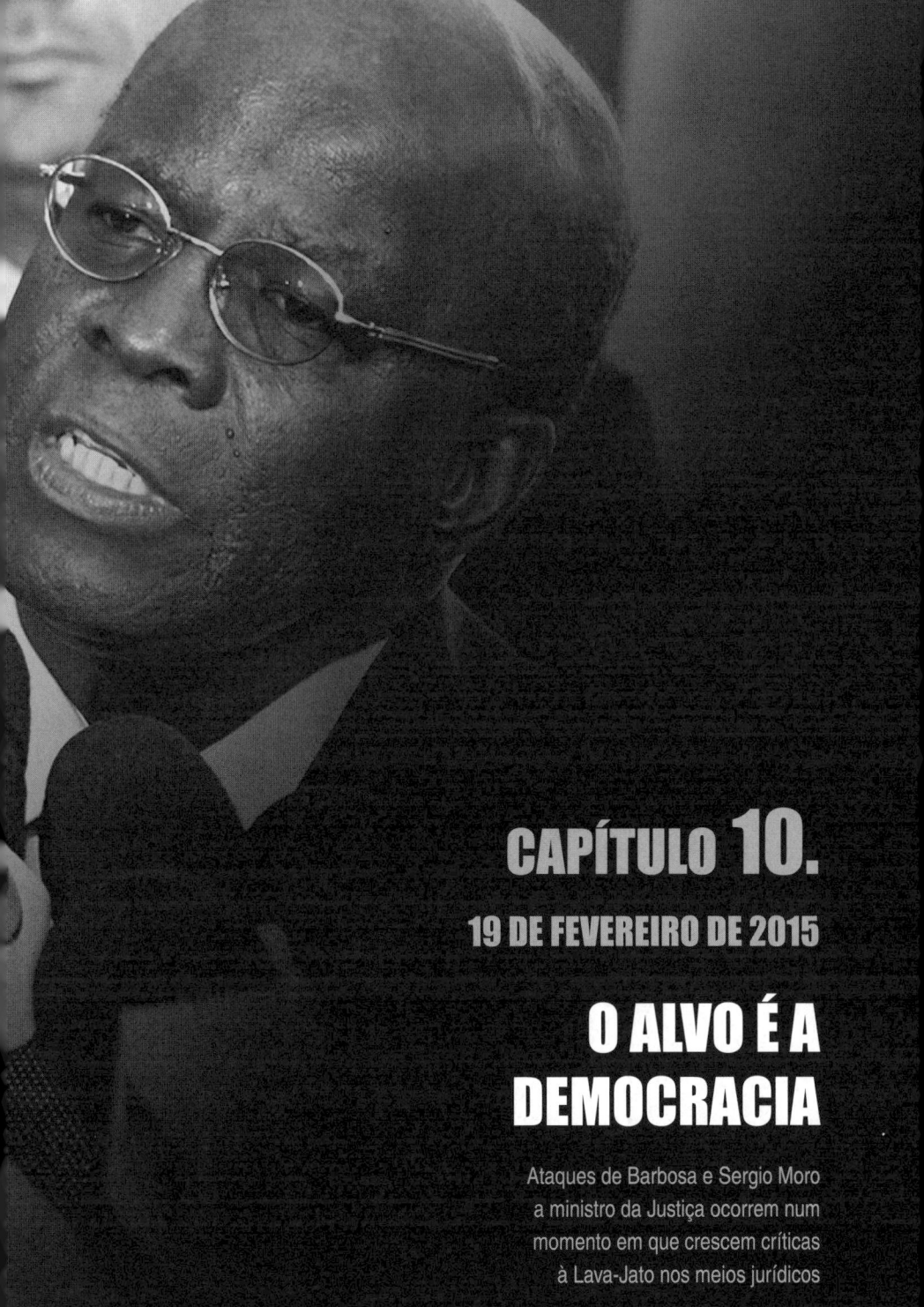

O ALVO É A DEMOCRACIA

Ataques de Barbosa e Sergio Moro a ministro da Justiça ocorrem num momento em que crescem críticas à Lava-Jato nos meios jurídicos

Bem medidas as coisas, o ataque de Joaquim Barbosa e Sergio Moro aos encontros do ministro da Justiça, José Eduardo Cardozo, com advogados de acusados da Lava-Jato é uma tentativa de afrontar a autoridade da presidente Dilma Rousseff.

Não cabe a um magistrado aposentado dizer à presidente da República o que ela deve fazer. O ministro da Justiça pode, deve e já foi criticado por várias razões. Só não pode ser judicializado.

Nem Joaquim Barbosa nem Sergio Moro podem dar a impressão aos brasileiros de que têm a atribuição de definir funções e estabelecer limites a um ministro de Estado. Moro disse que a reunião dos advogados com Cardozo foi uma ação "intolerável". Quer dizer que, em sua opinião, o ministro da Justiça participa de eventos "intoleráveis"? Estamos insinuando o quê?

A democracia não é uma gritaria irracional de arquibancada, onde vence quem fala mais grosso. Magistrados falam pelos autos, lembrou Sergio Moro, ontem. Lembrou, mas curiosamente não cumpriu. Assim como Joaquim Barbosa. Ele evitava receber advogados quando estava no STF, mas agora recomenda aos réus da Lava-Jato que procurem o juiz.

Vivemos sob o regime de divisão de poderes, que devem ser respeitados em suas diferenças e funcionar em harmonia.

A atuação do ministro da Justiça é extensão legítima da soberania da presidente, que recebeu do eleitor a incumbência de montar seu governo e orientar seus atos. A não ser em bailes de carnaval, não se pode "exigir" da presidente que demita seu ministro, da mesma forma que não se podia "exigir", antes, que fosse nomeado. (Exigir, explica o mini-Houaiss, significa "pedir em tom autoritário, determinar por ordem ou intimação".)

Cardozo não só tem o direito de receber advogados sempre que julgar necessário. Tem o dever de agir desse modo — toda vez que considerar que essa decisão pode ser útil para realizar sua obrigação política fundamental, que é garantir e defender a Constituição, onde vigora a noção de que toda pessoa é inocente até que se prove o contrário.

Uma recusa pode ser considerada omissão — e isso sim seria grave. Lançar suspeitas sobre um ministro que recebe um advogado é um exercício primário de linchamento. Trai o vício típico de quem se acha no direito de acusar sem provar — o que é lamentável, mas não é novo.

Numa democracia, nenhuma autoridade tem o monopólio da defesa dos direitos da cidadania, até porque não há garantia de que esteja sempre disposta a honrar este dever. Foi um senador conservador de Alagoas, Teotônio Vilela, quem abriu a porta das cadeias para ouvir os presos políticos que enfrentavam a tortura da ditadura. Foram familiares, foram advogados, que se dispuseram a colher relatos de horror e sofrimento. Alguns eram políticos. Outros, se tornaram.

Mesmo em tribunais superiores, em teoria muito mais protegidos em suas prerrogativas especiais, a regra era o silêncio das togas encurvadas, da boca fechada. Denúncias de tortura e execução estavam disponíveis em quantidade, em corajosos depoimentos de réus e testemunhas, mas ninguém foi investigado por isso. Nenhum processo foi anulado porque um cidadão fora pendurado no pau de arara ou havia sido submetido ao interrogatório com choques elétricos. Sobraram denúncias, arquivadas cuidadosamente. Quando foram divulgadas nada mais poderia ser feito para localizar e punir os responsáveis.

Há um outro ponto. Nas últimas semanas, denúncias de abuso nas delações premiadas e nas prisões preventivas de acusados da Operação Lava-Jato se tornaram frequentes, gerando um ambiente de mal-estar nos meios jurídicos. A ameaça ao direito de defesa está na base das ameaças à democracia, cuja essência é o Estado Democrático de Direito.

Marco Aurélio Mello, uma das vozes mais respeitadas do Supremo, já manifestou seu descontentamento. Celso Bandeira de Mello, um de nossos grandes advogados, também. O que se assiste é uma tentativa de blindagem: intimida-se um ministro na tentativa de calar quem poderia falar, paralisar quem poderia reagir.

Essa é a questão.

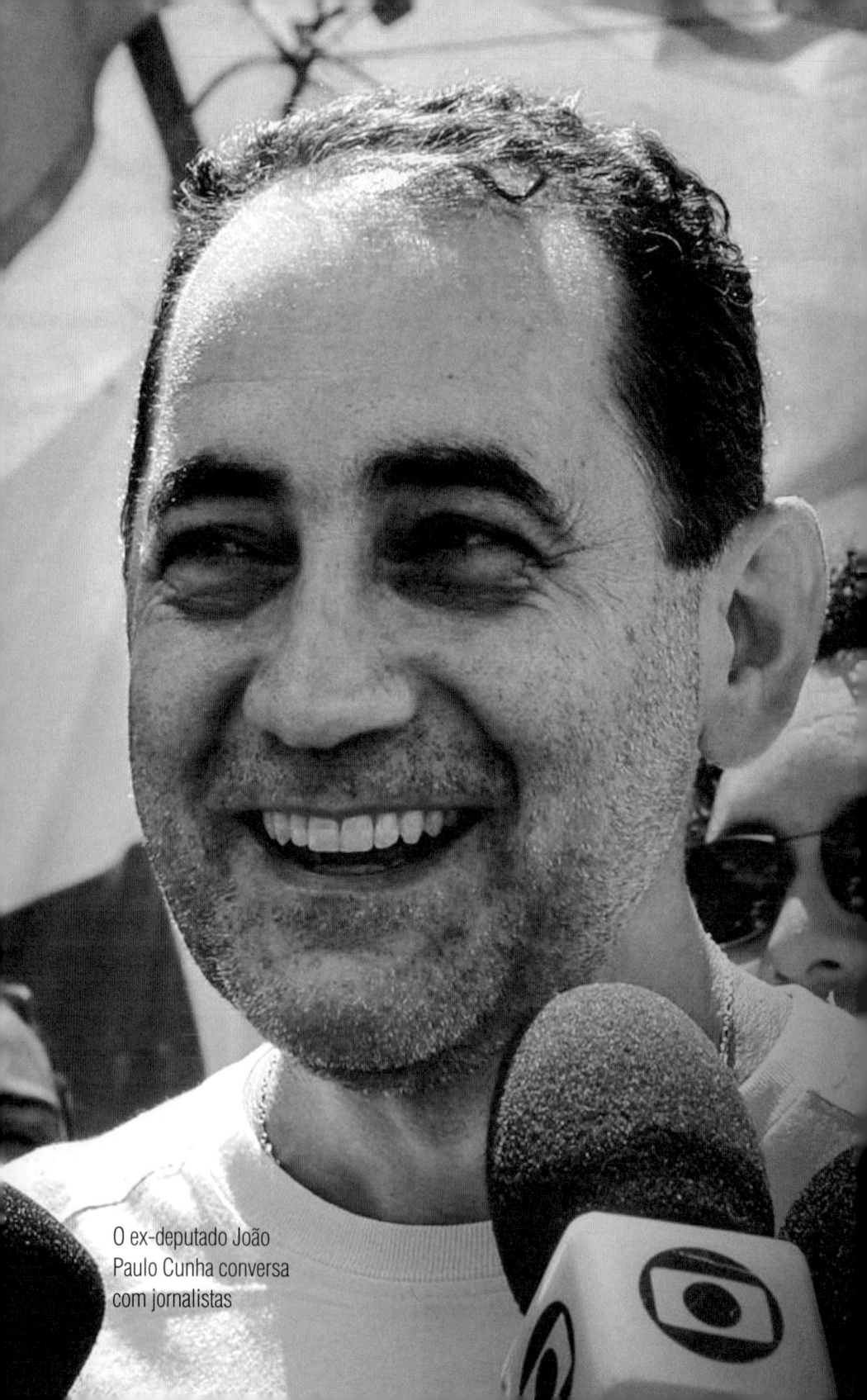

O ex-deputado João
Paulo Cunha conversa
com jornalistas

CAPÍTULO 11.
26 DE FEVEREIRO DE 2015

O PORSCHE E A NOSSA LIBERDADE

Comparado com ataques da Justiça aos acusados da Lava-Jato, presos há meses sem prova, caso do juiz-piloto é pouco mais do que um escândalo jurídico menor, ainda que ridículo

Alguma coisa só pode estar muito errada numa sociedade na qual o uso indevido de um Porsche causa maior escândalo do que erros flagrantes na proteção da liberdade e dos direitos fundamentais de homens e mulheres.

O juiz Flávio Roberto de Souza caiu em merecido ridículo depois que assumiu o volante de um carro de meio milhão de reais, propriedade do ex-queridinho de altos negócios Eike Batista. Sua Excelência extrapolou na desculpa, ao dizer que haveria "risco de danos" caso um automóvel tão valioso não ficasse guardado na garagem do edifício onde mora.

O curioso é que isso ocorreu dias depois que uma reportagem de Mônica Bergamo demonstrou as condições em que são mantidos empresários e executivos acusados na Operação Lava-Jato, na carceragem da Polícia Federal em Curitiba. Não vou rememorar os detalhes, aqui. Mas lembro o escândalo essencial: estão presos sem condenação, há meses, dia após dia — e não pode haver afronta maior aos valores democráticos, nada mais humilhante e vergonhoso. Isso é muito pior do que comer carne com as mãos, fazer cocô na frente de estranhos, chorar descontroladamente — como descreve a reportagem.

Os advogados dos prisioneiros apresentam *habeas corpus*, alguns chegaram ao Supremo Tribunal Federal, aquela corte que é um dos três poderes da República — e, deixando de fora um único caso, nada aconteceu. Apoiados em formalidades que foram solenemente ignoradas quando Gilmar Mendes teve diante de si as prisões da Operação Satiagraha, e mandou soltar os principais réus em poucas horas, duas vezes consecutivas, nossos ministros evitam examinar o caso, pedem que sejam reexaminados por instâncias inferiores que, sabem todos, nunca farão isso.

O objetivo do juiz Sergio Moro, que dá a impressão de atuar como policial, como promotor e também como magistrado, num acúmulo de funções estranhas à divisão de trabalho do Estado Democrático de Direito, é destruir a autoestima dos prisioneiros, seu orgulho, suas referências, para que confessem aquilo que quer ouvir.

Assim como a tortura de prisioneiros políticos do passado estava codificada e explicada nos manuais de guerra contrarrevolucionária, elaborados pelo Exército Francês na Indochina e na Argélia, depois importados pelos países da América do Sul, a delação premiada foi estudada e examinada em textos sobre o Dilema do Prisioneiro, disponíveis na internet, em português.

Como se fosse uma guerra contrarrevolucionária, o alvo da Lava-Jato é político: chegar à cabeça de quem Sua Excelência enxerga como inimigo e considera-se no direito de tratar como tal. Conforme relatos que saem da carceragem, prisioneiros são chamados a fazer uma delação de qualquer maneira. Nada interessa além disso.

No passado do regime militar, os presos eram torturados no pau de arara, com choques elétricos. Na inquisição medieval, infiéis ardiam em fogueiras para confessar blasfêmias e heresias. A confissão era a prova de culpa — com o fogo ardendo na pele. Os mais felizes conseguiam ouvir, momentos antes da morte, que haviam sido perdoados pelo Senhor, com maiúsculas, porque haviam admitido seus pecados. Entendeu, certo?

No Brasil de 2015, tentam nos fazer acreditar que a prisão sem provas, durante meses, não é uma forma de violência nem pode ser tratada como tortura — afinal, um crime inafiançável. Imagine os valores autoritários, absurdos, que estão embutidos na visão de quem não enxerga a destituição de direitos e a negação da liberdade, a manipulação das celas de uma prisão conforme objetivos políticos, como um ataque supremo à condição humana e até aos direitos dos animais, inclusive selvagens — como se aprende com a inesquecível "Pantera", de Rilke. É isso.

Temos homens que hoje são menos do que animais, como dizia Sobral Pinto, referindo-se à ditadura do Estado Novo.

Num país com políticos desmoralizados não apenas por seus inúmeros defeitos, mas também por campanhas malignas, e uma mídia curvada, ajoelhada, ocupada em ideologias pequenas e interesses próprios, a caçada ao Porsche é o falso escândalo que convém. Porsche aos porcos, diria Oswald.

Em outubro de 2012, quando o julgamento da AP 470 se aproximava do fim, escrevi aqui, neste espaço, um artigo chamado "STF e o Thermidor de Lula". Expliquei: "Thermidor foi aquele período conservador da revolução francesa, quando os ricos recuperavam privilégios, a democracia foi enfraquecida e, pouco a pouco, o poder político transformou-se numa ditadura. No fim, restaurou-se o império. A aristocracia recuperou direitos e conseguiu impedir o avanço de mudanças, ao se reconciliar com a burguesia, contra o povo. As eleições se tornaram duas vezes indiretas. O direito de voto retornou aos muito ricos. No caminho de Thermidor, encontrou-se Robespierre e o Terror. Foi uma fase de tal violência política que fez a França de 1792-1794 ficar parecida com o Camboja após a vitória de Pol-Pot, quase 200 anos depois. A taxa demográfica do país que havia criado o Iluminismo e os direitos do homem chegou a ficar negativa por causa de execuções e mortes sumárias, todas por motivação política, sem direito a um julgamento. E tudo isso em nome do...combate à corrupção".

Três anos depois, a Lava-Jato é uma linha em continuidade da AP 470, na mesma estrada que ameaça levar as conquistas recentes do país, que não pertencem a um governo nem a um partido, mas a toda nação, a seu Thermidor.

O que se quer é o retrocesso, num movimento que se reproduz, se perpetua. Na terça-feira passada, condenado a seis anos e quatro meses na AP 470, o ex-deputado João Paulo Cunha conseguiu uma progressão de regime e passará a cumprir sua pena em regime aberto. Pode sair da cadeia para trabalhar, sendo obrigado a se recolher em casa, à noite. Não pode sair aos domingos e pode receber a visita de um agente penitenciário a qualquer momento. Como vários outros condenados, João Paulo foi obrigado a pagar uma multa de R$ 536 mil para exercer um direito que a lei lhe assegurava. Ele entrou com recursos contra a exigência, pois vivemos num país onde ninguém pode ser preso por dívida — salvo quem deixa de pagar pensões alimentares aos filhos. Perdeu. Só poderá sair da cadeia porque fez um empréstimo.

O Porsche da questão é que João Paulo tem um ponto importante contra sua condenação, uma prova de inocência espetacular, de mudar filme norte-americano na cena final. Ele foi condenado no STF por corrupção e peculato, mas sempre contestou a decisão dos ministros. Quando aguardava a decisão da Câmara sobre seu mandato, foi à tribuna e desafiou Joaquim Barbosa a explicar o crime pelo qual era acusado. A resposta foi o silêncio, aquele tratamento dispensado às não pessoas de regimes onde o autoritarismo busca a perfeição. Ocorre que João Paulo é capaz de explicar, nota por nota, recibo por recibo, cada um dos reais que foi acusado de desviar. Os documentos estão lá, até hoje, nos autos da AP 470. Mostram que, como presidente da Câmara de Deputados, ordenou despesas de vulto em campanhas publicitárias divulgadas pelos grandes meios de comunicação: TV Globo, Editora Globo, Abril, *Folha de S.Paulo*, *Estado de S. Paulo*, *IstoÉ*, e outras mais. Está tudo lá, arrumado, ordenado, num serviço profissional. Nenhum veículo contestou os pagamentos, nem poderia. As despesas foram confirmadas pela investigação do delegado Luiz Flávio Zampronha. Isso quer dizer que os recursos foram pagos e devidamente depositados.

João Paulo fez empréstimo para pagar os R$ 536 mil, mas jornais e revistas não tiveram de ressarcir um único real. Nem se escandalizaram com uma denúncia que sabiam — na dúvida, bastava consultar a contabilidade — ser apoiada numa acusação sem prova. O surrealismo é este: ele foi condenado por um crime que, do ponto de vista do beneficiário, foi visto como inteiramente lícito. Cadê o desvio? A propina?

Agora, uma coincidência matemática. Acrescentando despesas de frete, quem sabe um seguro pelo farol de milha ou pelas rodas de magnésio, veja que horror: o valor da liberdade de João Paulo equivale ao Porsche do juiz Flávio Roberto de Souza.

Que bela porcaria de automóvel, não é mesmo?

O advogado
Rubens Casara,
em seu escritório

CAPÍTULO 12.
22 DE MARÇO DE 2015

DEBATENDO A LAVA-JATO
ENTREVISTA COM RUBENS CASARA

Magistrado reconhece méritos em Sergio Moro, mas lembra que um processo dirigido como espetáculo "é uma corrupção, um programa autoritário para pessoas que foram acostumadas com o autoritarismo"

Meu primeiro contato com o juiz Rubens Casara terminou numa agradável surpresa. No início de 2013 eu me encontrava no auditório do Clube dos Advogados do Rio de Janeiro para participar de um debate organizado pelo Sindicato dos Advogados para o lançamento do meu livro *A outra história do mensalão — contradições de um julgamento político*. Quando chegou sua vez de falar, o juiz sacou uma pequena pilha de folhas de papel, colocou-a sobre a mesa e, muito educado, pediu licença para ler o calhamaço. Calejado por eventos semelhantes, eu temia pela reação da plateia, mas estava enganado. Com uma palestra recheada por observações pertinentes e afirmações corajosas, Casara prendeu a atenção do público — e a minha — até o final.

Dois anos depois, em fevereiro de 2015, ele publicou um artigo fundamental para o atual momento da Justiça brasileira: "O Processo Penal do Espetáculo", onde explica que a espetacularização dos julgamentos, situação evidente depois da AP 470, cria um ambiente de mocinho e bandido que ilude a população e compromete os direitos de defesa dos acusados, que se tornam alvo de "um discurso construído, não raro, para agradar às maiorias de ocasião, forjadas pelos meios de comunicação de massa". Nesta entrevista ao *Portal 247*, Rubens Casara diz que o "espetáculo corrompe a Justiça". Também faz vários comentários sobre a condução da Lava-Jato.

Ele reconhece méritos variados da formação do juiz Sergio Moro e discorda de quem o acusa de parcialidade. Contudo afirma que sua atuação é condicionada por uma tradição iniciada pelas ditaduras do Estado Novo e pelo regime militar de 1964, na qual "o juiz deixa de atuar como garantidor dos direitos fundamentais e torna-se instrumento de repressão, aproximando-se ora da atuação da polícia, ora da atuação do Ministério Público". Lembrando a possibilidade de um tratamento seletivo em casos de repercussão política, Casara também manifesta dúvidas sobre a petição apresentada por Rodrigo Janot, procurador-geral da República, ao Supremo Tribunal Federal, quando denunciou políticos e empresários acusados de envolvimento no esquema de corrupção da Petrobras. "Existiam elementos de convicção contra o Aécio? E contra a Dilma? As declarações do doleiro em desfavor do Aécio, que recentemente vazaram para o público, forneceriam esse suporte necessário à investigação?"

Portal 247 — Em que medida é possível falar numa continuidade de Joaquim Barbosa a Sergio Moro? Entre AP 470 e Lava-Jato?

Rubens Casara — A Ação Penal 470 e a chamada "Operação Lava-Jato" são casos penais que têm em comum o fato de terem sido transformados em espetáculos. São também exemplos emblemáticos de que o Sistema de Justiça Criminal é um espaço de disputa política, tanto pelos meios de comunicação de massa quanto por grupos econômicos e partidos políticos. Nesses processos estão em jogo concepções diversas sobre o estado, a democracia e os direitos fundamentais. O ministro Joaquim Barbosa e o juiz Sergio Moro, ambos professores universitários, possuem méritos inegáveis, por mais que eu tenha críticas a posicionamentos teóricos dos dois. O juiz Moro é de uma impressionante coerência entre o que pensa, escreve e julga. Acusá-lo de atuar para prejudicar um ou outro partido político demonstra desconhecimento sobre o que ele produz na academia e no Poder Judiciário. Acredito, porém, que, mais do que uma continuidade entre as atuações dos dois, é possível falar na existência de uma tradição em que está inserida grande parcela da magistratura brasileira e que acaba por condicionar a atuação de juízes de norte a sul. Essa tradição, que alguns afirmam atrelada à ideologia da "defesa social" e outros a uma visão utilitarista, voltada à satisfação de maiorias de ocasião ou mesmo de determinados grupos sociais, aponta para a concentração de poder no Judiciário, à percepção dos réus como meros objetos da ação do estado e a prevalência de interesses abstratos da coletividade em detrimento de interesses concretos individuais. Ela confere a gestão da prova ao juiz, que passa a decidir os elementos que devem ser produzidos para confirmar a hipótese em que acredita. Isso faz com que o processo deixe de ser uma disputa equilibrada entre a acusação e a defesa para se transformar em um instrumento a serviço do senso de justiça do juiz. E nem sempre o sentido de justiça de um magistrado mostra-se adequado à democracia, isso porque a democracia exige limites ao poder e respeito não só ao devido processo legal, como também aos direitos e garantias fundamentais.

Portal 247 — Este processo começou agora?

Rubens Casara — Essa tradição era hegemônica durante as ditaduras do Estado Novo e a civil-militar iniciada em 1964, e faz com que juízes atuem como órgãos de segurança pública e, portanto, sem maiores cuidados com a equidistância dos interesses em jogo no caso penal. O juiz passa a atuar sem requerimento das partes, a investigar livremente e julgar de acordo com as provas que ele próprio optou por produzir. Essa postura judicial costuma ser apontada como autoritária, na medida em que não encontra limites bem definidos ou formas de controle adequadas. O juiz deixa de atuar como garantidor dos direitos fundamentais e torna-se instrumento de repressão, aproximando-se ora da atuação da polícia, ora da atuação do Ministério Público.

Portal 247 — Lendo seu último artigo, é possível concluir que a sociedade de espetáculo é a melhor forma de corromper a Justiça, impedindo que os direitos fundamentais sejam exercidos. Por que é assim?

Rubens Casara — Ao lado do "capital-parlamentarismo", o estado espetacular integrado é uma das marcas da atual quadra histórica. O filósofo italiano Giorgio Agamben chega a afirmar que a espetacularização integra o estágio extremo da forma-estado. Como percebeu Guy Debord no final da década de 1960, toda a vida das sociedades se apresenta como uma imensa acumulação de espetáculos. Hoje, ser-no-mundo é atuar, representar um papel como condição para ser percebido. Busca-se, com isso, fugir da sensação de invisibilidade e insignificância. O espetáculo tornou-se também um regulador das expectativas sociais, na medida em que as imagens produzidas e o enredo desenvolvido passam a condicionar as relações humanas. Em meio aos vários espetáculos que se acumulam em nossos dias, os "julgamentos penais", como a AP 470, ganharam destaque. O fascínio pelo crime, em um jogo de repulsa e identificação, a fé nas penas, apresentadas como remédio para os mais variados problemas sociais, somados a um certo sadismo, na medida em aplicar uma "pena" é, rigorosamente, impor um sofrimento, fazem do julgamento penal um objeto privilegiado de entretenimento.

Portal 247 — Por que isso está errado?

Rubens Casara — O problema é que no processo penal voltado para o espetáculo não há espaço para garantir direitos fundamentais. O espetáculo não deseja chegar a nada, nem respeitar qualquer valor, que não seja ele mesmo. A dimensão de garantia, inerente ao processo penal no Estado Democrático de Direito, marcado por limites ao exercício do poder, desaparece para ceder lugar à dimensão de entretenimento. No processo espetacular o diálogo, a construção dialética da solução do caso penal a partir da atividade das partes, tende a desaparecer, substituído pelo discurso dirigido pelo juiz. Um discurso construído, não raro, para agradar às maiorias de ocasião, forjadas pelos meios de comunicação de massa. Espetáculo, vale dizer, adequado à tradição em que está inserido o ator-espectador: um programa autoritário feito para pessoas que se acostumaram com o autoritarismo, que acreditam na força, em detrimento do conhecimento, para solucionar os mais diversos e complexos problemas sociais e que percebem os direitos fundamentais como obstáculos à eficiência do estado e do mercado. No processo penal do espetáculo, o desejo de democracia é substituído pelo "desejo de audiência", para utilizar a expressão cunhada pela filósofa gaúcha Marcia Tiburi. Nesse contexto, o enredo do "julgamento penal" é uma falsificação da realidade. Em apertada síntese, o fato é descontextualizado, redefinido, adquire tons sensacionalistas e passa a ser apresentado, em uma perspectiva maniqueísta, como uma luta entre o bem e o mal, entre os mocinhos e os bandidos. O caso penal passa a ser tratado como uma mercadoria que deve ser atrativa para ser consumida. A consequência mais gritante desse fenômeno passa a ser a vulnerabilidade a que fica sujeito o vilão escolhido para o espetáculo.

Portal 247 — Quais as consequências?
Rubens Casara — Por tudo isso, fica evidente que o processo penal do espetáculo é uma corrupção. Ao afastar direitos e garantias fundamentais em nome do bom andamento do espetáculo, o estado-juiz perde a superioridade ética que deveria distingui-lo do

criminoso. Não se pode combater ilegalidades recorrendo a ilegalidades ou relativizando o princípio da legalidade estrita; não se pode combater a corrupção a partir da corrupção do sistema de direitos e garantias fundamentais. Punir, ao menos na democracia, exige o respeito a limites éticos e jurídicos. No processo penal do espetáculo, não é assim. O espetáculo aposta na exceção: as formas processuais deixam de ser garantias dos indivíduos contra a opressão do estado, uma vez que não devem existir limites à ação dos mocinhos contra os bandidos. Para punir os "bandidos" que violaram a lei, os "mocinhos" também violam a lei. Nesse quadro, delações premiadas, que, no fundo, não passam de acordos entre "mocinhos" e "bandidos", violações da cadeia de custódia das provas e prisões desnecessárias — estas, por vezes, utilizadas para obter confissões ou outras declarações ao gosto do juiz ou do Ministério Público — tornam-se aceitáveis na lógica do espetáculo, sempre em nome da luta do bem contra o mal. Mas, não é só. Em nome do "desejo de audiência", as consequências sociais e econômicas das decisões são desconsideradas. Para agradar à audiência, informações sigilosas vazam à imprensa, imagens são destruídas e fatos são distorcidos. Tragédias acabam transformadas em catástrofes. No processo penal do espetáculo, as consequências danosas à sociedade produzidas pelo processo, não raro, são piores do que as do fato reprovável que se quer punir.

Portal 247 — Os meios de comunicação esboçam uma campanha para garantir que o julgamento da Lava-Jato seja televisionado. É possível imaginar que agiriam do mesmo modo se empresários de comunicação ou mesmo jornalistas estivessem no banco dos réus, para responder a acusações de erros, irregularidades e eventuais desvios? Por que?

Rubens Casara — Não causa surpresa esse esforço para que eventual julgamento do chamado caso "Lava-Jato" seja televisionado. Trata-se de mais um sintoma da sociedade do espetáculo. O espetáculo nada mais é do que uma relação intersubjetiva mediada por sensações e as imagens assumem papel de destaque na construção desse fenômeno. A exibição de imagens também contribui para condicionar as relações humanas e a atuação dos atores jurídicos, isso porque as pessoas, que são os consumidores do espetáculo, exercem a dupla função de atuar e assistir, influenciam e são influenciadas pelo espetáculo. A exibição de julgamentos em rede nacional toca em outro sério problema. No Brasil, ao contrário de países de formação democrática como a França, não existe uma tradição de respeito à pessoa que figura como investigado ou réu em um procedimento criminal. Aqui se viola, frequentemente, a dimensão de tratamento que se extrai do princípio constitucional da presunção de inocência, ou seja, de que todos deveriam ser tratados como inocentes até que uma condenação criminal se tornasse irrecorrível. Pessoas e famílias são destruídas em nome da audiência. Basta lembrar do emblemático caso da "Escola Base". Agora, se, por um lado, o julgamento-espetáculo é uma boa mercadoria, por outro, ninguém em sã consciência gostaria de figurar como réu, em especial em um procedimento em que juízes e membros do Ministério Público não têm coragem de atuar contra os desejos da audiência, sempre manipuláveis, seja por um juiz-diretor talentoso ou um promotor midiático, seja pelos grupos econômicos que detêm os meios de comunicação de massa.

Portal 247 — Comparando com a AP 470, você espera um julgamento menos injusto na Lava-Jato, ao menos naquela parcela que ficará no STF?

Rubens Casara — A espetacularização sempre leva a injustiças, mesmo nas hipóteses em que crimes são cometidos e seus autores acabam condenados. É da natureza da espetacularização a deformação da realidade, a ampliação dos estereótipos, a desconsideração das formas jurídicas como obstáculos à opressão estatal, o desrespeito aos direitos e garantias fundamentais e a ausência de uma perspectiva crítica sobre os eventos submetidos a julgamento. Como me lembrou recentemente o processualista Geraldo Prado, da mesma maneira que um relógio quebrado, duas vezes por dia parece funcionar, o processo penal espetacular pode dar a sensação de justiça, mesmo quando direitos e garantias são violados.

Portal 247 — O que pode ser melhorado no funcionamento da justiça e do STF?

Rubens Casara — O Judiciário brasileiro, e não só o Supremo Tribunal Federal, encontra-se em um momento no qual busca superar a desconfiança da população. No Estado Democrático de Direito, o Poder Judiciário assume um protagonismo inédito e, não raro, frustra as expectativas que o cercam. Nessa busca por legitimidade, em meio ao fenômeno da "judicialização da política", por vezes, os juízes acabam por ceder àquilo que o jurista francês Antoine Garapon chamou de "tentação populista", que, grosso modo, significa julgar para agradar a "opinião pública", o que guarda semelhança com o fenômeno da espetacularização do processo. Acontece que, muitas vezes, o que se entende por "opinião pública" não passa de interesses privados encampados pelos meios de comunicação de massa. Assim, melhorar o funcionamento do Supremo Tribunal Federal, bem como de todas as demais agências judiciais, passa necessariamente por não ceder à tentação populista, desvelar as práticas incompatíveis com a ideia de República e romper com a tradição autoritária que ainda hoje condiciona a atuação dos atores jurídicos. Para tanto é necessário investir na formação dos magistrados, na criação de uma cultura democrática e republicana. Isso só é possível através da educação. A curto prazo, deve-se apostar em medidas de contenção do poder. Assim, na contramão do que consta da chamada "PEC da Bengala", seria saudável e republicano a fixação de um mandato para o exercício de funções jurisdicionais dos tribunais superiores. Isso não só oxigenaria os tribunais como afastaria os riscos inerentes à perpetuação do poder nas mãos de poucos.

Portal 247 — Como avaliar a entrada do Toffoli na segunda turma do Supremo, que vai julgar a Lava-Jato?

Rubens Casara — Segundo foi divulgado, essa remoção foi uma sugestão do ministro Gilmar Mendes e teria por objetivo evitar constrangimentos para o futuro ministro a ser indicado por Dilma. Esse "constrangimento", se é que ele existiria, tem ligação com a demora inexplicável da presidente em nomear o novo ministro. Vale lembrar que desde o primeiro governo Lula, a indicação de ministros para os tribunais superiores tem se revelado um problema, em especial em razão do desconhecimento ou desconsideração da importância do Poder Judiciário no Estado Democrático de Direito. Hoje, temos um Poder Judiciário mais conservador do que há alguns anos e o governo petista tem culpa nesse quadro. Em princípio, a remoção de um ministro de uma turma para a outra é legítima. Não foi a primeira vez que isso ocorreu. Todavia, se a mudança teve por objetivo a escolha de um julgador para um determinado caso, estar-se-á diante da violação à garantia do juiz natural. Isso porque, no Estado Democrático de Direito, não é possível a figura do "juiz de encomenda", ou seja, não é legítima a escolha direcionada de juízes "de" e "para" cada situação ou pessoa. Um juiz escolhido após o fato que vai ser julgado, com o objetivo de favorecer ou prejudicar o acusado é inadmissível. O curioso, porém, é perceber que muitos criticam essa remoção do ministro Toffoli a partir da crença de que ele tenderia a favorecer os réus ligados ao Partido dos Trabalhadores no eventual julgamento da Lava-Jato. Porém, quem acompanha a dinâmica dos tribunais superiores percebe claramente o alinhamento do ministro Toffoli com o ministro Gilmar, com as teses que este sustenta. E o ministro

Gilmar, constitucionalista indicado pelo ex-presidente Fernando Henrique, costuma ser apontado como adversário do atual governo. Esse alinhamento, aliás, fica muito evidente no momento em que o primeiro acolhe a sugestão do segundo, mesmo com todo o desgaste à sua imagem que, sem dúvida, viria com essa remoção.

Portal 247 — Como avaliar a petição de Rodrigo Janot na Operação Lava-Jato?

Rubens Casara — No plano ideal, em razão do princípio da legalidade, toda pessoa em desfavor da qual exista um mínimo de elementos de convicção acerca da autoria de um crime, elementos capazes de demonstrar a seriedade do procedimento, deveria ser investigada. Mas, não é o que acontece. Isso porque toda questão criminal se relaciona com a posição de poder, os preconceitos e a ideologia dos atores jurídicos, a necessidade de ordem de determinada classe social e outros fatores, alguns legítimos e outros não, que fazem com que o sistema penal tenha como marca principal a seletividade. O pedido de investigação de determinadas pessoas, com a correlata promoção de arquivamento de outras, é sempre uma expressão dessa seletividade. E isso acontece em todo caso penal e não só na Lava-Jato. Pense-se, por exemplo, na escolha, dentre todos aqueles que participaram das manifestações de julho de 2013, dos indivíduos que acabaram por figurar no polo passivo de uma ação penal. Quais elementos são suficientes para demonstrar a seriedade de um indiciamento ou de uma ação penal? Existiam elementos de convicção contra o Aécio? E contra a Dilma? As declarações do doleiro em desfavor do Aécio, que recentemente vazaram para o público, forneceriam esse suporte necessário à investigação? Sem analisar os autos e a fundamentação dos pedidos é impossível afirmar. Mas, é importante frisar a existência de uma carga de subjetivismo inegável nas atuações da polícia, do Ministério Público e do Poder Judiciário. Algo para além da fria aplicação do texto legal. Há, em apertada síntese, um poder de decisão e seleção responsável por fixar quem vai responder a um procedimento criminal, o que desconstrói o mito da igualdade na aplicação da lei penal, como bem demonstrou a criminologia crítica. Esse processo de seleção, condicionado por visões de mundo, preconceitos, ideologias, histórias de vida e outros fenômenos ligados à tradição em que estão inseridos os indivíduos que atuam na justiça penal, ocorre todos os dias e muitas vezes nem sequer é percebido por seus protagonistas.

O deputado federal Wadih Damous (PT), um dos defensores do governo

CAPÍTULO 13.
24 DE MARÇO DE 2015

DEBATENDO A LAVA-JATO (2)
ENTREVISTA COM WADIH DAMOUS

O advogado e deputado federal Wadih Damous, foi presidente da OAB-RJ entre 2007 e 2012, atualmente ele preside a Comissão Nacional de Direitos Humanos da OAB e ocupa o mesmo posto na Comissão da Verdade do Estado.

Os brasileiros que preservam a memória dos tempos da ditadura sabem da importância do *habeas corpus* como instrumento legal contra a tortura. Até dezembro de 1968, o tratamento dispensado a trabalhadores e estudantes que eram aprisionados pelo aparato repressivo podia incluir cenas de brutalidade e pancadaria feia, mas tinha um limite. Com um *habeas corpus*, era possível retirar da cadeia pessoas que pudessem estar sofrendo um "constrangimento ilegal à sua liberdade" ou ainda um "dano irreparável à liberdade de locomoção". Chamado de HC pelos íntimos, é um documento tão eficaz e precioso na defesa da liberdade individual que, no início de todo curso de direito, os estudantes aprendem que é possível escrever um pedido de *habeas corpus* num guardanapo de papel.

Como a ditadura batia primeiro para perguntar depois, a violência era real, mas durava pouco — como você pode confirmar ouvindo testemunho de prisioneiros da época, como se vê pelo documentário *Em busca de Iara Yavelberg*.

Com o AI-5, baixado em dezembro de 1968, a situação se modificou. O *habeas corpus* foi suspenso, medida que, na prática, permitiu a liberação da tortura, que se tornou uma forma permanente de interrogatório, realizada com métodos científicos — muitos importados da Escola de Guerra do Exército Francês — por anos a fio. Então veja só: se hoje vivemos num país onde famílias choram seus desaparecidos e generais fogem de suas responsabilidades, homens e mulheres traumatizados não conseguem ter paz, pode-se dizer que a história de cada uma dessas pessoas poderia ter sido muito diferente se garantias democráticas como o *habeas corpus* não tivessem sido suspensas. O regime de força estava instalado e talvez não houvesse meios de reverter essa situação de uma hora para outra. Mas teríamos um número menor de vítimas da tortura. A dor do passado seria menor. A vergonha também. Bastaria ter o *habeas corpus*.

No Brasil de 2015, o *habeas corpus* não foi legalmente suspenso, mas entrou em desuso na Operação Lava-Jato, processo onde se resolve — longe da decisão do eleitor — uma fatia importante de nosso futuro. Dezenas de empresários e executivos foram conduzidos à prisão, em novembro de 2014, onde ficam trancafiados enquanto não se dispõem a abrir a boca para colaborar com as investigações. Não têm culpa formada nem respondem a uma acusação precisa. Mas seguem presos. Apenas um pedido de *habeas corpus*, do diretor Renato Duque, foi aceito — por interferência do ministro Teori Zavascki, do STF. Mas já foi revogado. Em entrevista ao *Espaço Público*, o jornalista e escritor Bernardo Kucinski estimou em oitenta o número de *habeas corpus* pedidos e rejeitados.

Para falar desses e outros assuntos que envolvem a Lava-Jato, o *Portal 247* entrevistou o advogado Wadih Damous. Presidente da OAB-RJ entre 2007 e 2012, Damous é hoje presidente da Comissão Nacional de Direitos Humanos da OAB e ocupa o mesmo posto na Comissão da Verdade do Estado. Também é autor do livro *Medidas provisórias no Brasil — Origem, evolução e novo regime constitucional* (Editora Lumen Juris, em coautoria com Flavio Dino). Seu depoimento:

Portal 247 — Embora o governo e o Ministério Público tenham anunciado dois pacotes de corrupção numa única semana, um número razoável de advogados e juristas está preocupado com outra questão: os direitos do cidadão. Uma conquista histórica dos direitos humanos, como o *habeas corpus*, parece fora de uso depois da Operação Lava-Jato. Dezenas de pedidos foram feitos e apenas um foi atendido. Como o senhor avalia isso?

Wadih Damous — Pelo menos para determinados casos judiciais, o *habeas corpus* parece fora de uso como acontece com a chamada Operação Lava-Jato. O medo diante daquilo que os jornais vão dizer acaba por influenciar o Judiciário. Em processos penais espetaculares, a concessão de um direito legítimo pode ser lida como homenagem à impunidade. Sabemos que a "opinião pública" e a grande imprensa são os efetivos tribunais dos dias de hoje, implacáveis e escandalosos. Assim, o fato de a prisão ser ou não ilegal e abusiva passa a um plano secundário. O que importa é o sucesso no combate à corrupção — de alguns, é bom ressaltar — ainda que à custa da violação dos direitos e garantias fundamentais.

Portal 247 — Os dois projetos têm uma natureza comum: propõem penas mais duras para crimes de corrupção. Uma das ideias é transformar a corrupção em crime hediondo, comparável a assassinato, sequestro, abuso de crianças. O senhor concorda?

Wadih Damous — Essa atitude do Ministério Público Federal desafia algumas ponderações para além dos aspectos meramente legais. Existe uma urdidura, bem-sucedida, de se convencer boa parte da população de que o principal problema do país é a corrupção. Questões relativas à pobreza, à desigualdade, ao déficit educacional, à saúde, à alimentação se tornaram secundárias. O confronto entre governo e oposição não se dá mais no plano das ideias e dos projetos para o país. Resume-se a tentar demonstrar quem é mais ou menos corrupto. O udenismo lacerdista renasce com todas as forças, agora não mais encarnado em um partido político, mas no Ministério Público e em algumas personalidades do Poder Judiciário. Nessa verdadeira cruzada, comandada pela grande imprensa, vale tudo. Inclusive desrespeitar a Constituição. Alguns membros do Ministério Público autoinvestidos da condição de cruzados moralistas e salvadores do Brasil resolvem elaborar um pacote lamentável, na onda oportunista do espetáculo, que se apresenta como o único e sincero instrumento de combate à praga da corrupção. Querem a admissão de provas ilícitas, o que a Constituição não permite. E querem, sob a luz dos holofotes, transformar a corrupção em crime hediondo. Banalizam o conceito de crime hediondo, no calor da conjuntura de criminalização política. Combater a corrupção é um dever imperioso. Mas o combate tem que ser travado dentro da lei e não como cruzada religiosa.

Portal 247 — Pessoas que defendem as longas prisões preventivas alegam que presos comuns, sem a notoriedade nem o dinheiro dos acusados da Lava-Jato, enfrentam a mesma situação e ninguém se preocupa com eles. Como avaliar este argumento?

Wadih Damous — Trata-se de populismo jurídico reles e tosco. A arbitrariedade do sistema penal sobre as classes populares é fato que deve ser combatido e denunciado, como fazem, há anos, gerações de militantes dos direitos humanos, sob as vistas grossas e até repressivas dos que, agora, defendem esse populismo de meia pataca. Violações e abusos de direito devem ser reprimidos na forma da lei e não ser estendidos a outros segmentos sociais, ainda que abastados. O arbítrio é condenável, atinja ricos ou pobres. Aliás, a arbitrariedade sobre os ricos não deve ser comemorada também por motivos mais práticos. As elites dispõem, ao fim e ao cabo, de meios e modos de se proteger.

Os pobres, não. O arbítrio sobre o "andar de cima", na verdade, facilita e legitima o arbítrio secular sobre o "andar de baixo".

Portal 247 — Muitas pessoas se recusam a reconhecer semelhanças entre a prisão preventiva — realizada apenas com a finalidade de se obter uma delação premiada — e a tortura. Alegam que não há o castigo físico, que causa, reconhecidamente, um imenso sofrimento. Há fundamento nessa visão?

Wadih Damous — Não há possibilidade de êxito no oferecimento de delação premiada sem a coação. Esta é um componente indissociável para que o delator delate. Ele quer se livrar da prisão e seus horrores. Quer se livrar do processo. Não se opera nenhuma conversão moral ou arrependimento. Portanto, é grande a possibilidade de mentir; de mentir parcialmente; de escolher a quem delatar; de falar o que querem ouvir. O componente da coação é, sim, o traço que aproxima a delação premiada da tortura, ainda que não haja suplício físico.

Portal 247 — A base intelectual da Lava-Jato é a Operação Mãos Limpas, que fez mais de mil prisões de empresários e políticos na Itália na década de 1990. O senhor poderia mostrar semelhanças e diferenças entre os dois casos?

Wadih Damous — Tenho um conhecimento superficial da Operação Mãos Limpas. Mas, do pouco que sei, pode-se afirmar que a corrupção na Itália era muito mais profunda e enraizada do que é no Brasil. O Estado italiano tinha as suas instituições e órgãos dominados pelo processo de corrupção, o que não ocorre por aqui com aquela profundidade. Não se podendo esquecer o fator Máfia, ausente no Brasil. Em comum, parece que lá como cá, criou-se um cenário de escandalização. Como em todos os procedimentos de espetacularização, cometeram-se injustiças que levaram ao suicídio algumas pessoas. E — isso aqui está em aberto — na Itália, a anunciada "limpeza" da política gerou uma década e meia de Silvio Berlusconi, cuja figura dispensa comentários. Espero que, no Brasil, o resultado não seja Bolsonaro ou similares. Parece que as condições dos presídios italianos melhoraram com a passagem de poderosos em seus recintos. Se isso acontecer por aqui, será um saldo positivo.

Portal 247 — O senhor acredita que os acordos de leniência com empresas podem ser convenientes para o país? Não podem ser de estímulo à impunidade, como alega o Ministério Público?

Wadih Damous — Não podemos aceitar que, em nome do combate à corrupção, além das violações de direitos e garantias fundamentais que ele vem produzindo, ainda se pretenda arruinar a economia do país. Que se punam, na forma da lei, os agentes individuais — sócios, executivos etc. — mas não as empresas, nos moldes em que pretende o Ministério Público. No caso da Lava-Jato estão envolvidas empresas que desenvolvem a infraestrutura do país. A intransigência do Ministério Público já está causando desemprego. Os acordos de leniência estão previstos em lei e se fazem absolutamente necessários, nesse momento. Não são sinônimos de impunidade.

Portal 247 — Num artigo publicado no *O Globo*, o senhor criticou a delação premiada, entre outras razões, porque não permite o contraditório, já que "os delatados e a sua defesa não têm acesso ao ato de delação nem chances de confrontar o delator". Mas esse confronto não pode ocorrer numa segunda fase do processo?

Wadih Damous — O contraditório assegura, às partes do processo (autor e réu), que lhes seja dada ciência de todos os atos processuais nele produzidos para que tenham a possibilidade de contrariá-los. Sem o contraditório, não há ampla defesa. Trata-se de princípio constitucional. A delação premiada é inconstitucional porque viola esse direito ao confronto. No processo, não pode haver procedimentos secretos. Se houver, são nulos por desrespeito à Constituição. E a

Constituição não pode ser cumprida pela metade. Ou seja, admitir-se um momento secreto para depois dar conhecimento dele. Em que momento a pessoa delatada tomará conhecimento da delação? A hora em que o juiz quiser? Isso não é possível, juridicamente. Além do mais, a delação premiada, na Operação Lava-Jato, só é sigilosa no processo. Fora dele, todos ficam sabendo do teor da delação pelas manchetes de jornais, logo após o depoimento. A obrigação de sigilo, que a própria lei da delação premiada estabelece, tornou-se meramente simbólica. Desrespeita-se a obrigação legal e fica por isso mesmo. Assim, o que o delator disse ganha estatuto de verdade absoluta e é tratado como prova. A prova sem processo.

Um helicóptero foi apreendido com 450 quilos de cocaína, a aeronave pertencia a familiares do senador Zezé Perrella, PDT de Minas Gerais

CAPÍTULO 14.
6 DE ABRIL DE 2015

JUSTIÇA, PROPAGANDA & COCAÍNA

Uma velha história sobre 450 quilos de cocaína ajuda a lembrar que é preciso ser muito cauteloso quando se denuncia a impunidade

Eternamente em busca de argumentos para dramatizar a luta contra a corrupção na política, três procuradores da Lava-Jato assinaram um artigo em 2 de abril, na *Folha de S.Paulo*, onde sustentam o seguinte disparate: "A corrupção é tão violenta quanto o tráfico de drogas. Corrupção mata, e mata mais do que o tráfico. Precisamos de um Brasil que trate igualmente corruptores, corruptos e traficantes".

Não é uma comparação feliz, vamos combinar.

Em 24 de novembro de 2013, ocorreu uma das maiores apreensões de cocaína já feitas pela polícia brasileira. No Espírito Santo, foi apreendido um carregamento de 450 quilos de cocaína a bordo de um helicóptero que pertencia a familiares do senador Zezé Perrella, PDT de Minas Gerais e aliado do pré-candidato presidencial Aécio Neves.

A apreensão de uma carga tão preciosa sendo transportada por um helicóptero registrado em nome de um cidadão tão importante logo produziu diversas afirmações desencontradas. O deputado Gustavo Perrella, filho do senador, acusou o piloto de ter roubado o helicóptero da família. A história se complicou quando se descobriu que o piloto da aeronave era funcionário contratado da Assembleia Legislativa de Minas Gerais e costumava receber R$ 50.000,00 para transportar a droga do Paraguai.

Dois anos depois, os 450 quilos de cocaína — carga industrial — caminham para o esquecimento. Os donos do helicóptero não foram citados na denúncia. Ninguém enfrentou uma prisão preventiva e, é claro, jamais foi estimulado a fazer um acordo de delação premiada para entregar o chefe da quadrilha.

É uma situação surpreendente, quando se considera o alto desempenho da polícia brasileira na apuração e punição do tráfico de drogas.

Estima-se que 25% dos 580 mil brasileiros que cumpriam pena de prisão no ano em que o helicóptero fez o pouso no Espírito Santo tenham sido condenados por tráfico. É um índice altíssimo, que demonstra o empenho das autoridades no combate a este crime. Por comparação, 12% são condenados por atentar contra a vida e 47% por crimes contra o patrimônio. (Os dados são do artigo "A força da palavra repressiva", do advogado Anderson Lobo da Fonseca, publicado pelo *Le Monde Diplomatique*.)

Numa demonstração de dureza no tratamento recebido, 98% das prisões em flagrante por tráfico são mantidas, num rigor muito mais severo do que se encontra, por exemplo, em casos de homicídio.

Mesmo entre mulheres, as condenações são especialmente elevadas: o encarceramento cresceu 246% em dez anos. Hoje, seis em dez mulheres que se encontram recolhidas em nossas penitenciárias cumprem pena por delitos ligados ao tráfico.

Como o tráfico de drogas tornou-se um crime hediondo — categoria em que o Ministério Público pretende incluir a corrupção — as penas são altíssimas e acabam sendo cumpridas num regime prisional particularmente rigoroso, com obstáculos para penas alternativas e progressão de regime. Isso dificulta, é claro, a recuperação do prisioneiro e sua reintegração produtiva à sociedade.

O Ministério Público tem tido um papel destacado no encarceramento prolongado. Conforme entidades ligadas à defesa dos direitos dos presos, no momento da denúncia os procuradores pedem o agravamento das penas em 30% dos casos.

Nesse universo de penas longas e encarceramento massivo, os 450 quilos de cocaína do helicóptero que caiu no Espírito Santo guardam outro ensinamento. Mostram que não é preciso pedir ao país que "trate igualmente corruptores, corruptos e traficantes".

A fábula do helicóptero mostra que investigações seletivas, tão fáceis de apontar em casos de corrupção, também ocorrem na apuração de tráfico de drogas.

(Texto reescrito em julho de 2015).

O senador Aécio Neves e
o deputado federal Carlos
Sampaio em sessão

CAPÍTULO 15.
12 DE ABRIL DE 2015

RATOS E HOMENS NA HISTÓRIA

O que aconteceu no dia em que Carlos Sampaio, líder do PSDB, imitou o tira-bota óculos de Flávio Cavalcanti, apresentador-símbolo da TV sob a ditadura militar

Na hora mais sombria da ditadura militar, quando os cafajestes mais brutos imaginavam que podiam agir à solta a partir de instintos mais baixos, acreditando que ninguém ficaria vivo para reconstituir sua brutalidade, pois tinham a ilusão arrogante de que o fim do mundo era também o fim da história, costumava-se jogar ratos, cobras e outros animais em celas de prisioneiros. Ratos costumavam ser introduzidos na vagina das mulheres, no ânus dos homens. Na cela em que homens e mulheres eram tratados como lixo, a hoje colunista Miriam Leitão, então militante do PC do B, enfrentava cobras.

Os ratos — pouco importa a espécie precisa de roedores — que foram soltos no plenário da CPI no início do depoimento de João Vaccari saíram deste universo vergonhoso da política que é feita para produzir sangue, dor, crueldade. Ratos foram padronizados na estética do horror político pelo nazismo de Adolf Hitler.

O país não está sob uma ditadura, mas não faltam seus nostálgicos, cada vez mais ativos, descarados. Gritam, bufam. Planejam. Procurando justificar uma estética destinada a justificar seus crimes, o nazismo transformou os ratos em símbolo da população judia, alvo de sua política de extermínio.

Não é de estranhar que, nesta situação, tenham surgido personagens arrogantes de um mundo patético, farsantes em sua própria farsa. Ocorreram atos baixos por parte do clero mais baixo e mais raivoso, interessado em acumular minutos de fama perante as câmeras de TV num campeonato de selvageria e falta de respeito. O espetáculo contou, também, com a participação de um dos integrantes da elite da Câmara, que foi assessor da campanha de Aécio Neves e hoje é líder da bancada tucana.

Tirando e colocando seus óculos, em gestos mecânicos e repetitivos, o deputado Carlos Sampaio (PSDB-SP) reproduziu um gestual clássico da TV brasileira em sua época mais deprimente, o autoritarismo da fase Médici, do Brasil "Ame-o ou Deixe-o". Na época, modos arrogantes davam prestígio. Eram prova de educação e intimidade com o poder, um direito de quem estava por cima.

Os ratos chegavam a ser glorificados — da mesma forma que, na semana passada, os jornais e a TV faziam questão de mostrar demoradamente, em várias situações, a imagem dos roedores da CPI, sem demonstrar a menor indignação diante de uma provocação vergonhosa.

Nos tempos de ditadura, ninguém iria questionar uma ideia registrada por Hannah Arendt. Num estudo sobre o ambiente político que favorece o nascimento de regimes totalitários, ela ensinou que "o mal, em nosso tempo, exerce uma atração mórbida". Escrevendo sobre o mais pavoroso período da história recente da humanidade, simbolizado pelo nazismo, Hannah Arendt registra o fato "muito perturbador", de o regime totalitário, malgrado seu caráter evidentemente criminoso, contar com apoio das massas.

Era isso ("o apoio das massas") que buscava o apresentador Flávio Cavalcanti, criador do "tira-bota" óculos que o líder do PSDB iria copiar três décadas depois, levando, para uma CPI que alega investigar a maior empresa brasileira, uma técnica de manipular audiências, própria de programas de calouros.

O "Programa Flávio Cavalcanti" tinha uma mensagem social desprezível. Sua finalidade era humilhar quem não podia se defender. Candidatos — ou supostos candidatos, pois não se descartava o uso de pobres coitados capazes de alugar-se por alguns minutos de humilhação — a uma vaga na cena musical brasileira eram agredidos, xingados, destratados, despachados aos gritos como vermes humanos. Eram devidamente punidos pelo atrevimento de não reconhecer seu devido lugar.

Naquele programa dos anos 1970, estávamos dentro do *show biz*, de um certo teatro, um espetáculo de circo, apesar de horroroso. Era um programa para a noite de domingo. A vida dura começava no dia seguinte. Naquele tempo — é bom perguntar à turma da terceirização o que ela acha sobre isso — o descanso dominical ainda não fora abolido e os pais, mães, irmãos, avós e agregados tinham pelo menos um dia na semana para se encontrar e se divertir em casa. Bons tempos, não?

Foi inaceitável, na tarde dos ratos da CPI, que se quisesse manter o clima Flávio Cavalcanti, levando a sério o que era puro teatro, ignorando fatos importantes e verdadeiros. Mas é compreensível — pois os fatos não ajudam. Daí, o passeio dos roedores.

Pela mesma razão, o tira-bota dos óculos ajuda a esconder a substância das coisas, numa semana marcada por notícias complicadas para a Lava-Jato, que comprometem os dois delatores principais, Alberto Youssef e Paulo Roberto da Costa. O trabalho de Alberto Youssef é questionado, hoje, por Gilson Dipp, ministro aposentado que é uma das principais autoridades em delação premiada no país, e coordenou os debates no Senado sobre a reforma do Código Penal. Dipp assina um parecer enviado ao Supremo Tribunal Federal onde questiona o valor legal da colaboração de Alberto Youssef nas investigações. Num texto contundente, irretocável tecnicamente, ele afirma que a delação de Youssef "mostra-se imprestável por ausência de requisito objetivo — a credibilidade do colaborador — e requisito formal — omissão de informações importantes no termo do acordo", tornando "imprestáveis" todos os atos e provas que vieram a partir do que declarou Youssef. Não é tudo.

Paulo Roberto Costa, o delator-mor, corrupto confesso, decidiu retificar seu depoimento. Não fez uma correção de data, nem de endereço. Disse, simplesmente, que os preços das obras contratadas pela Petrobras não eram superfaturados. Vamos prestar atenção: aquele que até agora era a voz da verdade no escândalo, que conhecia a empresa e seus meandros por dentro, afirma que os preços não eram fabricados para roubar a empresa e pagar propina. Não. Eram preços corretos. Se isso é verdade — e até agora nunca se alegou que sua palavra pudesse ser colocada em dúvida, certo? — é preciso reconhecer que a denúncia fica sem chão. Se o célebre "assalto" à Petrobras não incluía tirar dinheiro da Petrobras, pergunta-se "que assalto é este?". Onde foi parar a "corrupção institucionalizada" da empresa, cabe questionar, numa atitude que serve como advertência para quem não quer fazer papel de bobo como os calouros no programa de Flávio Cavalcanti.

Em seu depoimento, iniciado logo depois da aparição dos ratos, João Vaccari lembrou, com auxílio de gráficos, números do TSE mostrando que, entre 2007 e 2013, as contribuições financeiras das grandes empreiteiras investigadas na Lava-Jato atingiram o mesmo volume para o PT, o PSDB, o PMDB. Ou seja, se há alguma preocupação com a seriedade, a legalidade, a honestidade dessas transações, era preciso refletir: por que os recursos para o PT têm, previamente, uma origem criminosa e aqueles destinados ao PSDB e ao PMDB não despertam a menor curiosidade, parecendo possuir, também previamente, um atestado de bons antecedentes? Nem precisa responder, certo?

Omissões e falhas na investigação não deveriam surpreender. São fatos naturais no trabalho de apuração de toda denúncia criminosa.

Só atrapalham o ambiente de circo. Entre 2005 e 2013, a AP 470 acusou quarenta cidadãos e, no final, após oito anos de inferno, doze foram absolvidos por falta de provas. Nessa fantástica margem de erro de 30%, havia um ministro, Luiz Gushiken, quatro deputados, sem falar em Duda Mendonça, um dos principais publicitários do país. Entre os condenados por corrupção, encontrava-se José Dirceu, alvo da teoria do Domínio do Fato, e José Genoíno, cujo único bem patrimonial consiste num sobrado comprado a prestações na Caixa.

No artigo "A força da palavra repressiva", mencionado em artigo anterior, publicado pelo *Le Monde Diplomatique*, o advogado Anderson Lobo da Fonseca apresenta dados sobre a população carcerária do país inteiro. Os números mostram um certo nível de truculência também.

Nada menos que 37% da população carcerária — a quarta maior do mundo — é formada por pessoas detidas, que não tiveram a oportunidade de um julgamento. Estão em prisão preventiva, com base no mesmo argumento que leva Sergio Moro, da Lava-Jato, a manter mais de duas dezenas de executivos, políticos e empresários encarcerados em Curitiba: ameaça à ordem pública. O problema é que, quando chegam ao fim do processo, 40% dos presos acabam absolvidos ou recebem penas inferiores ao tempo de detenção.

Citando uma pesquisa do Núcleo de Estudos da Violência da USP sobre o tráfico de drogas, uma das principais causas de encarceramento no país, Fonseca lembra que em 74% dos casos a prisão foi apoiada exclusivamente no testemunho de policiais. Mostra, também segundo o NEV, que em 48% dos casos a droga nem sequer se encontrava com o acusado "e que o vínculo foi estabelecido unicamente pelos policiais envolvidos". Lembrando que caberia ao Judiciário permitir que os acusados questionassem a veracidade das denúncias que enfrentam, o advogado conclui: "em um cenário generalizado de POUCAS PROVAS (as maiúsculas são minhas), muitas vezes o que fica é a palavra do policial contra a do acusado".

Esse desempenho deveria inspirar uma postura de cautela contra a possibilidade de erros e injustiças. A frase ("ninguém é inocente até que se prove o contrário") não é um adorno sem valor, mas um princípio a ser respeitado e defendido, especialmente em horas difíceis. Mas essa hipótese é ruim para os ratos. Impede o espetáculo, a caça fácil de votos com holofotes garantidos para os leões da moralidade, o bota-tira óculos.

Essência dos valores democráticos, é um obstáculo concreto ao fascismo.

Um dos mais enigmáticos episódios do início do século XX consiste na ascensão do movimento fascista na Itália. Em apenas três anos, Benito Mussolini deixou a condição de candidato derrotado a uma cadeira de deputado — teve apenas 5 mil votos — para ser encarregado pelo rei Vitório Emanoel de formar um novo governo. Depois de liderar um movimento de massas que promovia ataques terroristas contra organizações operárias, fechava jornais, atacava sindicatos e forçava renúncias de prefeitos socialistas com ameaças de morte, Mussolini construiu uma ditadura que durou vinte anos. Durante sua escalada rumo ao poder, o gabinete ministerial, de base parlamentar, formado por partidos liberais e lideranças católicas, chegou a debater uma proposta de criar leis duras e específicas contra crimes dessa natureza, que incluíam o recolhimento de armas, mas a maioria dos ministros rejeitou o projeto. Não gostavam do fascismo, mas não queriam confrontar-se com um movimento que lhe prestava um favor inestimável. Os homens de negócio davam respaldo a Mussolini por uma razão elementar: "as forças organizativas e as afirmações do fascismo criaram um clima de resistência às teorias bolcheviques", registrou Ettore Conti, um dos grandes empresários do país.

Para o historiador Emilio Gentile, autor de *El fascismo y la marcha sobre Roma*, a razão desse comportamento omisso diante de uma ameaça evidente à democracia é fácil de entender: "a favor da ascensão do fascismo contribuía a atitude de todos os principais expoentes da classe dirigente, isto é, os ex-chefes de gabinete e o chefe do Exército: todos excluíam o uso da força legítima do estado para combater e reprimir a força ilegal do fascismo, temendo que a repressão devolvesse vigor aos revolucionários sociocomunistas". A questão era essa, portanto. Autonomeado "vento purificador" da política italiana, Mussolini fez da destruição do Partido Socialista seu grande objetivo estratégico. Capaz de eleger a principal bancada do parlamento italiano em 1919, o PS não dirigia a Itália, mas governava cidades e regiões inteiras do país, onde o empresariado era obrigado a conviver com conquistas e melhorias impensáveis até pouco antes. Em Turim, formaram-se conselhos de fábrica que impunham a cogestão das empresas. Mussolini combatia o PS e desprezava as regras democráticas dizendo que a Câmara lhe provocava "asco, muito asco". Um de seus aliados afirmou que "é hora de terminar com as patranhas propagadas pelo governo e com as medidas adotadas por essa canalha, massa de porcos, de corruptos, que pensam que nos governam".

Na CPI, em 2015, foi possível entender as semelhanças entre os dois países em momentos diferentes de sua história. A cena ocorreu quando, um pouco antes de retirar-se, o deputado Carlos Sampaio disse a João Vaccari: "O senhor tem tudo para ser preso e o PT para ser extinto". Era uma frase que nenhum integrante do baixo clero poderia pronunciar.

O jurista Pedro Serrano
um dos principais
questionadores das ações
do juiz Sergio Moro

CAPÍTULO 16.
15 DE ABRIL DE 2015

PASSOS CALCULADOS E MEDIDOS DE SERGIO MORO LEVAM JOÃO VACCARI À PRISÃO

"Parece antecipação da pena", reage Pedro Serrano, um dos principais

João Vaccari Neto, tesoureiro do Partido dos Trabalhadores desde 2010, foi preso quando saía de casa para caminhar, hoje de manhã. Num despacho sobre a prisão, o juiz Sergio Moro associou Vaccari a pagamentos a uma gráfica responsável por publicações da CUT e dois sindicatos de trabalhadores.

"Observo que, para esses pagamentos à Editora Gráfica Atitude, não há como se cogitar, em princípio, de falta de dolo dos envolvidos, pois não se tratam de doações eleitorais registradas, mas pagamentos efetuados, com simulação, total ou parcial, de serviços prestados por terceiros, a pedido de João Vaccari Neto", afirmou o magistrado.

Ouvido pelo *Portal 247*, o advogado Pedro Serrano, professor de Direito Constitucional da Pontifícia Universidade de São Paulo, e uma das vozes mais acatadas em sua especialidade, afirma que: "É uma decisão a ser respeitada. Mas se o fundamento for apenas este, parece que há uma antecipação da pena, sem respeito pelo direito de defesa e ao devido processo legal, com grave atentado aos direitos fundamentais previstos em nossa Constituição".

Em bom português, Pedro Serrano está dizendo que Sergio Moro autorizou uma prisão sem submeter a acusação ao contraditório. Só prestou atenção a um lado — da acusação — sem demonstrar a postura equilibrada que cabe a um juiz. A prisão se baseia essencialmente na delação premiada de Augusto Mendonça, empresário da Setal Óleo e Gás, que acusa Vaccari de ter pedido um pagamento de R$ 2,5 milhões em prestações mensais, entre 2011 e 2013, à gráfica Atitude. Não por acaso, Sergio Moro atesta as denúncias da delação premiada "em princípio".

O problema básico é que, conforme o parágrafo 16 do artigo 6 da Lei 12.850, que definiu as regras da delação premiada, "nenhuma sentença condenatória será proferida apenas com base na declaração do agente colaborador". Preso sem nem sequer ter sido julgado, sem receber nem ao menos uma denúncia precisa — da qual poderia defender-se — desde a manhã de hoje, Vaccari se encontra numa cela em Curitiba. Ninguém sabe até quando permanecerá detido — executivos e empresários foram presos em 15 de novembro de 2014 e continuam atrás das grades até hoje — e em quais circunstâncias poderá ser colocado em liberdade. Será coagido a fazer uma delação premiada? Para denunciar quem?

Conforme o jornal *O Globo*, o delator "Mendonça confirmou ter assinado contratos de prestação de serviços de publicidade entre suas empresas e a gráfica". Embora Vaccari já esteja atrás das grades, o jornal admite que nem tudo foi esclarecido: "os investigadores querem saber se os serviços foram realmente executados e se os valores estão dentro dos preços executados pelo mercado".

Uma semana antes, Vaccari prestou um depoimento à CPI. Apesar das provocações, não entrou em contradições nem se desmentiu.

A origem das acusações se encontra no trabalho de delegados que nunca esconderam a preferência política pelo PSDB — partido jamais investigado de verdade por denúncias correlatas e até mais graves — e procuradores que, perdendo qualquer apego às garantias individuais, são capazes de defender que a Justiça passe a aceitar provas obtidas de modo ilícito, caminho tradicional para a legalização de abusos condenáveis. (O ponto máximo dessa tolerância com a ilegalidade vem de fora. Ocorreu nos Estados Unidos, no governo de George W. Bush, quando a Casa Branca elaborou um projeto que legalizava a tortura por afogamento — e conseguiu juristas capazes de defender a legalidade desse procedimento.) A prisão de Vaccari não é um drama individual, é bom ter clareza. Nem fruto de um deslize, ou erro judiciário, inevitável em toda obra humana. É parte de um plano elaborado e detalhado, a partir de passos frios e calculados, constituindo o novo movimento — ou nova etapa — de uma engrenagem que avança sobre a política e do estado brasileiro hoje: a Vara de Justiça Criminal de Curitiba, sob comando do juiz Sergio Fernando Moro.

Isso foi assinalado por observadores com um inegável poder de análise, como o escritor e jornalista Bernardo Kucinski, em entrevista ao programa *Espaço Público*, em 17 de março, e André Motta Araújo, no portal *GGN*. Falando do Brasil real de 2015, André Araújo escreveu: "Hoje um juiz de 1ª instância governa o país, atuando de norte a sul, faz o que bem entender, quebra empresas, prende pessoas em qualquer lugar, incontrastável, por acovardamento do centro de poder. Todos morrem de medo".

Falta assinalar um aspecto importante: atuando muito além da esfera de um magistrado de primeira instância, o degrau inferior da complexa estrutura do Judiciário brasileiro, Moro exerce um poder político fora de controle, inteiramente usurpado, num novo passo de um projeto político-jurídico que ele próprio cunhou em 2004. Conforme foi assinalado outras vezes neste espaço, é possível encontrar um rascunho pronto e acabado da Lava-Jato num texto chamado "Considerações sobre a Operação *Mani Pulitti*". Ali, Sergio Moro dá sua versão para a história da Operação Mãos Limpas, iniciada como uma investigação de denúncias de corrupção política para culminar, 1.200 prisões e doze suicídios depois, na ditadura midiática de Silvio "Bunga-Bunga" Berlusconi.

Administrando índices nas pesquisas de popularidade, mas sem ter disputado um único voto popular, Sergio Moro dirige um projeto que tem produzido mudanças no poder político, procurando deslegitimar — o termo é dele próprio — o sistema democrático duramente construído no final da ditadura. Em um ano de existência, a Lava-Jato gerou alterações no sistema econômico, em grande parte já arruinado pelas prisões sem julgamento e por inúmeras acusações até agora não provadas definitivamente contra a Petrobras, por prejuízos alarmistas que ninguém é capaz de calcular corretamente, mas que fazem a delícia dos especuladores de sempre.

Com apoio dos grandes meios de comunicação, que fingem não perceber a brutalidade do que ocorre, manipula-se amplos setores da sociedade civil — mas nem por isso um dos procuradores envolvidos na investigação deixa de cobrar, sem jamais ser criticado por isso, o permanente apoio da mídia.

No Brasil de 2015, Sergio Moro é a autoridade que autoriza prender e soltar, castigar e punir, vigiar e perseguir. Controla o poder de estado em seu grau máximo, que diz respeito à liberdade dos cidadãos. Estabelece as duas fronteiras do mando — aquilo que se exerce por consenso, quando a sociedade aceita o que o Supremo mandatário deseja, e aquilo que se cumpre por coerção, que envolve o uso da força.

Além de manter o Executivo em alerta e frequente paralisia, a Lava-Jato enquadrou as lideranças principais do Legislativo, onde Eduardo Cunha e Renan Calheiros não passam de fantoches à mercê das investigações da Polícia Federal, das denúncias do Ministério Público — e do aval de Sergio Moro. Não vamos nos iludir quanto ao Judiciário. Uma primeira instância exageradamente forte implica um Supremo fraco demais. Em dezembro de 1968, os brasileiros passaram a ter certeza de que viviam sob uma ditadura, depois que o regime militar suspendeu o *habeas corpus*, que permitia a um juiz determinar a soltura de um preso sem culpa formada. Em 2015, o fim do *habeas corpus* é uma realidade estatística. Nenhuma das dezenas de pedidos de *habeas corpus* para os presos da Lava-Jato, encaminhados aos tribunais superiores, foi acolhida. O único caso positivo, que envolvia o preso Renato Duque, foi revogado.

Brasileiros têm ido às ruas, nas últimas semanas, para pedir um golpe de Estado. Na verdade, um movimento autoritário já se iniciou e está em curso — ainda que seja menos visível e não tenha o acompanhamento de tanques, nem de soldados nem de baionetas. Estamos assistindo a um processo de esvaziamento contínuo das instituições democráticas a partir da exacerbação contínua dos poderes da Justiça. Neste processo, a Lava-Jato oferece, na bandeja da oposição, instrumentos para restrição da principal liberdade que diferencia a democratização nascida em 1985: a liberdade de organização dos trabalhadores e da população pobre.

Anunciado por Aécio Neves, respaldado por Carlos Sampaio da CPI e repetido por Ronaldo Caiado após a prisão de Vaccari, a extinção do PT é um projeto que volta a frequentar os projetos da oposição brasileira — herdeira da mesma família política que, em 1947, colocou o PCB na ilegalidade. Nos anos seguintes, sabem os brasileiros, a democracia tornou-se tão frágil, que ocorreram pelo menos três conspirações militares até que, dezessete anos depois, ocorreu o golpe que durou vinte anos.

A prisão do tesoureiro João Vaccari Neto, do Partido dos Trabalhadores, foi transmitida ao vivo pela imprensa

CAPÍTULO 17.

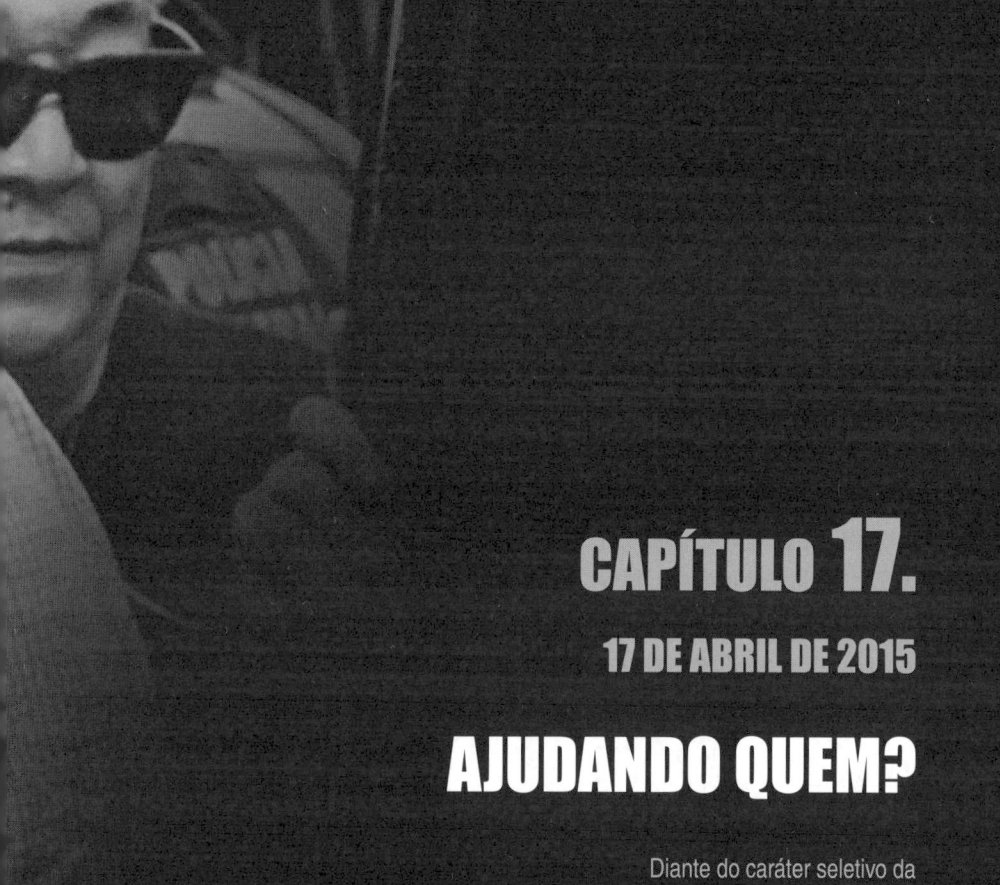

17 DE ABRIL DE 2015

AJUDANDO QUEM?

Diante do caráter seletivo da Lava-Jato, é difícil compreender a falta de solidariedade de parcelas do PT diante dos acusados do próprio partido

Há algo de muito estranho na postura de uma parcela de petistas diante da prisão do tesoureiro João Vaccari Neto. No pior momento da história do Partido dos Trabalhadores, quando a legenda parece estar sendo conduzida calculadamente até a beira do abismo pela ofensiva do juiz Sergio Moro, eles preferem tomar distância dos acusados, exigem que entreguem seus cargos no partido e só reapareçam depois que não houver um fiapo de dúvida a respeito de sua conduta.

Em vez de demonstrar solidariedade com os envolvidos, que até a véspera prestavam serviços que jamais foram rejeitados nem denunciados, parecem ter se convencido de que é conveniente inverter as regras elementares da Justiça. Em vez de aguardar que o Ministério Público e a Polícia Federal sejam capazes de demonstrar sua culpa, a partir de provas robustas e inquestionáveis — o que está longe de ter acontecido até o momento — exigem que os acusados provem sua inocência.

O Partido dos Trabalhadores tem a obrigação, obviamente, de explicar a presença de cada parlamentar, cada dirigente, na lista dos acusados da Lava-Jato. Sem fazer prejulgamentos, deve apurar e esclarecer os fatos, sem entrar num ambiente de escândalo e sem permitir que um trabalho, necessariamente sensível, se transforme em correia de transmissão para interesses adversários.

O que não se pode aceitar é um comportamento de tribunal de exceção por parte de um partido que deve dar o exemplo na defesa dos direitos e garantias fundamentais.

Para começar, o perfume de oportunismo é muito evidente, o que torna ilusório imaginar que uma reação desse tipo, na última hora, seja capaz de modificar o julgamento de qualquer eleitor. Num ambiente de criminalização do PT, essa postura só contribui para reforçar a credibilidade das investigações da Lava-Jato, sugerindo que se trata de um competente processo jurídico, conduzido de forma competente pelo juiz Sergio Moro, visão que contraria fatos e argumentos apontados por diversos advogados, juristas e mesmo juízes do Supremo Tribunal Federal.

Num partido que necessita mais do que nunca reforçar a musculatura política para uma guerra obviamente difícil em futuro próximo é prudente evitar o desperdício de energia e gestos que só confortam o inimigo. Os prejulgamentos só contribuem para desmobilizar os aliados, confundir os militantes e agravar um ambiente de imensa desagregação interna. Não deve ser o PT, que cobra o respeito às garantias fundamentais nos tribunais, que irá abrir exceção para seus próprios militantes.

Em 2005, durante o processo que levou à AP 470, uma parcela ponderável de petistas assumiu essa postura pela primeira vez. Dizia-se, na época, que entregar alguns troféus do partido às fogueiras da cassação pelo Congresso poderia até ser uma medida injusta, mas aceitável como uma tentativa de encerrar uma crise e garantir a sobrevivência do partido.

Parlamentares reconhecidos do PT chegaram a participar da CPI dos Correios como vozes auxiliares dos deputados de oposição, jogando para a plateia. Queriam dar a impressão de que eram cidadãos acima da luta política, acima de toda preferência partidária. Dez anos depois, o saldo dessa estratégica está aí, à vista de todos.

No mesmo dia em que os jornais estampavam uma foto da prisão de Vaccari, Fernando Henrique Cardoso apresentava o empresário e vereador Andrea Matarazzo como candidato do PSDB à prefeitura de São Paulo em 2016. Antigo secretário de Energia do governo de São Paulo, Matarazzo foi indiciado — e depois absolvido — no inquérito que apurava o pagamento de propinas da Alston para vários figurões do PSDB em troca de um contrato de R$ 100 milhões com a Eletropaulo.

Soube-se ontem, também, que o deputado estadual Barros Munhoz (PSDB-SP) livrou-se de uma denúncia em que era acusado de formação de quadrilha e fraude em licitação. Isso só aconteceu porque ocorreu uma retenção — por três anos — da ação penal na qual poderia ser condenado. Passado este prazo, o parlamentar completou setenta anos e a denúncia prescreveu. Para a *Folha de S.Paulo*, que noticiou o benefício assegurado ao parlamentar, o desembargador Armando Sergio Prado de Toledo, que manteve a denúncia na gaveta, é "suspeito de haver retardado a sentença para beneficiar o parlamentar tucano".

Num partido que conseguiu livrar-se de uma denúncia importante sobre propinas do metrô paulista, empurrada com a barriga durante uma década e meia, e que ameaça sair do julgamento do mensalão-PSDB-MG sem uma única condenação efetiva, essas situações não chegam a surpreender.

O que surpreende é a postura do Partido dos Trabalhadores. Para quem compreende que escândalos costumam traduzir uma pequena fração da política real, frequentemente distorcida, essas imagens são um escárnio — quando colocadas ao lado das cenas de condução de João Vaccari à prisão.

Marice Correa de Lima, cunhada do tesoureiro João Vaccari Neto (PT) na saída da prisão em Curitiba

CAPÍTULO 18.
24 DE ABRIL DE 2015

QUANDO OS VÍDEOS MENTEM

A detenção da cunhada de João Vaccari retrata um sistema no qual os acusados só podem confessar, delatar ou apodrecer

O juiz Sergio Moro, que autorizou a prisão de Marice Correa de Lima, a cunhada do tesoureiro do PT João Vaccari Neto, ficou devendo um pedido formal de desculpas à prisioneira. Marice ficou presa por seis dias, em Curitiba, sem que houvesse um fiapo de prova contra ela.

Pode-se perguntar, será que o Conselho Nacional de Justiça, que tem a missão de zelar pela atuação dos magistrados, irá examinar o comportamento de Moro? Também pode-se perguntar por alguma providência no Ministério Público, que fez o pedido de prisão e tentou até manter Marice na cadeia num regime mais duro. Será que o Conselho Nacional do MP irá debater o assunto? Poderá extrair algum ensinamento desse episódio?

Ninguém fica envergonhado quando descobre que prendeu a pessoa errada, mantida na prisão por quase uma semana?

Assistiu-se, neste caso, a uma demonstração em ponto máximo da regra que ensina que toda pessoa é inocente até que se prove o contrário. No caso de Marice, a pessoa nem era a pessoa.

Apesar de tudo isso, deve-se reconhecer que vivemos uma situação tão absurda, tão estranha, que Marice pode ser considerada uma pessoa de sorte. Ela ficou presa por seis dias, na sede da Polícia Federal, em Curitiba, como suspeita de envolvimento no esquema de corrupção na Petrobras. A base era uma prova grotesca: imagens de um vídeo de uma máquina bancária na qual faria depósitos clandestinos para sua irmã, Giselda, casada com Vaccari.

O escabroso encontra-se na imagem, sabemos agora: a pessoa filmada fazendo depósitos num caixa eletrônico, simplesmente não é Marice. É a própria Giselda, a mulher de Vaccari — e essa descoberta, clamorosa, absurda, mudou a sorte de Marice. Também coloca dúvidas sobre a prisão do próprio Vaccari, como você poderá ler mais adiante.

Sem a imagem errada, ela ficaria presa por mais quatro dias, como já fora resolvido por Sergio Moro, prorrogando seu regime de prisão temporária. Quem sabe acabaria presa por meses, como acontece com a maioria dos primeiros detidos da Lava-Jato, que desde novembro foram entregues à carceragem, onde enfrentam a alternativa de confessar e delatar, ou apodrecer.

Longe de uma atuação equilibrada, que ouve as partes, pondera e analisa os pontos da defesa e da acusação com igual boa vontade, pondera, o que prevalece aqui é a vontade de punir e punir.

Marice só conseguiu livrar-se da prisão porque as cenas gravadas pela máquina eletrônica constituem um flagrante técnico, insubstituível, único e vexaminoso. Como tantas pessoas ouvidas na Lava-Jato, Marice foi levada para prestar depoimento e, embora tivesse explicado cada uma das acusações, não lhe deram crédito algum. Suas negativas foram vistas como falta de disposição para colaborar. Talvez fosse uma profissional de mentiras. A segurança nas respostas só podia ser um agravante: prova de sangue-frio.

Ela saiu do interrogatório para a cadeia. Ninguém achou muito estranho — pois as cenas da Lava-Jato são assim mesmo.

Nos últimos dias, uma revista chegou a escrever que "de acordo com as investigações, Marice operava uma central de propinas em casa". Um jornal disse que havia a "suspeita" de que ela estivesse "foragida". Sua presença no Panamá, como uma das responsáveis pelo trabalho administrativo de um congresso da CSA — Central Sindical das Américas, foi apresentada como cascata. Bastava uma ligação por DDI e uma consulta ao Google para saber que se trata de uma das principais centrais sindicais do mundo, nascida em 2008, fundada com apoio da CUT, liderada por militantes de vários países, inclusive dos Estados Unidos.

Quando a prisão temporária estava para vencer, o Ministério Público entrou com pedido para que sua permanência na cadeia fosse transformada em prisão preventiva, que pode ser mantida por tempo indeterminado. Os procuradores escreveram: "Tudo indica que Giselda [mulher de Vaccari] recebe uma espécie de 'mesada' de fonte ilícita paga pela investigada Marice, sendo que os pagamentos continuam sendo feitos até março de 2015. Nesse contexto, a prisão preventiva de Marice é imprescindível para a garantia da ordem pública e econômica, pois está provado que há risco concreto de reiteração delitiva".

Juristas experientes sabem que acusações genéricas como "perigo para a ordem pública" costumam encobrir a falta de fatos concretos e provas contundentes. Podem até emocionar o público em determinadas conjunturas, mas não alimentam o bom direito. São uma herança genérica da "ameaça à segurança nacional" que era o fantasma favorito da ditadura militar. Convivem melhor com o silêncio dos acusados, a falta de direitos de defesa. No Brasil da Lava-Jato, um traço marcante é a falta de *habeas corpus* para presos sem culpa formada — outro traço do AI-5, que começou com a suspensão do *habeas corpus*.

O juiz Sergio Moro examinou o pedido do MP. Não atendeu à solicitação para mudar o regime de prisão da nova detida, mas prolongou o regime anterior. Num despacho assinado para explicar a decisão, Moro fez questão de referir-se aos supostos depósitos de Marice para dizer: "A extensão temporal (dos delitos) assusta o juízo". Ele ainda salientou que "nem mesmo as sucessivas prisões decorrentes do andamento da Operação Lava-Jato intimidaram Marice".

A sorte de Marice é que, desta vez, não foi apenas o despacho de Moro que chegou aos meios de comunicação. O vazamento incluiu um presente envenenado, que os jornalistas não se deram ao trabalho de conferir. Disse um portal, dois dias antes da soltura de Marice: "Câmeras de segurança de caixa eletrônico mostram Marice fazendo depósito na mesma hora em que entrou dinheiro na conta da mulher do ex-tesoureiro do PT. Ela havia negado ter feito tais operações".

Fiasco autoritário do mau jornalismo, de quem não sabe sequer quem está na foto.

Comprovado o desastre, cabe extrair algumas lições. Marice foi presa como coadjuvante de um enredo no qual João Vaccari Neto é apresentado como personagem principal, ao menos até agora.

Vistos com frieza, os argumentos para soltar Marice deveriam ser reconsiderados para se avaliar a sorte de Vaccari. A presença da cunhada na denúncia era uma tentativa de dar materialidade à visão de que ele residia no centro de um universo de propinas e verbas clandestinas que não só ajudavam alimentar os cofres do PT, mas também enriqueciam a família.

Vaccari sempre sustentou que fez seu trabalho rigorosamente dentro da lei. Afirma, por exemplo, que nunca se encontrou com o doleiro Alberto Youssef, que fazia a lavagem de recursos para o esquema — nunca foi desmentido e pelo visto não o será. Pode estar errado? Pode. Mas é preciso provar.

Depondo hoje à tarde na CPI da Petrobras, o executivo Augusto Mendonça Neto, do grupo Toyo Setal, admitiu a existência de um cartel de empreiteiros e pagamento de propinas para diretores da Petrobras. No que diz respeito a Vaccari, contudo, por duas vezes, respondendo ao deputado Leo de Brito (PT-AC), Mendonça Neto assegurou que era outra coisa: "Tenho todas as contribuições detalhadas, os comprovantes entregues, no meu depoimento (da delação premiada)".

Você pode acreditar ou não. Mas, em todo caso, deve lembrar-se de que todos são inocentes até prova em contrário. Como todos já aprenderam, às vezes até os vídeos mentem.

O delator Paulo Roberto Costa, ex-diretor da Petrobras, em depoimento na CPI da Petrobras

CAPÍTULO 19.
6 DE MAIO DE 2015

LAVA-JATO NA HORA DE MENSALÃO PSDB-MG

Depois das acusações de Paulo Roberto Costa, a lógica manda perguntar se herdeiros políticos de Sérgio Guerra e Eduardo Campos enfrentarão longas prisões preventivas em Curitiba até fazer delação premiada

Assistindo ao depoimento de Paulo Roberto Costa à CPI da Petrobras, ontem, fiquei particularmente impressionado com dois momentos — aqueles em que o delator confirmou revelações gravíssimas a respeito de personagens importantes... da oposição. Roberto Costa fez acusações gravíssimas a Sérgio Guerra, presidente do PSDB, antes de perder a vida num câncer. Disse coisas que você nunca ouviu a respeito de José Genoíno, o presidente do Partido dos Trabalhadores condenado a quatro anos e oito meses na AP 470 porque assinou pedidos de empréstimos para o partido. Costa disse que entregou R$ 10 milhões para Sérgio Guerra encerrar — ou pelo menos abafar — uma CPI que apurava denúncias contra a Petrobras.

Olha só: segundo a denúncia, não era dinheiro de campanha, nem pagamento de dívidas passadas. Com toda crueza, nas palavras do delator, com tanta credibilidade até outro dia, era venda de serviços no Congresso, troca de favores num balcão de negócios clandestinos da política brasileira.

Em outra passagem, o delator disse que "encaminhou" — a expressão foi essa — R$ 20 milhões para Eduardo Campos. Assim, diretamente. Claro que Sérgio Guerra e Eduardo Campos estão mortos, o que, em circunstâncias normais, poderia dificultar uma investigação sobre as denúncias de Paulo Roberto Costa. Será mesmo? Não sou favorável a longas prisões preventivas e questiono as delações premiadas. Mas, considerando a lógica das investigações da Lava-Jato, até aqui, me parece razoável perguntar por que seus métodos não podem ser aplicados contra denúncias que envolvem PSDB e PSB?

É muito provável que, há seis meses, as denúncias da Lava-Jato estivessem num ponto equivalente: muito falatório, nenhuma prova, nenhuma testemunha. Foi naquele momento que o Ministério Público e o juiz Sergio Moro tomaram a iniciativa que mudou a investigação: prender acusados e suspeitos por longos períodos, até que eles tivessem disposição de confessar e detalhar aquilo que puderam conhecer de perto nos últimos anos. Foram feitas promessas e barganha nas penas. Acusados foram isolados e mal tinham contato com a família. Empregou-se até mentiras para estimular determinados réus a abrir o bico, conforme um dos promotores admitiu publicamente.

Foi assim que Sergio Moro construiu um poder paralelo na República. Recebeu, da Globo, prêmios que no passado foram entregues a Joaquim Barbosa e Ayres Britto, mas ninguém precisa ficar muito impressionado com os rituais. O importante é que as prisões e delações se tornaram os principais fatos novos do mundo político, que definiam o futuro dos principais personagens do poder de estado. Dilma Rousseff foi obrigada a paralisar a nomeação de novos ministros por não saber quem estava sendo investigado.

Campos e Guerra eram políticos organizados, que respondiam a partidos constituídos, com tesoureiro, vice-presidente e assim por diante. Não será difícil — com ajuda do tratamento de choque psicológico das longas internações, pouco contato com a família, ameaças e pesadelos constantes — chegar ao que interessa. Será que ninguém sabe de nada?

"*Follow the money*", orientava Ben Bradley, o diretor do *Washington Post*, à equipe de repórteres que apurava o caso Watergate, seguindo a regra banal de toda investigação policial. Alguma dúvida?

Claro que sim. Estamos no Brasil, num momento em que as forças conservadoras mobilizam seus instintos mais baixos para ganhar força política. A jurisprudência do prender-isolar-apodrecer--confessar-delatar é aceitável para acusar integrantes do Partido dos Trabalhadores, os indesejáveis da República, que mais cedo ou mais tarde devem ser extintos, como já disseram Aécio Neves, o líder do PSDB, Carlos Sampaio, e outros que não é preciso mencionar neste espaço.

Nós sabemos que, em caso de necessidade, o mesmo tratamento, nessa espécie de tribunal especial contra a corrupção, o CGI, que a ditadura criou antes de formatar o DOI-CODI, pode até alcançar partidos conservadores. São os desenturmados da velha ordem que resolveram aliar-se aos recém-chegados, como o PP. Mas a isonomia não é geral, digamos assim. Não pode incluir, claro, sobrenomes ilustres, patrimônios milionários — aqueles que há quatro séculos mandam no país, mas há quatro eleições não conseguem ganhar uma eleição para presidente da República. Estes devem ser preservados porque, veja bem, afinal, pois é, ali se encontra a origem de tudo, não é mesmo?

Foi assim que ocorreu em 2005, com o mensalão do PSDB-MG. Mais antigo do que o esquema denunciado por Roberto Jefferson, o mensalão-PSDB-MG só começou a ser apurado mais tarde. Os acusados ligados ao PT foram entregues à guilhotina comandada por Joaquim Barbosa e depois por Ayres Britto, onde juízes que deveriam ser soberanos trabalharam com a "faca no pescoço" dos meios de comunicação, como disse, na época, o ministro Ricardo Lewandowski, atual presidente do Supremo. Os sósias mineiros foram despachados para uma primeira instância em Minas Gerais, onde o caso adormece até hoje. Sim. Não há uma mísera sentença.

E quando houver, todos poderão recorrer — porque ali haverá uma segunda instância, negada aos primeiros. Enquanto os primeiros réus petistas já deixam a prisão, os similares em atividade em Minas Gerais têm direito a sombra e água fresca.

Eu acho que a AP 470 foi um processo injusto, encerrado com penas fortes e provas fracas. Imagino que poderia chegar à mesma conclusão no original de Minas Gerais — se um dia ele chegar ao final.

Por enquanto, cabe registrar que a Lava-Jato produz lógicas distintas, de acordo com os envolvidos. Alguma dúvida?

CAPÍTULO 20.
11 DE MAIO DE 2015

SABATINA DE FACHIN FOI UMA AULA

Depoimento de 12 horas na CCJ sublinhou o básico: juiz deve ser acima de tudo imparcial. Nada mais atual

Luiz Fachin passa por sabatina com senadores

Depoimento de 12 horas na CCJ sublinhou o básico: juiz deve ser, acima de tudo, imparcial. Nada mais atual.

Embora a oposição tenha feito o possível para transformar a sabatina de Luiz Fachin num comício fora de hora e de lugar, a aprovação de seu nome só foi possível porque o candidato ao STF colocou-se acima do jogo baixo dos adversários e fez uma apresentação de alto nível na Comissão de Constituição e Justiça do Senado. Após 12 horas de debates, leões da oposição, como Aloysio Nunes Ferreira e Ronaldo Caiado, que abriram os trabalhos tentando transformar a sabatina numa audiência pública de tom inquisitorial, uma espécie de CPI, o que teria impedido qualquer debate produtivo, tiveram de retirar-se exaustos e vencidos.

Ao falar de sua história de vida e de suas convicções, Fachin mostrou que conhece fundamentos do direito e que tem o que dizer sobre o momento atual da justiça brasileira. Também respondeu de forma convincente à acusação de que, quando procurador do estado, desrespeitou a legislação do Paraná ao aceitar um trabalho como advogado a serviço de uma causa privada. Explicou, detalhadamente, que essa atividade era compatível com as regras vigentes no momento em que prestou concurso para o serviço público — visão confirmada por todas as autoridades consultadas a respeito, a começar pelos organizadores do concurso, por meio do qual foi aprovado em primeiro lugar, aliás. Também deixou claro, com exemplos capazes de envergonhar críticos e oponentes, que sua declaração de apoio a Dilma em 2010 foi parte de uma vida em que a militância política sempre esteve presente. Lembrou que apoiou um conjunto ecumênico de políticos, boa parte deles tucanos, num período em que o PSDB era visto como uma legenda de centro-esquerda — como os ex-governadores José Richa, do Paraná, e Mário Covas, de São Paulo, e ainda Gustavo Fruet, prefeito de Curitiba e um dos principais microfones do PSDB na CPI da AP 470. Mas ele soube prestar este esclarecimento de forma discreta, sem assumir uma posição defensiva, permanecendo na posição de quem fazia a gentileza de esclarecer oponentes mal-informados. Como se isso não bastasse, o apoio do senador Álvaro Dias, um dos campeões de denúncias contra o PT na casa, contribuiu para elevar sua cota de credibilidade.

Entrando no ponto substancial da sabatina, que consiste em definir como pretende cumprir a tarefa de ministro do STF caso venha a ser nomeado, Fachin foi preciso. Lembrou e repetiu, com frequência para ninguém ter dúvidas, que o traço fundamental de um magistrado deve ser a imparcialidade.

Com a cautela de quem jamais iria citar nomes nem mencionar casos concretos — chegou a dizer que não iria fazer comentários sobre a AP 470 alegando que não estudara o caso com o devido cuidado — mas estava disposto a fixar um princípio, ele tocou num assunto que tem toda atualidade numa conjuntura na qual magistrados são aplaudidos na rua e na mídia por assumir o papel de segunda voz da acusação. Isso já ocorreu com Joaquim Barbosa na AP 470 e repete-se agora com Sergio Moro na Lava-Jato.

Com um sorriso irônico nos lábios, Fachin deu uma definição precisa daquilo que muitos comentaristas chamam de "consciência de juiz". Esclareceu que, em sua opinião, "a consciência de um juiz" é a própria ordem jurídica, afirmação bem-vinda num país onde, em 2012, no julgamento da AP 470, era comum ouvir ministros do STF dizendo que a "Constituição é aquilo que o Supremo diz que ela é". Na mesma linha, o ministro lembrou a importância dos demais poderes da República, sublinhando a importância do Congresso como expressão da vontade popular. Numa conjuntura na qual procura-se colocar o Judiciário no centro das decisões políticas, Fachin lembrou que a democracia é construída pelo convívio harmônico — sublinhou a palavra — entre os poderes. Sua menção a Norberto Bobbio, um dos principais pensadores do mundo pós-muro de Berlim, contém vários significados em política e em direito. Bobbio foi um dos grandes defensores do garantismo, corrente de pensamento nascida nos julgamentos do terrorismo italiano da década de 1970, que coloca a defesa dos direitos e garantias do cidadão como a principal missão da justiça e de um juiz.

Luiz Fachin saiu da sabatina muito maior do que entrou. Apresentado como um simples teleguiado que o Planalto tentava emplacar no Supremo de qualquer maneira, despediu-se como um jurista de conhecimentos eruditos, pontos de vista amadurecidos longamente, que formam um todo que conversa entre si. Após o desempenho que Fachin exibiu ontem, ficou difícil negar que tenha méritos para integrar o plenário do STF — o que pode tornar bastante penoso o esforço dos adversários para arrebanhar votos contra sua nomeação.

(Em 18 de maio, o Senado aprovou a indicação, por 52 votos a 27.)

O presidente Fernando Lugo, do Paraguai, perdeu o cargo num processo rápido de *impeachment*

CAPÍTULO 21.
17 DE MAIO DE 2015

GOLPES À MODA DO SÉCULO XXI

Estudo do constitucionalista Pedro Serrano mostra as novas formas de conspirar contra a democracia em nossa época. Mesmo sem fazer nenhuma referência direta ao Brasil, é fácil entender do que ele está falando

"**O conceito de pessoa humana** talvez tenha sido o mais revolucionário da história do homem na Terra, traduzindo-se como imensa contribuição da cristandade para nossa sociabilidade. Ao divorciar o homem de sua apropriação como coisa para tratá-lo como filho de Deus, membro de uma imensa família humana, aliou-se a noção de homem à de igualdade e justiça. Todos essencialmente iguais, porque nascidos do mesmo Pai."

Encontrei as palavras acima no mais recente trabalho acadêmico do advogado Pedro Serrano. Professor de Direito Constitucional na PUC-SP, na semana passada Serrano foi a Portugal apresentar uma tese de pós-doutorado na Universidade de Lisboa. Num trabalho em profundidade sobre direitos e garantias individuais, Serrano debate a Idade Média, explica a queda do absolutismo e a revolução francesa para discutir noções sobre Estado de Direito, Estado Policial e Estado de Exceção. O texto debate os golpes de Estado recentes na América Latina, como a queda de Fernando Lugo, no Paraguai, e a de Manuel Zelaya, em Honduras.

Embora seja um crítico frequente de determinadas sentenças e decisões da justiça, na AP 470 e também na Operação Lava-Jato, na tese acadêmica o professor evita maiores considerações a respeito. Não faz referências explícitas à situação brasileira, ainda que o Brasil seja, obviamente, o sujeito mais ou menos oculto de seu trabalho. Mais do que entrar num debate de assuntos da conjuntura imediata, Serrano procura fixar conceitos — o que também é uma forma de contribuir para a compreensão do momento que o país atravessa, como você poderá comprovar nos parágrafos finais deste artigo.

Ao estabelecer a conexão entre os direitos individuais e os Estados Democráticos de Direito, Serrano constrói um método que mostra que os regimes de exceção começam a ser formados quando se constrói um inimigo interno, categoria social que define os cidadãos que não têm os mesmos direitos que os outros — e podem ser tratados por medidas de exceção. A construção do inimigo é essencial pois, a partir dela, é possível estabelecer diferenças "no interior da espécie humana. Onde há o inimigo, não há o ser humano, mas um ser desprovido da condição de humanidade", explica, recordando o universo político em que se moveu o nazismo de Adolf Hitler, o fascismo de Benito Mussolini e também a ditadura militar que governou o Brasil por duas décadas. De uma forma ou outra, esclarece, eram regimes que possuíam cidadãos desprovidos dos mesmos direitos que os demais — como judeus, comunistas, estrangeiros — e, a partir daí, se construiu uma ordem que envolvia o conjunto da sociedade.

Explicando o nascimento das ditaduras, o professor lembra que "em geral, a decisão jurisdicional de exceção não se declara como tal". Pelo contrário, costuma justificar-se como um esforço para defender o próprio Estado Democrático de Direito e é "envolvida em fundamentações e justificativas compatíveis com a ordem posta". Foi assim que a suspensão de garantias democráticas sob o regime de Hitler foi apresentada como uma resposta ao incêndio do *Reichstag*, o Parlamento alemão, atribuído ao Partido Comunista. Da mesma forma, o fantasma do comunismo nos anos de Guerra Fria serviu de suporte ideológico ao ciclo militar da América Latina, inclusive o Brasil. Depois de analisar as ditaduras do século XX, onde havia um "Estado autoritário claro, um Estado de polícia inequívoco, um poder exercido de forma bruta", Pedro Serrano entra no século XXI, o nosso período histórico.

A NOVA NATUREZA DO ESTADO DE EXCEÇÃO

De saída, o professor registra uma mudança clara e importante: "o estado de exceção muda de natureza. Não há mais a interrupção do estado democrático para a instauração de um estado de exceção, mas os mecanismos do autoritarismo típico passam a existir e conviver dentro da rotina democrática".

Assim, naquele que costuma ser considerado o mais antigo Estado Democrático de Direito do planeta, os Estados Unidos, na primeira década do século XXI nasceu o *Patriotic Act*. No ambiente de grande emoção e pânico produzidos pelos ataques de 11 de setembro, um decreto assinado por George W. Bush "autoriza a prática de atos de tortura como método de investigação (...) bem como o sequestro de qualquer ser humano suspeito de inimigo em qualquer lugar do planeta, sem qualquer respeito à soberania dos estados do mundo". Os mesmos métodos se espalham, em grau maior ou menor, pelos países europeus, "com cadastros essenciais de controle da intimidade, campos de confinamento etc.".

Aquele conjunto de medidas que em outros momentos provocariam a indignação da consciência democrática, passa a ser visto "como uma verdadeira técnica de governo".

Assim — o exemplo aqui é meu — Julian Assange permanece há três anos como prisioneiro na embaixada do Equador em Londres.

Isso porque divulgou segredos diplomáticos por meio do *Wikileaks*, num tratamento sem paralelo com o recebido por Daniel Ellsberg em 1971, na divulgação de documentos secretos e comprometedores do Pentágono sobre a guerra do Vietnã.

Serrano avalia que na América Latina, a era dos golpes militares e ditaduras de longa duração, com desfile de tanques pelas ruas e Congressos fechados será substituída por intervenções rápidas para garantir a derrubada de um governo considerado indesejável — ainda que "regime democráticos sejam inconstitucionalmente interrompidos, golpeando presidentes legitimamente eleitos". Analisando os dois casos concretos deste período — a deposição de Fernando Lugo e o golpe contra Manuel Zelaya —, Serrano sustenta que o Judiciário desempenha um papel essencial para a construção da nova ordem. Em vez de assumir uma postura de resistência em nome da antiga ordem, postura que, no passado, levou até a cassação de magistrados comprometidos com os princípios democráticos, os tribunais superiores assumem outra função — dar legitimidade a medidas que atropelam a soberania popular. Escreve Serrano: "é a jurisdição funcionando como fonte de exceção e não do direito".

Outra novidade no século XXI é o inimigo interno, indispensável para iniciativas antidemocráticas. Serrano aponta que, nos países desenvolvidos, esse lugar é ocupado pelo "inimigo muçulmano fundamentalista".

Muitos analistas sustentam que essa situação é obra do 11 de setembro, o que seria uma forma de dizer que, na origem, o terrorismo de organizações árabes é responsável pela discriminação e violência que as potências do Ocidente reservam a seus povos. Mantendo-se no terreno jurídico, Serrano não entra nesta discussão, o que dá a este humilde blogueiro o direito de apresentar um palpite.

Sem querer minimizar nem por um segundo o impacto terrível do ataque às torres gêmeas, acho possível defender outro argumento. Acredito que o 11 de setembro colocou em movimento forças que já se moviam na potência norte-americana e provocou reações de uma engrenagem que iria se mover de uma forma ou de outra, para defender os interesses maiores daquele país que se transformou na única potência militar do planeta após o colapso da antiga URSS.

Em 1993, oito anos antes dos ataques, um professor de Harvard, Samuel Huntington, influente nos meios políticos e diplomáticos dos EUA, publicou "Choque de Civilizações", artigo que se tornaria uma espécie de programa de trabalho do império norte-americano e seus aliados na nova ordem mundial. No texto, Huntington formula uma visão da evolução humana para as décadas seguintes. Diz que dali para a frente "o eixo predominante da política mundial serão as relações entre 'o Ocidente e o resto'".

Num raciocínio voltado para a preservação da hegemonia e poderio, Huntington registra a aparição de países que décadas depois seriam chamados de emergentes — e define estratégias para manter uma posição de força e domínio. Vale a pena ler: "os conflitos entre as civilizações vão suplantar os conflitos de natureza ideológica e outras como forma global dominante; as relações internacionais, um jogo historicamente jogado dentro da civilização ocidental, se tornarão um jogo em que as civilizações não ocidentais serão agentes e não simples objetos". Na visão de Huntington, estamos falando de conflitos mais graves e intransponíveis do que a ideologia e a economia, porque sua base está na cultura, em valores inconciliáveis que opõem povos e nações através do planeta inteiro.

Transportada para o direito internacional — não custa lembrar que a ONU foi fundada por uma Carta de Direitos Humanos, frequentemente ignorada na vida real — essa política do inimigo chegará não só a guerras de grande porte, como a do Iraque. Também levou a formulação do chamado Eixo do Mal, que justificava a persistência do bloqueio a Cuba e o apoio a duas tentativas de golpe na Venezuela de Hugo Chávez, em 2002. Com a possibilidade da vitória de Luiz Inácio Lula da Silva na eleição presidencial daquele ano, a diplomacia republicana chegou a cogitar a inclusão do Brasil no conjunto de inimigos a abater, mas essa política foi desmontada por uma ação múltipla, que incluiu o governo Fernando Henrique Cardoso, o próprio Lula e ainda uma viagem bem-sucedida de José Dirceu para conversas em Washington e Nova York, meses antes da vitória.

Falando da América Latina e do Brasil, Serrano diagnostica uma situação de duplicidade. Explica que na região convivem um Estado Democrático de Direito, acessível à população mais endinheirada dos grandes centros urbanos, com um estado policial de exceção, "localizado nas periferias das grandes cidades, verdadeiros territórios ocupados, onde vive a maioria da população pobre". Desse ponto de vista, explica, a exceção é a regra geral para a maioria das pessoas.

Referindo-se ao universo que deu origem ao golpe de 1964 no Brasil, o professor explica que "o inimigo a ser combatido e que ameaça a sociedade não se identifica mais com a figura do comunista das ditaduras militares, mas sim com a figura do bandido, impreterivelmente identificado com a condição social de pobreza".

Impossível discordar.

SOFISMA SOCIOLÓGICO

Eu gostaria de acrescentar, por minha conta, observações sobre as ideias de Serrano e o Brasil de 2015. Há uma novidade curiosa no comportamento do Judiciário na última década. Estamos falando de um período no qual, como demonstram estatísticas que ninguém discute, os mais pobres conseguiram melhorar — parcialmente, é verdade — sua posição na pirâmide social e ter acesso a um padrão de consumo e igualdade que nunca se viu na história. Estudam mais, alimentam-se melhor, têm oportunidades mais amplas.

Justamente os políticos e personalidades ligados ao Partido dos Trabalhadores e seus aliados, o mais identificado com esse processo, benéfico para o conjunto da sociedade brasileira, têm sido alvo de medidas — classifique como quiser, de exceção, perseguição, como quiser — por parte do Judiciário. Acusados de corrupção em processos espetaculares, acompanhados com espírito de circo pelos grandes grupos de comunicação, passaram a ser discriminados em seus direitos e garantias. Por meio da AP 470 e da Operação Lava-Jato, são tratados como inimigos internos, habitantes daquilo que Serrano chama de "territórios ocupados da periferia" e não como cidadãos que, em virtude de sua posição na pirâmide social, teriam acesso assegurado ao Estado Democrático de Direito.

Sempre que se debate — por exemplo — as prisões preventivas dos acusados da Lava-Jato, em prazos extremamente longos, sem provas nem indícios consistentes de culpa, configurando um abuso destinado a forçar confissões e delações premiadas, os aliados do juiz Sergio Moro e do Ministério Público pedem ajuda a um sofisma sociológico. Alegam que um terço do meio milhão de condenados que habitam nosso sistema prisional, habitado em sua imensa maioria por cidadãos pobres, em maior parte negros, incapazes de contar com bons advogados, também enfrentam a mesma situação, padecem das mesmas dificuldades, quem sabe até piores.

A sugestão de que uma coisa poderia justificar a outra não faz sentido, quando se recorda que o esforço civilizado consiste em estimular a ampliação do direito, e não seu rebaixamento por meio de medidas de exceção, que apenas perpetuam um estado geral de coisas.

O que se procura, aqui, é construir um inimigo interno — personagem indispensável das medidas de exceção de que fala Pedro Serrano. O que se vê é um tratamento discriminatório — com motivação política — tão brutal e dirigido que atravessa as distinções de classe social, sempre profundas e persistentes no Brasil. A grande lição dos julgamentos da AP 470 e da Operação Lava-Jato é mostrar que não basta ter dinheiro — quem sabe muito dinheiro — para pagar bons advogados e garantir um acesso ao Estado Democrático de Direito, aquele onde vigora o princípio segundo o qual todos são inocentes até que se prove o contrário. É preciso estar do lado certo da disputa política.

Os mesmos executivos e empresários, acusados dos mesmos crimes definidos na AP 470 e também no mensalão PSDB-MG, foram julgados por tribunais diferentes, com direitos diferentes, obtendo penas diferentes.

Está demonstrado que os mesmos empresários que, conforme as investigação da Lava-Jato, abasteceram os cofres do PT, entregaram as mesmas quantias, no mesmo período, para tesoureiros do PSDB. Está provado, registrado na Justiça Eleitoral. O principal delator, aliás, entregou R$ 2 milhões a mais para a campanha de Aécio Neves. Nada disso foi suficiente para o lançamento de uma eventual fase zero da novela Lava-Jato, agora mais plural, sem culpados nem inocentes previamente escolhidos, certo? Alguém convive em paz com a noção de que o dinheiro que chega para os tucanos como "contribuição eleitoral" se transforma em "propina" quando se destina ao PT?

A leitura dos estudos de Hannah Arendt sobre o nascimento de regimes totalitários demonstra que um dos instrumentos básicos empregados na disputa entre parcelas da elite dirigente de determinada sociedade — um aspecto inevitável de toda luta política desde sempre — consistia em mobilizar e estimular preconceitos e ressentimentos da "ralé". Como tantos observadores sociais de seu tempo, Arendt se referia nestes termos àquela parcela da população que se encontrava abaixo das classes sociais tradicionais, sem acesso à educação, ao bem-estar e que mal conseguia exercer os próprios direitos políticos. Ela avaliava que a democracia se encontrava em perigo quando a elite assumia modos e comportamentos antidemocráticos e agia de turba, como manada, estimulando gestos violentos e atos de barbárie.

Não é difícil reconhecer movimentos dessa natureza no Brasil de hoje. Os brasileiros assistem isso quando Alexandre Padilha é impedido de jantar em paz com amigos num restaurante no Itaim Bibi — cena que repete um tratamento semelhante oferecido a Guido Mantega quando foi fazer uma visita a um paciente no hospital Albert Einstein. Em 2012, Ricardo Lewandowski, hoje presidente do STF, ouviu comentários ofensivos quando foi à zona eleitoral exercer o direito de voto. São atos que formam um conjunto, contestam a noção de que homens e mulheres pertencem a uma mesma família humana, com direitos à igualdade e à justiça, como diz Pedro Serrano.

É um comportamento lamentável e preocupante. Mas é difícil negar que o exemplo vem de cima, certo?

Manifestantes contrários ao PT, lotam a Avenida Paulista, em março de 2015

CAPÍTULO 22.
30 DE MAIO DE 2015

A MÃO QUE AJUDA O FASCISMO

Benevolência com atos contra a democracia explica cenas de violência e tentativas de intimidação

Imagine você que, na quarta-feira passada, eu me encontrava no café da Câmara de Deputados, quando apareceu um dos líderes do PSDB, conhecido de várias entrevistas e conversas civilizadas. Ao reparar que eu tinha um livro aberto, perguntou do que se tratava. Mostrei: era a edição, em espanhol, de *O Fascismo e a marcha sobre Roma*, reportagem histórica de Emilio Gentile sobre o assalto ao poder comandado por Benito Mussolini, em 1922, na Itália.

Comentando o que se passava no gramado em frente ao Congresso, onde se fazia uma concentração com barracas de acampamento e faixas que pediam "intervenção militar", "extinção do PT já" e outras afirmações de óbvia inspiração fascista, comentei: "É para ajudar a entender o que está passando lá fora". Meu interlocutor, cujo nome será preservado porque não se tratava de uma conversa para ser publicada, me corrigiu em tom benevolente: "Não é nada disso. Os fascistas são uns poucos, que deveriam se juntar com o Jair Bolsonaro e formar um partido de extrema-direita. Mas a maioria dessas pessoas não é nada disso. São democratas, inconformados com a corrupção e os desmandos da turma do PT".

A conversa prosseguiu mais um pouco, incluiu algumas provocações de parte a parte, mas o essencial está aí. Voltei às minhas leituras. Já me encontrava nas páginas finais da narrativa sobre a ascensão de Mussolini, naquele momento decisivo em que a marcha dos fascistas sobre a capital italiana se transformou no golpe de Estado mais pacífico da história europeia, sem enfrentar resistência alguma.

O aspecto mais instrutivo da obra de Emilio Gentile é que ele descreve, detalhadamente, a paralisia das autoridades que tinham o dever legal e político de defender a constituição italiana e os direitos democráticos da população, inclusive de escolher governos por meio do voto. Um gabinete que unia liberais, católicos e conservadores assistiu à ação das esquadras fascistas pelo país inteiro — invadiam prefeituras, fechavam jornais, atacavam quartéis para pegar armas, feriam e assassinavam — sem mover um músculo. Conforme o autor, diversos comandantes militares tinham disposição de resistir, possuindo instrumentos e homens para isso. Mas a ordem, que deveria partir do poder civil, não veio.

Na noite anterior à chegada do próprio Mussolini a Roma, os principais ministros conseguiram imaginar que tudo estava tão tranquilo que recolheram-se a seus aposentos e foram dormir — acredite!

Apenas numa reunião de emergência, alta madrugada, decidiu-se, enfim, convocar o estado de sítio, que na pior das hipóteses poderia ter ajudado a retardar a escalada fascista. Mas cabia ao rei, Vitório Emanuel III, decretar a medida. Quando Sua Majestade, enfim, foi encontrada, ocorreu a cena decisiva. O rei não apenas se recusou a assinar o estado de sítio, como demitiu o ministério e chamou o próprio Benito Mussolini a formar o novo governo, dando início, assim, a uma ditadura que durou vinte anos.

Sabemos que a paralisia daqueles governantes que tinham a responsabilidade legal de preservar o regime democrático obedecia a considerações variadas. A principal dizia respeito à definição de quem eram seus verdadeiros adversários políticos e quem poderiam ser seus aliados. Quatro anos antes, o Partido Socialista — muito mais à esquerda do que se tornaria com o passar dos anos — havia se tornado o maior do parlamento italiano. Ao mesmo tempo, a mobilização de operários ganhou impulso nos centros industriais do país, onde se formaram conselhos de trabalhadores. O exemplo da Revolução Russa de 1917 estava em muitas mentes — para temer ou admirar.

"Muitos temiam que a ação da força legítima do estado contra a força ilegal do fascismo pudesse provocar um banho de sangue que terminaria por fortalecer a esquerda socialista e comunista", escreve Gentile.

A visão da esquerda como adversária principal a ser vencida de qualquer maneira contribuía enormemente para que muitos ministros já sonhassem em chamar Mussolini para integrar o ministério, oferta que ele sempre recusou, deixando claro que não pretendia ser coadjuvante num governo de base parlamentar.

Ex-diretor do *Avanti*, jornal socialista de tendências revolucionárias, Mussolini tinha aquela postura problemática de quem passou por uma mudança radical nas próprias convicções. Manifestava um ódio profundo pelos partidos de esquerda, como se quisesse dizer que ele, e apenas ele, fora um "verdadeiro" socialista em seu devido tempo, enquanto seus adversários de hoje não passavam de farsantes. (Acho que todos nós já vimos esse comportamento em nossa paisagem, não é mesmo?)

Mussolini também não escondia que sentia "asco, muito asco" pelo jogo parlamentar. Mesmo assim, fazia o possível para apresentar-se com um perfil político moderado, necessário para abrir as portas dos salões do capitalismo italiano. Ao mesmo tempo, estimulava atos violentos e criminosos contra lideranças de trabalhadores e do movimento popular, cultivando uma ambiguidade de aparências, que ajudava a convencer quem queria ser convencido, mas tinha um certo pudor de assumir isso abertamente.

O tempo mostrou que a postura política em relação a comunistas e socialistas contribuiu para o embelezamento do fascismo, enfraqueceu toda possível visão crítica e diminuiu todo esforço que poderia impedir sua ascensão ao poder — inclusive na reta final, quando as milícias passaram a atacar, com violência e ameaças, militantes católicos e liberais que recusavam a liderança dos camisas-negras.

Poucas leituras podem ser instrutivas, sobre a época, como os registros de elogios e avaliações positivas sobre Mussolini e seus aliados. "Estamos assistindo a uma bela revolução de jovens. Nenhum perigo", escreveu o embaixador dos Estados Unidos numa carta familiar. Sempre lembrando os méritos do fascismo pela derrota do socialismo e comunismo a revista *L'Illustrazione Italiana*, leitura preferida da elite do país, também elogiava um governo jovem ("sem barbas grisalhas") e profetizava: "nunca um governo teve possibilidades tão grandes (de sucesso) como o de Benito Mussolini", escreveu a revista, torcendo ainda para que ele "saneasse a Itália" do ódio político.

A ilusão durou pouco, entretanto se desfez quando era tarde. Avaliando o estado ditatorial que se esboçava, meses mais tarde, o *Corriere della Sera* publicou um artigo no qual fazia uma constatação dolorosa: a grande massa dos italianos, incluída "a totalidade de sua classe dirigente" havia demonstrado "ser capaz de perder todas as suas liberdades civis sem protestar". Assinado por Giuseppe Prezzolini, o texto dizia: "Somos todos um pouco culpados de termos nos iludido de que as liberdades eram um fato consumado, que não se poderia perder; e descuidamos, deixando que alguém começasse a pisoteá-las". Sem mencionar o nome de Mussolini, o que poderia revelar-se perigoso, o artigo conclui: "e esse tal indivíduo terminou por defenestrá-las".

Juro que seguia na leitura do mesmo livro, comprado numa viagem recente a Buenos Aires, quando ocorreu aquela cena inacreditável de sexta-feira, no Congresso Nacional. Um bando de fascistas atacou — com empurrões, gritos, e vários atos de provocação — um grupo de parlamentares do PT que convocava uma coletiva para fazer uma denúncia grave: a segunda votação sobre financiamentos de campanhas políticas foi um ato juridicamente nulo, pois violou o artigo 60 da Constituição Federal, que estabelece regras claras para se votar um projeto de emenda constitucional.

Isso aconteceu no Salão Verde do Congresso, endereço de tantos atos de resistência democrática durante o regime. No dia seguinte, fiquei sabendo da história do empresário ameaçado durante um voo Brasília-São Paulo porque lia a *Carta Capital*.

Quarenta e oito horas antes, naquela conversa no café da Câmara, um parlamentar do PSDB tentava me convencer, em tom benevolente, que não havia motivos de preocupação com ameaças fascistas.

O ministro do Supremo Tribunal Federal, Marco Aurélio Mello

CAPÍTULO 23.
3 DE JUNHO DE 2015

AULA DE CONSTITUIÇÃO E DEMOCRACIA

Em entrevista, ministro do STF Marco Aurélio rejeita *impeachment*, critica Sergio Moro e diz que Câmara dos Deputados não poderia ter votado, pela segunda vez em 2015, emenda que autoriza financiamento privado para partidos

No final da entrevista do ministro Marco Aurélio Mello ao *Espaço Público*, programa da TV Brasil exibido nesta terça-feira, tive a certeza de haver presenciado um depoimento histórico, em companhia dos também entrevistadores Florestan Fernandes Junior e Felipe Recondo.

Com a experiência de quem irá completar vinte e cinco anos de Supremo Tribunal Federal, a entrevista de Marco Aurélio foi uma aula de cinquenta e oito minutos, construída a partir de argumentos lógicos e princípios claros, na qual o ministro não perdeu a oportunidade de confirmar uma de suas afirmações favoritas, aquela que diz que "a coragem é a maior das virtudes". Pela importância do entrevistado, pela relevância dos assuntos que abordou, seu depoimento tem a força de um fato político. Sem perder-se em raciocínios rebuscados e terminologia incompreensível, que costumam atazanar aparições públicas de tantas autoridades do Judiciário, Marco Aurélio falou com firmeza e segurança a respeito de temas atuais, de alta importância política.

Perguntado sobre um possível *impeachment* da presidente Dilma Rousseff, disse que não via fatos capazes de autorizar uma investigação da presidente. Sem deixar de manifestar a vontade de que possíveis irregularidades sejam investigadas e esclarecidas, Marco Aurélio deixou claro que duvidava das vantagens, para o país, enfrentar um segundo *impeachment* desde o retorno das eleições diretas, em 1989. Uma semana depois que, numa operação escandalosa do presidente Eduardo Cunha, a Câmara aprovou a PEC que autoriza as contribuições de empresas privadas para partidos políticos, em segunda votação em quarenta e oito horas, o ministro não teve o menor receio de encarar o assunto, talvez o mais relevante daquela expressão ("reforma política") que enganosamente dominou as conversas de Brasília nas últimas semanas.

Considerando que o artigo 60 da Constituição impede a reapresentação de uma emenda constitucional na mesma sessão legislativa, Marco Aurélio lembrou um fato ululante, que nem sequer deveria ser discutido por pessoas sérias: a regra escrita na Constituição deve prevalecer acima de outras deliberações. Em outras palavras, a segunda votação nem sequer deveria ter acontecido e seu resultado não tem o menor valor legal, disse, em mais uma opinião que confirma sua capacidade de assumir causas solitárias com destemor. Encarregada de julgar uma solicitação apresentada por sessenta e quatro deputados que pediam a nulidade da decisão sobre a PEC, dias depois a ministra Rosa Weber preferiu não tomar partido na questão — postura que, na prática, implicava dar caráter constitucional à contribuição eleitoral do setor privado.

Marco Aurélio também criticou a atitude do ministro Gilmar Mendes em engavetar o voto sobre contribuições privadas por mais de um ano. Lembrou que os pedidos de vistas devem servir para reflexão do magistrado e incluir um período razoável de tempo — em vez de servir para tentativas de modificar uma votação desfavorável depois que uma maioria de seis ministros já havia manifestado posição contrária à contribuição de pessoas jurídicas.

Em seu conjunto, a entrevista — que será reprisada neste domingo a partir das 23 horas — é uma oportunidade rara de compreender em profundidade um ponto de vista que se opõe à visão hegemônica que tem sido apoiada pela maioria dos meios de comunicação desde o julgamento da AP 470 e também sobre a Operação Lava-Jato — onde é fácil enxergar atitudes que lembram um linchamento em praça pública, sem relação com o distanciamento e serenidade que devem acompanhar decisões civilizadas.

Entre seus onze pares no Supremo, Marco Aurélio é hoje o principal porta-voz do pensamento "garantista", aquele que, sem deixar de reconhecer a relevância de punir o crime e os criminosos, coloca a defesa dos direitos e garantias individuais como principal obrigação de todo juiz.

Durante o regime militar, este pensamento denunciava os abusos — que incluíam a tortura — como técnica de interrogatório de prisioneiros. Nos dias de hoje, a defesa dos direitos individuais inclui a condenação de abusos — como longas prisões preventivas — destinadas a convencer prisioneiros a fazer delações que podem diminuir suas penas, num exercício que vários especialistas definem como tortura psicológica.

Em 2012, na AP 470, Marco Aurélio foi um aliado solidário de Ricardo Lewandowski em decisões relevantes, como a defesa do desmembramento do julgamento. Ontem, respondeu a várias questões sobre a AP 470, feitas pelos entrevistadores e também pelo público, por meio das redes sociais. O ministro demonstrou uma satisfação — difícil de disfarçar — por sua postura na época, o que era inteiramente compreensível em minha opinião. Se, em vez de rejeitar o desmembramento por nove votos a dois, o Supremo tivesse aceitado aquela medida, poderia ter sido possível evitar o vergonhoso final com dois pesos e duas medidas — o julgamento dos réus ligados ao Partido dos Trabalhadores, condenados e recolhidos à Papuda para o cumprimento de suas penas, e os acusados ligados ao PSDB, que até agora nem sequer receberam uma primeira condenação.

A entrevista ao *Espaço Público* foi realizada dois meses depois que o ministro publicou um artigo chamado "Prender e Soltar", no qual deixava claro seus questionamentos às longas prisões preventivas em vigor em nosso sistema prisional e também na Lava-Jato. Ontem, respondendo a uma questão colocada pelo advogado Nelio Machado, Marco Aurélio fez críticas sempre respeitosas mas diretas ao juiz Sergio Moro. Falando com a segurança de quem domina os próprios argumentos e estudou demoradamente o ponto de vista adversário, fez ressalvas às delações premiadas, lembrando que o depoimento de um corréu não pode ser visto como única prova para sustentar uma acusação criminal. Marco Aurélio deixou claro ter sérias dúvidas sobre o destino das acusações quando forem examinadas por tribunais superiores, inclusive pelo STF.

O ministro ainda lembrou um ponto de princípio do Estado de Direito, que determina a separação entre o trabalho de investigar, acusar e julgar, para deixar claro seu inconformismo com a supremacia do Ministério Público, que comanda a investigação e depois faz a acusação. Empregando o bom senso que alimenta boa parte de seus argumentos, Marco Aurélio recordou um aspecto óbvio: por mais bem-intencionado que seja, o sujeito encarregado de montar uma acusação está condenado a dirigir uma investigação — que deveria ser neutra e isenta — para seus propósitos finais.

Claro que, na condição de apresentador do *Espaço Público*, sou suspeito para falar. Mas duvido que seja possível negar que Marco Aurélio Mello produziu cinquenta e oito minutos imperdíveis sobre Direito, Justiça e Cidadania.

A Corte Exemplar: Considerações sobre a Corte de Warren

Sergio Fernando Moro

Juiz Federal em Joinville/SC, Mestre e Doutorando em Direito pela Universidade Federal do Paraná, Autor do livro *Desenvolvimento e Efetivação Judicial das Normas Constitucionais*.

RESUMO

Trata da célebre Corte de Warren (1953-1969), considerada um paradigma para a jurisdição constitucional, com abordagem de suas decisões mais importantes, de sua técnica de decisão e com paralelo, quando possível, com a doutrina e jurisprudência constitucional pátria.

SUMÁRIO

1 Considerações iniciais;
2 Primórdios;
3 A composição da Corte;
4 Combatendo a segregação racial;
5 Reordenação de distritos eleitorais;
6 Liberdade de expressão e outros direitos preferenciais;
7 Direito de privacidade;
8 Casos criminais;
9 Considerações finais.

A tese do juiz Sergio Moro sobre a Operação Mãos Limpas

1 Considerações iniciais

O controle judicial de constitucionalidade nasceu nos Estados Unidos da América, com Marbury v. Madison, de 1803. Posteriormente e principalmente após a Segunda Grande Guerra, o controle, com nuances diversas, foi adotado por outros países. O pioneirismo americano, bem como [...] propiciaram, entretanto, [...] imprescindível [...] desta a referência [...] ricano.

CAPÍTULO 24.
16 DE JUNHO DE 2015

ARTIGO DE SERGIO MORO DÁ RAZÃO A VACCARI

Em artigo de 2001, juiz da Lava-Jato elogiou antológica decisão da Suprema Corte dos EUA que condena "coerção física e psicológica" de prisioneiros, empregada para forçar autocriminação de acusados

Em artigo sobre a Suprema Corte dos Estados Unidos, juiz da Lava-Jato cita mestres que criticam tentativa de obter confissões a partir de coerção "por meios físicos ou psicológicos".

O novo pedido do Ministério Público para a prorrogação da prisão preventiva de João Vaccari Neto na carceragem de Curitiba permitirá aos brasileiros acompanhar a coerência das ideias e da postura do juiz Sergio Fernando Moro, responsável pela Lava-Jato.

É possível que, no momento em que você lê estas linhas, Moro já tenha dado sua decisão. Minha opinião é que o Ministério Público será atendido e Vaccari continuará apodrecendo na prisão, sem uma sentença condenatória que justifique o encarceramento por um período de dois meses. O problema é que, num artigo acadêmico de 2001, disponível na internet, o próprio Moro oferece argumentos que mostram porque Vaccari e boa parte dos presos da Lava-Jato devem ser soltos imediatamente.

Estou falando do texto "Caso Exemplar: Considerações sobre a Corte Warren". Num artigo de dezoito páginas, Moro faz um balanço da atuação de Earl Warren, o mais influente juiz da Suprema Corte dos Estados Unidos no pós-guerra. Moro dedica bons parágrafos do texto a comentar o célebre caso Miranda x Arizona, um episódio marcante na luta pelas liberdades civis e pela defesa dos direitos individuais. A conclusão de Moro é que a corte "andou bem" e você tem motivos de espanto quando recorda o que acontece na 13ª Vara Criminal de Curitiba.

O caso Ernesto Miranda é assim. Acusado de ter raptado e estuprado uma moça em Phoenix, no Arizona, Ernesto Miranda foi levado a uma delegacia e, horas depois de interrogatório, assinou uma confissão de culpa não apenas por este crime, mas por dois outros que lhe eram atribuídos. Três anos depois da condenação, a Suprema Corte entrou no caso por duas razões. A primeira, explica Moro, foi para "garantir ao acusado o exercício do real direito da proteção contra a autoincriminação". O que se queria, em resumo, é impedir que o réu fosse levado a fazer confissões naquele ambiente de delegacia, no qual os suspeitos são levados a se autoincriminar de maneira não "totalmente voluntária", como demonstrou o advogado de Miranda. A segunda razão, nas palavras de Moro, é "coibir a extração forçada por meios físicos ou psicológicos, de confissões em casos criminais". Eufemismos à parte, estamos falando de tortura. A sentença da Corte, favorável a Miranda, foi assim:

"Concluímos que, sem salvaguardas próprias, o interrogatório sob custódia de pessoas suspeitas ou acusadas de crime contém pressões que operam para minar a vontade individual de resistir para que não seja compelido a falar quando não o faria em outra circunstância. Para combater essas pressões e permitir uma oportunidade ampla do exercício do privilégio contra a autoincriminação, o acusado deve ser adequadamente informado de seus direitos e o exercício desses direitos deve ser completamente honrado".

Vamos entender o que a Suprema Corte dos Estados Unidos está dizendo: o estado não tem o direito de "minar a vontade individual de resistir" para obrigar um acusado a "falar quando não o faria em outra circunstância". É preciso impedir que o prisioneiro sofra "pressões" e tenha assegurado o "privilégio" contra a autoincriminação. A Corte deve garantir que o exercício desses direitos deve ser "completamente honrado".

O artigo de Moro lembra outro juiz da Suprema Corte, Tom Clark. Numa sentença de 1949, quando eram comuns as pressões por medidas arbitrárias, capazes de garantir prisões de qualquer maneira — típicas da Guerra Fria —, Clark defendeu os direitos dos prisioneiros de forma sintética e profunda. Enfrentando argumentos de outros juízes, que alegavam que um prisioneiro não podia ser solto só "porque a polícia não trabalhou direito", Clark rebateu:

"O criminoso sai livre, se assim deve ser, mas é o Direito que o deixa livre. Nada pode destruir um governo mais rapidamente que seu insucesso em obedecer suas próprias leis, ou pior, sua desconsideração da guarda de sua existência".

Em seu voto, Clark lembrou a lição de outro mestre da Suprema Corte, Louis Brandeis, em outra definição preciosa que Sergio Moro faz questão de preservar no artigo:

"Nosso governo é o mestre poderoso e onipresente. Para o bem ou para o mal ensina todo povo pelo seu exemplo. Se o governo torna-se infrator da lei, cria ele próprio o desrespeito à mesma, incita cada um a tornar-se a própria lei e portanto, à anarquia".

O Código Penal Brasileiro regulamenta a prisão preventiva em seu artigo 312 e estabelece que poderá ser decretada como "garantia da ordem pública, da ordem econômica, por conveniência da instrução criminal, ou para assegurar a aplicação da lei penal". Mas há uma condição: "quando houver prova da existência do crime e indício suficiente de autoria". Preste atenção na condição. Lembre também da frase da Suprema Corte segundo a qual é preciso impedir pressões que "operam para minar a vontade individual de resistir". Pense na frase: "é o Direito que deixa livre".

É preciso dizer algo mais?

Sim. O principal argumento favorável ao abuso nas prisões preventivas no Brasil deixou de ser jurídico para se tornar político. Pode-se dizer que é uma forma de populismo rebaixada, essa escola política que tenta justificar o massacre de um cidadão remediado porque a condição dos indigentes e miseráveis é ainda pior.

Costuma-se defender o regime da Lava-Jato com o argumento de que 37% de todas as pessoas detidas em nosso sistema carcerário não têm uma condenação e aguardam julgamento. (O dado é real e foi confirmado em pesquisa pelo professor Anderson Lobo da Fonseca, de São Paulo.)

Como acontece com os acusados da Lava-Jato, a maioria é presa com o argumento genérico de que representa uma ameaça "à ordem pública", quando é fácil perceber que uma prisão nessas circunstâncias pode ser um estímulo à desordem, como assinalou Louis Brandeis. Quando os acusados enfim enxergam a luz do dia e têm direito a um julgamento, 40% dos detidos em regime provisório acabam absolvidos ou recebem penas menores do que já cumpriram. Há algum benefício nisso? A justiça ficou melhor?

A menos que se queira fazer teoria só para americano ler, é bom rever as prisões preventivas da Lava-Jato.

CAPÍTULO 25.
18 DE JUNHO DE 2015

PAU QUE NÃO BATEU EM FHC DEVE BATER EM LULA?

Em 2002, Fernando Henrique ainda se encontrava no exercício do cargo quando recolheu R$ 7 milhões junto a empresários para montar o IFHC. Consultado por uma revista, atual PGR Rodrigo Janot disse que não via nada de errado no gesto

Os exs-presidentes FHC e Lula, uma eterna disputa

A mais curiosa revelação da reportagem "FHC passa o chapéu", publicada pela revista *Época* em 2002, merece uma reflexão maior. Sabemos que a reportagem descreve um encontro de fim de governo no qual um grupo de doze empresários graúdos decidiu levantar R$ 7 milhões para a construção do Instituto Fernando Henrique Cardoso.

O que nem todos recordam é que, em sua apuração, o repórter Gerson Camarotti decidiu ouvir o Ministério Público. Entrevistou o procurador Rodrigo Janot, o mesmo que, onze anos depois, se tornaria Procurador Geral da República. Janot disse a Camarotti que não havia nada de ilegal. "Fernando Henrique está tratando de seu futuro e não de seu presente", explicou o procurador. "O problema seria se o presidente tivesse chamado empresários ao Palácio da Alvorada para pedir doações de favores e benefícios concedidos pelo atual governo."

É uma opinião sensata do ponto de vista legal. O Janot de 2002 participava de um movimento de oposição a Geraldo Brindeiro, o chamado "Engavetador da República". Não pode ser visto como uma voz da boa vontade e do tratamento amigo diante de denúncias, portanto. Era o depoimento de um dos mais qualificados "tuiuiús", naquele período, numa referência a uma ave do Pantanal, conhecida por seu penacho na cabeça e pelo espírito briguento como eram designados os integrantes mais combativos do Ministério Público, naquela época.

Mas é uma opinião reveladora, do ponto de vista político, quando se recorda o cerco da Polícia Federal e do Ministério Público em torno do Instituto Lula e do ex-presidente.

É difícil acreditar que uma regra que Janot anunciou no momento em que assumiu a Procuradoria Geral da República ("Pau que bate em Chico também bate em Francisco") tenha sido corretamente aplicada no tratamento dispensado aos dois ex-presidentes e seus respectivos institutos. Se é possível colocar em suspeita empresas e empresários que fizeram doações ao Instituto Lula, a regra de Janot permite perguntar por que não se fez o mesmo com FHC, que pediu contribuições para seu instituto quando seu governo nem sequer havia terminado e a caneta presidencial permanecia em suas mãos?

Embora, pelas regras da instituição, nenhum procurador deva obediência ao Procurador-Geral, é evidente que há motivo de estranhamento, e até mais do que isso.

Entre os doadores presentes ao Alvorada com FHC, era possível contar diversos gravatões. "Boa parte deles termina a era FHC melhor do que entrou", avalia a revista. Entre eles, se encontrava Benjamin Steinbruch, que levou a CSN e a Vale nas privatizações. Outro era um banqueiro que entrou nos leilões de telefonia e levou um grande naco. Também se encontravam empreiteiras importantes. Como a Camargo Corrêa, que no governo de Fernando Henrique fez dois investimentos para a Petrobras: o gasoduto Brasil-Bolívia; e obras civis na refinaria de Paulínia, no interior de São Paulo. Também administrou a via Dutra, privatizada.

Foi no segundo mandato que FHC assinou o Decreto 2.745, que enquadrava a Petrobras no regime de licitações simplificadas, aquele sistema que permite aprovar licitações por meio de carta-convite, que muitos estudiosos apontam como origem do futuro "Clube das Empreiteiras" denunciado na Lava-Jato.

Como disse Janot, o presidente estava cuidando de seu futuro, naquele jantar. Dali por diante, os empresários foram cuidar de seu presente, não apenas com o governo do PT, mas também junto aos governos estaduais do PSDB, que nunca mais teve acesso a obras federais. A maior obra de saneamento do país, hoje, está sendo construída em São Paulo, por outro presente no jantar de 2002 — a Odebrecht. Ela também participa da linha 6 do metrô de São Paulo. Também ficou com um dos lotes da Cidade Administrativa, principal investimento da gestão Aécio Neves. A Camargo participou do Rodoanel Mário Covas e da linha lilás do metrô.

Conforme o *Estado de S. Paulo*, entre 2007 e 2013 as vinte e uma maiores empresas investigadas na Lava-Jato repassaram R$ 571 milhões para campanhas eleitorais de petistas, tucanos, peemedebistas. Desse total, 77% saíram dos cofres das cinco maiores, que estão no centro das investigações: Andrade Gutierrez, Queiroz Galvão, Camargo Corrêa, Grupo Odebrecht e OAS. Segundo o levantamento, o Partido dos Trabalhadores ficou com a maior parte, o que não é surpresa. As doações ocorreram depois da reeleição de Lula. Cobrem aquele período do calendário político, no qual Dilma Rousseff conquistou o primeiro mandato, e Fernando Haddad venceu as eleições municipais de São Paulo. Mas o PSDB não ficou muito atrás. Embolsou 42% do total.

O empreiteiro Ricardo Pessoa chegando a sede da Polícia Federal, em Curitiba

CAPÍTULO 26.
27 DE JUNHO DE 2015

DELAÇÃO COM ALGUMA UTILIDADE

Delação premiada de dono da UTC mostra que dinheiro de empreiteiras entra no cofre dos grandes partidos e lembra como foi errado o Congresso derrubar a mudança nas leis de financiamento de campanha

O fato mais surpreendente na lista de políticos e autoridades beneficiadas pelas doações da empreiteira UTC, reveladas pela *Veja* neste fim de semana, consiste na linha de defesa da oposição.

Como nós sabemos, a denúncia inclui vários políticos, de vários partidos e até mesmo o advogado Tiago Cedraz, filho de Aroldo Cedraz, presidente do Tribunal de Contas da União, o TCU. Tiago é acusado de receber R$ 50 mil mensais em troca de informações privilegiadas. No total, mês a mês, embolsou R$ 2 milhões. Ricardo Pessoa também disse que o advogado negociou a compra de uma sentença favorável em Angra 3 por R$ 1 milhão. Segundo a denúncia, o relator Raimundo Carreiro recebeu o dinheiro, intermediado pelo filho do presidente do tribunal.

Sim: estamos falando da mesma corte que ameaça questionar as contas de Dilma Rousseff por causa de operações contábeis conhecidas como pedaladas. Quanta credibilidade, não é mesmo? Gente séria, rigorosa. Não perdoa nem problemas contábeis, que nada têm a ver com desvio nem suborno. E agora?

Outro aspecto é que o esforço para transformar a delação de Ricardo Pessoa num escândalo contém um aspecto ridículo. O *site Contas Abertas* revela que o candidato do PSDB Aécio Neves recebeu, em 2014, R$ 1,22 milhão a mais da empreiteira, do que Dilma Rousseff. A vida é assim na República Lava-Jato. Enquanto Aécio embolsa uma verba 15% maior, o escândalo e a pancadaria vão para Dilma e seu tesoureiro, Edinho Silva. Ninguém fica com vergonha?

O caso é que há outros beneficiados importantes na oposição. Um deles é o senador paulista Aloysio Nunes Ferreira, do PSDB. Sua campanha levou R$ 200 mil em 2010. Já o deputado mineiro Júlio Delgado, do PSB, um dos mais ativos campeões da moralidade no Congresso, recebeu R$ 150 mil em 2014. A revista diz que foi pagamento por um favor que ele prestou ao empreiteiro no Congresso. Júlio foi relator da cassação de José Dirceu em 2005. Procure um fato objetivo na acusação contra Dirceu. Só vai encontrar retórica. Tanto Aloysio como Delgado esclarecem que foram doações legais, registradas na Justiça Eleitoral. Não há razão para duvidar. Até que se prove o contrário, essa explicação deve ser vista como verdadeira e não deve ser questionada. Por que não seria?

O problema é que as campanhas do PT também possuem documentos que permitem sustentar a legalidade das doações que o partido recebeu. As cifras, CPFs e todos os dados necessários estão lá. Não só as formalidades foram cumpridas, as contas do partido foram aprovadas pelo TSE.

A dificuldade política da oposição consiste numa questão essencial: manter o discurso da moralidade, que implica rejeitar como mentira toda explicação apresentada pelos adversários e, ao mesmo tempo, tentar nos convencer que, no caso de seus aliados, a história é outra, ainda que os argumentos sejam os mesmos e a situação real seja igual. "Estão querendo misturar o joio e o trigo", reagiu Delgado. Aloysio foi defendido por Aécio Neves, de quem foi companheiro de chapa em 2014. Aécio declarou que a situação do vice é totalmente diferente daquela dos petistas investigados na Lava-Jato. Por quê?

A tese da oposição é uma forma de pedantismo ético. Dizem: nossa turma é gente de bem e a outra parte não presta. Será possível? Parece que não custa tentar. O truque é forçar a barra contra uns e aliviar contra outros. Basta lançar suspeitas, que os jornais reproduzem alegremente, em seu esforço para manter o lamaçal de todas as manhãs no país.

Com o tempo, cria-se um clima, uma imagem. Ninguém achou estranho que, além de um depósito na conta da campanha, Aloysio Nunes Ferreira tenha recebido mais R$ 200 mil em dinheiro vivo, segundo a revista. Não é necessariamente estranho. Dinheiro vivo é mercadoria sempre útil numa campanha, que é feita de despesas miúdas com cabos eleitorais, lanche, pequenas viagens, compra de material em locais diferentes. Imagine se fosse na campanha do outro Aloizio.

Um dos responsáveis pela força-tarefa do Ministério Público encarregada da Lava-Jato lançou, dias atrás, a teoria de que os tesoureiros do Partido dos Trabalhadores não recebem contribuições de campanha — mas usam a legislação eleitoral para lavar as propinas embolsadas. Ou seja: a sugestão não é que seja um partido político, que precisa de recursos para fazer campanhas, pagar funcionários, contratar marqueteiros e cabos eleitorais, programar viagens e assim por diante. A sugestão é que se trata de uma "organização criminosa". Já os outros são tão limpos, honestos, que nem sequer são investigados. Para quê?

Estamos chegando lá. Você entendeu.

Em 1922, meses antes de Benito Mussolini assumir o governo da Itália, seus aliados distribuíam manifestos nos seguintes termos: "É hora de terminar com as patranhas propagadas pelo governo e com as medidas adotadas por essa canalha, massa de cornos, de corruptos, que acreditam nos governar".

Para entender o que ocorre, talvez seja útil pedir ajuda à professora Maria Sylvia de Franco, autora de *Homens livres na ordem escravocrata*.

Ela foi colega de turma de Fernando Henrique, aluna de Florestan Fernandes. Na obra, clássico da sociologia brasileira, descreve um país no qual o domínio de uma elite social se perpetua sem ameaças desde os tempos coloniais, onde "o estado é visto e usado como 'propriedade' do grupo social que o controla". Para a professora, o "aparelho governamental nada mais é do que parte do sistema de poder desse grupo, imediatamente submetido à sua influência, um elemento para o qual se volta e utiliza sempre que as circunstâncias o indiquem como o meio adequado. Só nesta qualidade se legitima a ação do estado".

Um estado que "só se legitima" quando serve ao grupo que o controla desde sempre tem uma forma específica de atuar: precisa estabelecer as diferenças entre os cidadãos a partir de seus direitos. Deve hierarquizar, premiar os escolhidos e perseguir os pequenos e os excluídos. Essa situação explica mistérios de nossos paladinos da ética — a começar pelo mensalão PSDB-MG, que até hoje não foi sequer julgado. Ou a turma do metrô paulista, cujo pedido de investigação da justiça da Suíça ficou esquecido na gaveta errada de um procurador.

Num estado que legitima pela reprodução de direitos desiguais, nem é preciso manter as aparências.

A questão real é outra e não custa lembrar que se perdeu, há exatamente um mês, uma oportunidade de modificar as regras de financiamento de campanha, que alimentam o aluguel dos poderes públicos pelo poder econômico — fundamento de toda corrupção política.

Todos sabem que vivemos num país onde o dinheiro de empresas privadas tornou-se o principal combustível das campanhas eleitorais — de todos os partidos. Na medida em que a democracia não impõe barreiras ao poder econômico, ele cumpre sua vocação conhecida na lei da selva: avançar, dominar, submeter. Com o passar dos anos, a consolidação das regras democráticas que asseguram que o povo tem o direito de votar para presidente criou um sistema mais estável, mais profissional — e mais caro.

É natural, portanto, que os recursos de empresas com interesses no estado — como empreiteiras, por exemplo — sejam destinados a políticos e partidos que possam lhes prestar serviços úteis. Divulgou-se uma lorota recente de que as contribuições ao PT seriam mais nocivas porque só quem está no governo federal tem condições de retribuir pelos recursos que recebe. Os outros partidos seriam inocentes, segue a lenda, até por falta de oportunidades.

É bom saber que a Constran, empresa do grupo UTC, é uma das rainhas de obras no estado de São Paulo, berço político dos Aloysios. A Constran participou de quatro linhas do metrô — azul, vermelha, verde e lilás — obra lendária por denúncias permanentes e apurações nulas. Não é só. Em 2013, o governador Geraldo Alckmin inaugurou uma penitenciária em Cerqueira César, interior do estado. Obra da Constran.

Um exame da partilha de recursos eleitorais da UTC-Constran mostra que, no mesmo ano em que entregou R$ 500 mil para Mercadante, a empreiteira deu R$ 1,4 milhão para a campanha de Alckmin.

Nada disso torna Geraldo Alckmin, Aloysio Nunes Ferreira ou Júlio Delgado culpados de qualquer coisa. Da mesma forma que a revelação de que Aloizio Mercadante, que recebeu doações eleitorais da UTC em 2010, não pode ser vista como prova de mau comportamento.

Entre 2007 e 2013, petistas e tucanos receberam a maior parte das contribuições financeiras das empresas denunciadas na Lava-Jato. Isso porque ambos atuam no mesmo jogo, com as mesmas regras. Só é complicado querer definir uma seleção moral entre uns e outros. Até porque a oposição acaba de demonstrar à luz do dia, para todo mundo saber, seu apego profundo pelo dinheiro privado e por aquilo que representa.

Quando a Câmara dos Deputados rejeitou um projeto de reforma constitucional que transformava as contribuições privadas em direito assegurado pela Constituição, a bancada do PSDB se mobilizou para mudar a situação. Convocou dois parlamentares que haviam preferido se abster, na primeira vez, para garantir apoio numa segunda decisão. Os tucanos nem sequer tiveram pudor de afrontar a Constituição que, em seu artigo 60, proíbe expressamente que uma mesma matéria seja votada duas vezes num mesmo ano legislativo — o que deveria obrigar que a emenda fosse reapresentada em 2016, se fosse o caso.

Sem que a maioria dos brasileiros se desse conta, foi assim que se produziu um fato político notável — a derrota de um dos únicos projetos de reforma política que, nascido como uma resposta construtiva aos protestos insurrecionais de junho de 2013, esteve perto de se transformar em realidade.

Adotado por um conjunto de entidades representativas, como a OAB, CUT, UNE, apoiado por 7 milhões de assinaturas recolhidas no país inteiro, uma emenda popular à Constituição que proibia a contribuição de empresas atravessou a porta do Supremo, ganhou maioria do plenário e só não se tornou cláusula constitucional porque o ministro Gilmar Mendes paralisou a decisão por meio de um pedido de vistas, que suspendeu a decisão até que Eduardo Cunha tenha tempo para articular a votação no Congresso.

CAPÍTULO 27.

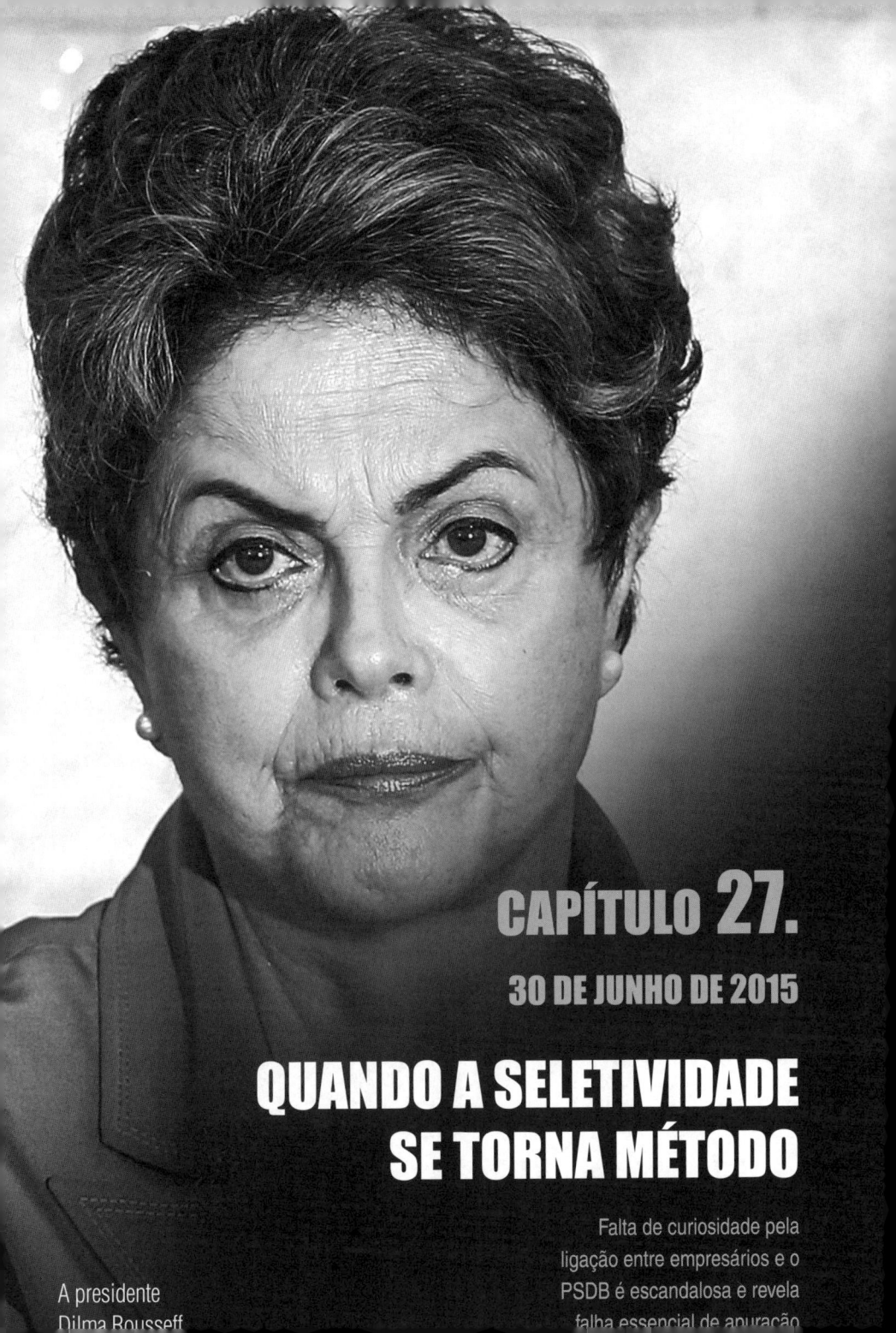

30 DE JUNHO DE 2015

QUANDO A SELETIVIDADE SE TORNA MÉTODO

Falta de curiosidade pela ligação entre empresários e o PSDB é escandalosa e revela falha essencial de apuração

A presidente
Dilma Rousseff

Sempre que a seletividade das investigações da Lava-Jato se torna um fato evidente como a silhueta do Pão de Açúcar na paisagem do Rio de Janeiro, aliados do juiz Sergio Moro sacam um argumento conhecido: "um crime deve ser tolerado só porque outros o praticam?".

Inteligente na aparência, esse argumento tenta esconder uma verdade mais dura, inaceitável. Vivemos num país onde a seletividade não é um acaso — mas um método.

Essa visão benigna do problema ressurgiu nos últimos dias, quando a delação premiada de Ricardo Pessoa, mesmo voltada para produzir provas e acusações contra o governo Dilma, Lula e o Partido dos Trabalhadores, não pôde deixar de jogar luzes sobre a campanha do PSDB e outros partidos de oposição.

Os recursos estão lá demonstrando que Aécio Neves recebeu mais dinheiro do que Dilma. Que Aloysio Nunes Ferreira levou uma parte em cheque, a outra em dinheiro vivo. Júlio Delgado, o relator da cassação de dois parlamentares — José Dirceu e André Vargas — foi acusado de embolsar R$ 150 mil de uma remessa maior enviada a Gim Argello para enterrar uma das diversas CPIs sobre a Petrobras. Será a mesma que permitiu ao senador Sérgio Guerra, então presidente do PSDB, levar R$ 10 milhões, uma quantia sessenta e seis vezes maior que a de Delgado, para fazer a mesma coisa? Ou essa era outra CPI?

Não sabemos e dificilmente saberemos. A presença de altas somas nos meios políticos é uma decorrência natural das regras de financiamento de campanha, criadas justamente para que os empresários sejam recebidos de portas abertas pelos partidos e candidatos, com direito às mesuras merecidas por quem carrega uma mercadoria tão essencial, não é mesmo?

Não custa lembrar: justamente o PSDB foi responsável pela entrega de votos essenciais para a manutenção das contribuições de empresas privadas em campanhas eleitorais. Os tucanos gostam tanto desse tipo de coisa que, quando ocorreu uma segunda votação, na última chance para se conservar o sistema, até os dois parlamentares — só dois, veja bem — que se abstiveram na primeira vez foram chamados a fazer sua parte e não se negaram a participar de uma manobra que, além de tudo, tinha caráter anticonstitucional. O PT, seletivamente investigado na Lava-Jato, votou contra. Não é curioso? Não seria muito mais proveitoso entender o imenso interesse tucano pelo dinheiro dos empresários, os mesmos, exatamente os mesmos, que agora são interrogados e presos por longos meses depois que resolveram ajudar o PT?

Isso acontece porque a seletividade não é um acidente de percurso. Está na essência de investigações de grande interesse político — como a Lava-Jato, a AP 470 — porque não interessa investigar todo e qualquer suspeito num país onde o estado "se legitima" quando atua em defesa do "grupo dominante", nas palavras da professora Maria Sylvia Carvalho Franco. Quando você escolhe o alvo e seleciona o inimigo, a regra de que todos são iguais perante a lei, qualquer que seja sua raça, origem social ou credo, só atrapalha o serviço. A igualdade deve ser substituída pela seletividade.

No Brasil colônia, a coroa portuguesa procurava hereges que pudessem ser julgados pela inquisição. Eles eram procurados até nos banheiros, acusados de proferir blasfêmias que ofendiam a Igreja Católica. Localizados e presos, eram conduzidos a Portugal, aprende-se nos relatos do livro *Tempo dos Flamengos*, do pesquisador José Antônio Gonsalves (com "s" mesmo) de Mello. Esse tratamento, brutal, inaceitável, era coerente com um regime absolutista, no qual homens e mulheres eram desiguais por determinação divina. A seletividade fazia parte natural das coisas.

Em tempos atuais, em que a democracia é um valor universal, é preciso escolher muito bem os alvos e ter noção de seu significado. Quem legitima a escolha? Os meios de comunicação, a principal correia de transmissão entre as ações do estado e o conjunto da sociedade, que também espelha o ponto de vista do mesmo "grupo dominante".

Não vamos esquecer que os mesmos jornais e revistas que hoje glorificam Sergio Moro e, em 2012, endeusaram Joaquim Barbosa também aplaudiram o delegado Sérgio Paranhos Fleury e outros torturadores que eram apresentados como caçadores de terroristas. Questão de momento, vamos combinar.

Ulisses Guimarães, o presidente do Congresso, em 1988

CAPÍTULO 28.
5 DE JULHO DE 2015

SUPREMO PRECISA CUMPRIR SEU PAPEL E GARANTIR DIREITOS FUNDAMENTAIS

Para responder ao atual momento do país, STF não precisa ser mais do que é. Também não pode ser menos. Basta cumprir a missão essencial de defender a Constituição

(Escrito em outubro, o texto que você vai ler a seguir é uma versão inteiramente reescrita do original, de julho de 2015.)

Ao intervir no debate sobre regras criadas pelo deputado Eduardo Cunha para o encaminhamento do pedido de *impeachment* contra a presidente Dilma Rousseff, dois ministros do Supremo Tribunal Federal, Teori Zavascki e Rosa Weber, produziram dois resultados a partir de uma só iniciativa.

A decisão gerou um curto-circuito nas articulações destinadas a pedir o afastamento da presidente, que agora seguem um novo curso, que terá de oferecer respostas às decisões dos dois ministros. O outro efeito é uma mensagem política clara.

"*Impeachment* é um desastre e só deve ocorrer em último caso", explicou o jurista Dalmo Dallari, em entrevista ao programa Espaço Público. Para Dallari, as regras para o *impeachment* foram construídas com base no respeito absoluto pelo voto popular. Sua finalidade é garantir que o afastamento de um presidente só possa ocorrer no fim de um processo apoiado em provas incontestáveis e maiorias sólidas. Desse ponto de vista, explicou, não se pode querer afastar uma presidente, sem fatos que a vinculem diretamente a atos criminosos, o que não se apontou contra Dilma. Muito menos se pode aceitar acusações improvisadas, acrescentou, referindo-se a um episódio ocorrido na véspera.

Em busca de fatos ocorridos em 2015, sem os quais a denúncia não atenderia ao artigo 86 da Constituição ("O Presidente da República, na vigência de seu mandato, não pode ser responsabilizado por atos estranhos ao exercício de suas funções") a oposição incluiu um "adendo" ao pedido de *impeachment*. Tenta Dilma por "pedaladas fiscais" que teriam ocorrido no BNDES, numa apuração que nem sequer foi concluída, nas contas de um ano que nem terminou. A denúncia incluída no "adendo" saiu do chamado Ministério Público de Contas. Órgão de assessoria do Tribunal de Contas da União, a existência do MP de Contas nem é reconhecida pela Constituição, que fala em Ministério Público Federal, MP Militar, MP dos Estados e do Distrito Federal — e só.

O mesmo TCU, por sua vez, só é Tribunal no nome. Não passa de um órgão de assessoria do Poder Legislativo. Não é formado por juízes concursados, mas por políticos em busca de uma segunda carreira e seus aliados.

A decisão essencial de Teori Zavascki e Rosa Weber, ontem, é parte de uma história com várias incertezas, com avanços e recuos. Devolve o STF a seu papel original, como responsável pela defesa das garantias fundamentais previstas na Constituição.

Assim, numa postura prejudicial aos réus, o STF escudou-se numa visão rigorosa da Súmula Vinculante 691, que define regras particularmente restritivas para a concessão de *habeas corpus*, quando poderia ter assumido uma atitude mais flexível, capaz de atender ao pleito de réus aprisionados por meses, sem culpa formada, como o próprio STF fez em outras ocasiões, em casos igualmente de grande repercussão.

Já diante da Súmula 14, que garante a todo réu "o acesso amplo a todos os elementos de prova", o Tribunal agiu conforme uma postura contrária. Aceitou uma interpretação flexível mas no sentido oposto: permitiu-se negar, em casos particulares, aquilo que a súmula determina como regra geral.

As primeiras mudanças se tornaram visíveis em setembro, quando o Tribunal retomou os debates sobre financiamento de campanha, interrompidos um ano e meio antes.

A maioria do STF era favorável a proibir as contribuições de empresa e sabia que, ao contrário de qualquer medida que pudesse beneficiar os réus da Lava-Jato, essa decisão teria amplo apoio popular. A mudança era um debate resolvido pela sociedade brasileira, apoiada por 70% da população. Ainda que a popularidade de uma lei não possa ser vista como critério fundamental para sua aprovação, a memória traumática da multidão no alambrado do STF, em junho de 2013, ainda não se dissipara.

Outro elemento era o pedido de vistas de Gilmar Mendes. Ao segurar a decisão por um ano e cinco meses, Gilmar irritou e humilhou colegas de plenário, que passaram a ser questionados por interlocutores que cobravam a necessidade de reagir diante de um ministro que conseguia — sozinho — submeter a mais alta corte do país sua vontade.

Com base na decisão, afinal vitoriosa por 8 a 3, Dilma Rousseff teve respaldo para vetar um projeto enviado pelo Congresso que avançava na direção contrária, mantendo o financiamento privado. A obra política e jurídica de Lewandowski foi aprovar a proibição do financiamento de empresas dentro de uma janela legal — aquele período em que a presidência da República é autorizada a vetar um projeto aprovado pelo Congresso.

A decisão trouxe uma novidade na Praça dos Três Poderes. Deixou claro que nem o Supremo nem a Presidência estariam obrigatoriamente sós quando enfrentassem Eduardo Cunha, o bloco de oposição no Congresso e sua face mais visível no Judiciário, Gilmar Mendes, cada vez mais próximo da força-tarefa da Lava-Jato.

O desmembramento da Lava-Jato, anunciado na semana seguinte, foi possível sob novos ares. O Supremo acumulara força política para assumir a missão fundamental, que é defender os direitos constitucionais diante da ação do Estado, mesmo que tivesse de enfrentar críticas adversas, muitas vezes poderosas.

Três semanas depois do desmembramento, Teori Zavascki e Rosa Weber examinaram os recursos contra as regras para o encaminhamento do pedido de *impeachment* elaboradas por Eduardo Cunha. Entre elas, destacava-se o esforço para criar facilidades indevidas para o andamento do processo, como exigir apenas maioria simples, em vez de 2/3, para a abertura de uma investigação contra a presidente. Bastaria encontrar uma maioria eventual no plenário, aprovar a abertura do caso às pressas e iniciar uma campanha para intimidar o Congresso.

Numa sentença especialmente dura, Rosa Weber escreveu a Cunha que "se abstenha de analisar qualquer denúncia de crime de responsabilidade contra a presidente da República até o julgamento do mérito deste mandato de segurança".

A decisão apanhou governo e oposição de surpresa. Os dois lados imaginavam que naquele dia começariam a correr atrás de Eduardo Cunha e responder a suas iniciativas. O STF não mudou o jogo, mas exigiu respeito às regras democráticas, preservando a soberania popular e a Constituição. Também abriu espaço para que a Câmara resolvesse o que pretende fazer com um presidente que tenta investigar uma presidente sem dar respostas convincentes para quatro contas de US$ 5 milhões na Suíça. Pode?

CAPÍTULO 29.

13 DE JULHO DE 2015

POLÍCIA FEDERAL ADMITE QUE NÃO CONSEGUE PROVAR O QUE É PROPINA E O QUE É DOAÇÃO DE CAMPANHA

Policiais da PF executam mandados de busca e apreensão em uma das fases da Operação Lava-Jato

Uma questão essencial numa investigação que teve início em 2006, o problema é tentar distinguir quem agiu dentro da lei e quem cometeu crimes. Não se sabe disso, ainda — nove anos depois das primeiras investigações da Lava-Jato

O ponto essencial da Lava-Jato ainda está para ser esclarecido, informa editorial da *Folha de S.Paulo* intitulado "Doação ou Propina", publicado há dois dias.

Questão essencial numa investigação que teve início em 2006, o problema é tentar distinguir quem agiu dentro da lei e quem cometeu crimes. Não se sabe disso, ainda — nove anos depois das primeiras investigações da Lava-Jato.

Não sou eu quem diz. Nem a *Folha de S.Paulo*. É a Polícia Federal. E é um fato tão surpreendente que permite entender porque, na falta de elementos reais para sustentar o que diz, a acusação já esteja apelando para a velha teoria do domínio do fato, conforme denuncia Renato Mello Jorge da Silveira, que é somente vice-diretor da Faculdade de Direito da Universidade de São Paulo.

Vamos por partes. O jornal reconhece no editorial que "em relatórios enviados ao Supremo Tribunal Federal, a Polícia Federal diz que, em alguns casos, dispõe de 'elementos iniciais' a indicar que a doação eleitoral foi utilizada como forma de corrupção". Além de reconhecer essa dúvida crucial, o jornal lembra que a própria PF "ressalta a necessidade de aprofundar as análises".

Pois é assim, meus amigos.

Embora a oposição faça força para colocar o *impeachment* na agenda política — não conseguiu, mas não custa tentar — na vida real, quando é preciso encarar os fatos e as provas, a Polícia Federal não consegue sustentar uma denúncia. Fala que é preciso "aprofundar as análises".

Imagine quantas análises poderiam ser "aprofundadas" sobre qualquer coisa: o PSDB, a Polícia Federal...

Há dúvidas, sim.

E você que pensava que, na dúvida, a justiça beneficia o réu. Nada disso. "Prende-se primeiro para apurar depois", já observou, com amargura crescente, o ministro Marco Aurélio Mello.

Pois o jogo é esse, ainda que seja um escândalo na consciência de toda pessoa que aprendeu que toda pessoa é inocente até que se prove o contrário.

Teria sido correto, do ponto de vista das pessoas acusadas e também do interesse do país, apurar e investigar em segredo, até que tudo estivesse esclarecido, certo? Não é isso o que se espera numa sociedade democrática?

Claro que não haveria o carnaval, nem teria sido possível usar denúncias da Lava-Jato como um balão de oxigênio para uma candidatura geneticamente raquítica, vamos combinar.

A dificuldade para distinguir o certo do errado, o legal do ilegal, consiste em saber onde se encontra a fronteira entre uma coisa e outra quando se trata de financiamento de campanha de empresas privadas. A realidade é que estamos falando de um universo promíscuo que prevê e autoriza a mistura de interesses públicos e privados.

Embora o assunto seja uma eleição, o ponto essencial não é preferência política, muito menos ideologia. Mas dinheiro.

É essa a legislação em vigor no Brasil em 2014, em 2010, em 2006 — e ela acaba de ser confirmada pela Câmara, não é mesmo?

Chego a achar graça quando leio a transcrição de diálogos — reconstituídos pela memória ativada de quem passou meses de cadeia que podem se transformar em décadas em caso de pena integral — em tom dramático, que procuram incriminar quem pede e inocentar quem paga. Estamos falando de quem negocia bilhões de reais, para cá e para lá. Dinheiro puro, sem ideologia. Vamos falar em cortesia e boas maneiras?

O jogo sempre foi este e é para ser este: pedir e prometer, pagar e esperar. É assim na campanha. Depois da contagem dos votos, a situação se inverte. Quem pagou se faz de difícil e ameaça atrasar a obra diante de qualquer dificuldade — que pode ser inventada. Quem está no governo precisa se virar para não perder prazos nem ser denunciado como suspeito.

Eu acho errado, do ponto de vista político. Implica negar a democracia como aquele regime no qual um homem = um voto. Também é absurdo, quando se pensa na imensa força que grandes grupos econômicos adquirem nos assuntos de estado. Mas é o jogo, a lei. Ela não veio para esclarecer, mas para confundir.

É assim nos Estados Unidos, onde vigora a legislação que serve de modelo à brasileira. Lá, e aqui, o que se quer é construir um toma--lá-dá-cá autorizado. É uma conversa que pode ser tão perigosa e constrangedora que, nas convenções partidárias dos partidos políticos norte-americanos, grandes empresas pagam dezenas de milhares de dólares só pelo direito de sentar-se, num ambiente à meia-luz, no qual não é possível reconhecer quem se senta na mesa ao lado, apenas para falar de contribuições eleitorais e investimentos de campanha.

Nessa situação, onde é difícil provar o que se diz, não surpreende que tenha surgido, na Lava-Jato, uma versão da conhecida teoria do "domínio do fato", que serviu para justificar condenações sem prova na Ação Penal 470.

Quem explica é Renato Mello Jorge da Silveira, professor titular de Direito Penal da Faculdade de Direito da Universidade de São Paulo, vice-diretor daquela instituição. "O fim, que nunca justifica os meios, agora se equivoca também em suas premissas", escreve o professor, num texto obrigatório, intitulado "O ilegítimo e o ilegal", onde sustenta que as duas qualificações cabem à Lava-Jato.

O professor mostra que as acusações contra empresários não se sustentam sem a cumplicidade de quem ouve o argumento, pois faltam provas consistentes para sustentar o que se diz. Diz o professor que para sustentar uma acusação contra executivos e sócios de empresas denunciadas "basta afirmar que não tomaram 'qualquer providência' no sentido de impedir o resultado supostamente criminoso, o que já seria indicativo do envolvimento da cúpula diretiva". Citando documentos da acusação, observa que chega-se a dizer que "parece inviável" que o esquema criminoso "fosse desconhecido pelos presidentes das duas empreiteiras".

A suposição lastreada, em tese, no papel dos dirigentes presume um dever de vigilância que beira um Direito Penal da omissão, o qual se mostra para além do ilegítimo. Enfim, parece pretender se utilizar, na busca de uma punição antecipada, recursos que, sozinhos, são carecedores de legitimidade.

CAPÍTULO 30.
16 DE JULHO DE 2015

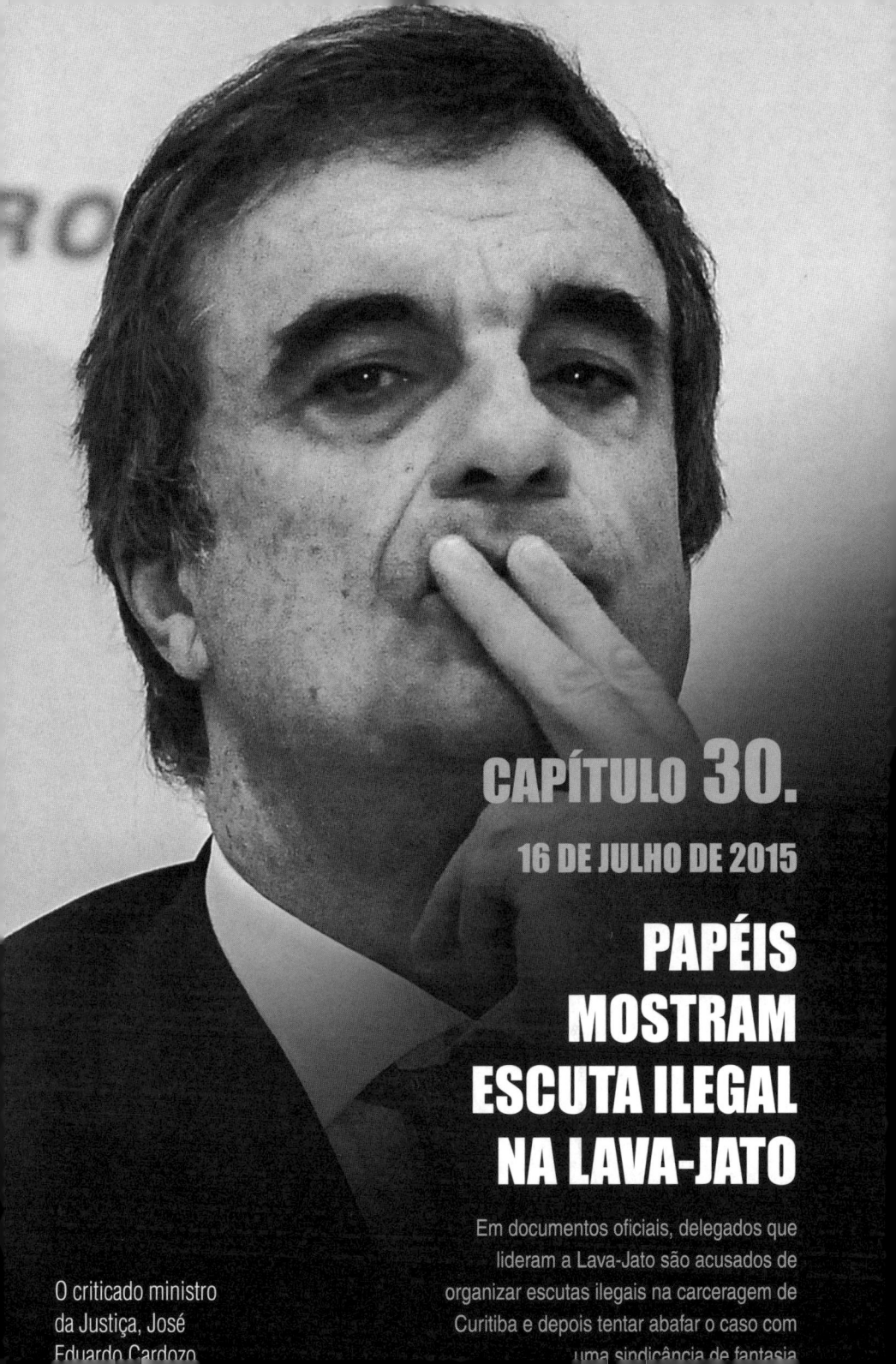

PAPÉIS MOSTRAM ESCUTA ILEGAL NA LAVA-JATO

Em documentos oficiais, delegados que lideram a Lava-Jato são acusados de organizar escutas ilegais na carceragem de Curitiba e depois tentar abafar o caso com uma sindicância de fantasia

O criticado ministro da Justiça, José Eduardo Cardozo

O *Portal 247* teve acesso a um conjunto de documentos que apontam fatos graves e inaceitáveis sobre escutas telefônicas realizadas na carceragem da Polícia Federal, em Curitiba. Chamado para prestar depoimento sobre o assunto na CPI da Petrobras, o ministro da Justiça, José Eduardo Cardozo — a quem a Polícia Federal está subordinada, ao menos formalmente —, disse que é muito cedo para tomar qualquer medida contra os envolvidos. Apesar do esforço oratório do ministro, o discurso não agradou.

"Ou o ministro está sendo iludido por seus subordinados, e aí temos um caso de quebra de confiança. Ou então ele sabe o que está acontecendo e não cumpre a obrigação de pelo menos afastar os acusados até que tudo seja esclarecido", afirma o deputado Aluísio Mendes (PSDC-MA), que foi secretário de Segurança Pública no governo de Roseana Sarney no Maranhão e agente da Polícia Federal por 25 anos. Aluísio Mendes se declara eleitor de Aécio Neves em 2014 e de Geraldo Alckmin em 2006.

Em declarações firmadas e rubricadas pelos próprios colegas, delegados são apontados em atitudes de desrespeito à lei. Também são acusados de tentar incriminar, deliberadamente, pessoas inocentes, num esforço para acobertar os verdadeiros envolvidos. Num dos documentos, o delegado Mário Renato Castanheira Fanton questiona a capacidade do núcleo de delegados que dirige a Polícia Federal do Paraná de conduzir uma operação de forma "isenta e justa, não para punir os inimigos da administração, mas sim os verdadeiros criminosos".

Num despacho de trinta e sete itens, Fanton, que em 2014 foi deslocado de Bauru (SP) para Curitiba, a fim de investigar uma denúncia de vazamentos sobre a Lava-Jato, revela que acabou se deparando com fatos muito mais sérios e escandalosos.

Em abril de 2014, Alberto Youssef denunciou haver encontrado um aparelho de escuta ambiental na cela 5 da carceragem, que dividiu por alguns dias com o ex-diretor de abastecimento da Petrobras, Paulo Roberto Costa. Na época, Youssef deixou-se fotografar, magro e barbudo, no parlatório da Polícia Federal, pelo celular de seu advogado, com o aparelho de escuta na mão. A denúncia ocorreu numa etapa inicial da Operação. Ninguém falava, então, em "maior escândalo da República". Parecia apenas uma investigação sobre lavagem de dinheiro, envolvendo um doleiro que operava num posto de gasolina de Brasília, um grande doleiro com conexões internacionais e um ex-diretor da Petrobras que ninguém sabia direito o que estava fazendo na história.

O grampo gerou poucas linhas nos jornais, mas quatro meses depois um despacho interno da Polícia Federal de Curitiba, de vinte laudas, sustentava que a denúncia se baseava em provas falsas. Alegou-se que aquele grampo exibido por Youssef era pura encenação. Estava fora de uso e havia sido empregado para fazer escuta na mesma cela 5, mas em outro momento: no final da década passada, quando ali ficou preso o traficante Fernandinho Beira-Mar. No despacho, cuidou-se de lembrar também que tudo aquilo que dizia respeito a esse grampo estava em ordem e dentro da lei. Foram reproduzidos, inclusive, trechos do documento no qual o juiz Odilon de Oliveira, do Mato Grosso do Sul, autorizava a escuta na cela do preso Beira-Mar. Também se disse que a própria polícia — e não Youssef — havia descoberto o aparelho de escuta, ao entrar na carceragem para atender uma emergência — um funcionário que sofrera um princípio de enfarte. A explicação parecia verossímil e logo recebeu crédito dos meios de comunicação. Havia um problema, porém: as pessoas, os fatos e as datas não batiam.

A possível credibilidade de que a escuta servira para monitorar um dos maiores traficantes brasileiros foi a óbito depois que o delegado Fanton fez uma pesquisa nos arquivos da Polícia Federal de Curitiba. Na ocasião, ele descobriu, por meio de uma nota fiscal eletrônica, que o equipamento só dera entrada na Polícia Federal do Paraná seis meses depois que Fernandinho Beira-Mar foi encaminhado para cumprir pena em presídio. Pela nota, Fanton pôde observar que, durante o período em que Beira-Mar ficou prisioneiro, a escuta nem "sequer existia para a Polícia Federal".

O ponto crucial, que tornava tudo muito mais grave, envolvia a legalidade da operação. A versão de que a escuta se destinava a acompanhar Beira-Mar tinha o respaldo do juiz de Mato Grosso do Sul. Mas não havia autorização judicial para escuta na carceragem de Youssef ou Paulo Roberto Costa. Assim, uma derrapagem banal podia se transformar num crime sério, capaz até de anular a investigação, conforme jurisprudência firmada pelo próprio Supremo Tribunal Federal em vários casos anteriores.

A primeira pessoa da Polícia Federal a saber da denúncia de Youssef foi um delegado da Polícia Civil do Paraná, a quem o advogado contou o que acontecera em sua última visita. A primeira atitude do delegado foi ligar para a Polícia Federal, informando tudo. Colocou-se em movimento, então, uma máquina que, conforme os documentos obtidos pelo *Portal 247*, destinava-se a minimizar estragos, diminuir prejuízos, questionando provas e testemunhos.

Naquele ponto, o agente Dalmey Fernando Werlang, que havia instalado o grampo, estava em Belo Horizonte, trabalhando em outro caso. Localizado pelo *whatsapp*, Dalmey recebeu uma foto por mensagem de outro agente, em Curitiba, perguntando se reconhecia o equipamento que fora colocado na cela. Dalmey respondeu que sim. Depois de retornar a Curitiba, ele recebeu em sua sala o delegado Igor Romário de Paula, o chefe da Operação Lava-Jato, que queria falar sobre o equipamento de escuta.

Conforme Dalmey registrou num "Termo de Depoimento" — rubricado e assinado —, o próprio Igor estivera em sua sala, um ano antes, em companhia de outros dois delegados, para determinar que fizesse a instalação: um deles, Márcio Adriano Anselmo, estava envolvido diretamente na Lava-Jato, o outro era Rosalvo Franco, o próprio superintendente da Polícia Federal no Paraná.

Num ponto da conversa, depois que a foto de Youssef saiu nos jornais, Dalmey perguntou a Igor se havia "alvará". Diz que recebeu a seguinte resposta: "Pior é que não". Em outros depoimentos, o agente repetiu o mesmo diálogo, com exatamente as mesmas palavras. Foi somente ali, sustenta Dalmey, que ele "tomou ciência" de que a escuta a ele pedida "era clandestina/ilegal".

Dalmey também descreve a rotina que seguiu enquanto a escuta esteve ativa. Era um equipamento moderno, que podia ser ligado ou desligado por controle remoto. A cada 24 horas, ou no máximo 48 horas, ele mesmo baixava os arquivos eletrônicos da escuta na cela e transferia as informações para um *pen-drive*, que entregava ao delegado Márcio Anselmo. Quando este não podia receber, o arquivo era entregue à delegada Erika Marena.

Nos dias seguintes à conversa com Igor Romário, Dalmey soube que fora aberta uma sindicância interna sobre o caso. Afirma que esperava ser ouvido, pelo papel central que desempenhara, mas isso não aconteceu. Como se nada tivesse a ver com aquilo, apenas lhe pediram "um tipo de consulta técnica" sobre as condições de funcionamento do aparelho, que lhe permitiu confirmar que o equipamento já se tornara imprestável para uso. Era uma constatação até óbvia, pois tal equipamento já tinha sido destruído por Youssef. Ainda assim, ajudava a sustentar a versão de que a escuta no período Lava-Jato era pura fantasia.

Dalmey tinha muito mais a dizer, mas nunca lhe perguntaram. Na Polícia Federal desde 2003, ele também havia instalado a escuta que monitorou Fernandinho Beira-Mar.

Dalmey é visto como um dos melhores especialistas em escutas ambientais em atividade na Polícia Federal. Fez cursos no exterior e era requisitado para missões fora do Paraná. Na viagem a Belo Horizonte, havia instalado uma escuta — autorizada pela Justiça — no gabinete de um juiz suspeito. No caso da Lava-Jato, era uma peça-chave.

No termo de depoimento, dá nome de três agentes que, em circunstâncias diversas, foram colocados a par da instalação na cela 5.

O delegado Fanton foi levado a Curitiba para apurar as origens de denúncias de vazamentos sobre a Lava-Jato que chegavam aos meios de comunicação. Naquele momento, os questionamentos sobre o grampo eram apenas conversas de corredor.

Fanton deixa claro em seu despacho que enfrentou problemas também para investigar os vazamentos, sempre preocupantes mas muito menos graves do que um crime de escuta. O delegado revela que logo teve a impressão de haver sido colocado no interior de um esquema de pistas e indícios já prontos, com a intenção óbvia de conduzir o trabalho na direção que Igor e outros delegados pretendiam.

Para sustentar o que dizia, Fanton exibiu um cronograma, que disse ter sido entregue por Igor. No cronograma havia nomes de mais de uma dezena de policiais, que seriam integrantes da "organização criminosa" que promovia os vazamentos, a ser investigada. Entre os nomes relacionados como "criminosos", encontravam-se desde funcionários da custódia como delegados que ocupam altos postos na hierarquia da Polícia Federal, no plano nacional. O próprio Alberto Youssef era colocado no centro da organização, como se estivesse no comando de todos eles.

Segundo Fanton, esse comportamento buscava afastá-lo dos indícios e suspeitas que lhe pareciam mais consistentes, localizados no Núcleo de Inteligência da Polícia. Esse "setor é o responsável pelo maior número de vazamentos da Superintendência regional", escreveu.

Um detalhe torna tudo mais complicado. A delegada Daniele, chefe do Núcleo de Inteligência, é casada com o delegado Igor. Não há nada ilegal no matrimônio, mas é fácil perceber que a situação assegura ao casal de policiais um protagonismo raro nos dois postos mais importantes da atividade policial naquela que muitos veem como a investigação mais importante da história da Polícia Federal brasileira.

Referindo-se ao inquérito sobre vazamentos, Fanton descreve uma situação na qual marido e mulher executam tarefas policiais em companhia de um terceiro delegado, próximo de ambos. Igor e sua esposa "foram ouvidos como testemunhas", conta. Depois, Igor profere uns "três ou quatro despachos, pedindo diligências ao Núcleo de Inteligência, na pessoa de sua esposa". Por fim, os autos foram entregues ao próprio Fanton, com os dizeres de "que o vazamento teria sido feito, provavelmente, por um agente que estava em missão no Núcleo de Inteligência Policial e que era do setor de contrainformação da DIP (Direção de Inteligência) em Brasília".

Viveiro de ciúmes, disputas profissionais comuns em corporações do setor público e do setor privado, a Polícia Federal é habitada por clãs, grupos e correntes de lealdade e inimigos jurados — em Curitiba e no resto do país. A questão é saber como os responsáveis lidam com isso.

As idas e voltas da escuta ilegal geraram grande falatório interno, como era de se imaginar. Havia os aliados e os descontentes com a chefia. A doleira Nelma Kodama, ligada a Youssef e que esteve presa em Curitiba, onde acabou condenada a 18 anos, contou que seu advogado chegou a ouvir dois agentes que externavam "indignação e revolta com os procedimentos envolvendo a Lava-Jato".

Interessado em incluir as revelações de Nelma em sua investigação, Fanton chegou a ser ameaçado por um delegado, conforme revelou, o qual disse que nesse caso "diria que tudo o que disse era mentira".

Quando fez um primeiro depoimento de caráter reservado à CPI, o agente Dalmey, lotado no Núcleo de Inteligência, comandado pela delegada Daniele, disse que foi acionado para instalar uma segunda escuta ambiental, no interior de uma lâmpada. O objetivo, dessa vez, não era ouvir suspeitos nem criminosos condenados. Obviamente, não se pensou em pedir autorização a um juiz. O que se pretendia era captar as conversas de delegados e agentes que costumavam fazer críticas à condução das investigações. Dalmey diz que esse grampo foi retirado depois que a denúncia na cela 5 se tornou um pequeno escândalo interno.

Quando as denúncias sobre o grampo surgiram, o Ministério Público saiu em defesa dos delegados:

"A população, os mais diversos setores da mídia e o próprio Poder Judiciário saberão separar os fatos, que se espera venham a surgir límpidos e claros das investigações, de outras versões, ingênuas ou até mesmo criminosas, que interesses escusos insistem em propagar."

Em agosto, o Ministério Público passou das palavras aos atos. O delegado Fanton e o agente Dalmey foram denunciados criminalmente à Justiça Federal pelo procurador Daniel Holzmann Coimbra, do Grupo de Controle Externo da Atividade Policial da Procuradoria. Com base na visão de que as denúncias de grampos ilegais eram forjadas, os dois foram acusados de "ofender a honra dos colegas" e foram enquadrados no crime de calúnia, que prevê pena de seis meses a dois anos de prisão e multa, aumentada em um terço da pena por atingir agente público no exercício da função.

Dias depois, uma reportagem do *Estado de S. Paulo* chegou a levantar "hipoteticamente" a possibilidade de que Fanton e Dalmey poderiam fazer parte de uma conspiração liderada pela empreiteira Odebrecht para atrapalhar as investigações. Segundo um policial citado pelos jornalistas, nos papéis de Marcelo Odebrecht, presidente da empresa, encontrou-se "uma referência clara à Polícia Federal, ou pelo menos a alguns de seus servidores. O empreiteiro teria a intenção de usar os 'dissidentes' para de alguma forma atrapalhar o andamento das investigações, e, se levarmos em consideração as matérias (grampo na cela, descoberta de escuta, vazamento de gás, dossiês) veiculadas nos vários meios de comunicação, nos últimos meses, que versam sobre uma possível crise dentro do Departamento de Polícia Federal, poder-se-ia, hipoteticamente, concluir que tal plano já estaria em andamento".

Escolhido por sorteio eletrônico para julgar a denúncia de calúnia, o juiz da 13ª. Vara Federal de Curitiba, Daniel Pereira Júnior, não só rejeitou a acusação do Ministério Público como foi além. Argumentou que nem o agente nem o delegado Fanton poderiam ser criticados por informar a seus superiores fatos que poderiam configurar um crime — comportamento que na verdade, todo policial tem obrigação de fazer. A argumentação do juiz deixa claro que houve, no mínimo, precipitação por parte do Ministério Público. Numa denúncia de calúnia é preciso demonstrar que houve a intenção de atingir a honra de determinada pessoa — o que só pode ser feito depois que se comprova a falsidade de uma acusação, o que estava longe de ser demonstrado.

No início de outubro, delegados envolvidos na denúncia de grampo ilegal e acusados de realizar um inquérito sob medida para não dar em nada foram chamados para depor na CPI da Petrobras. Os parlamentares queriam que fossem ouvidos na posição de testemunhas — na qual a pessoa não pode mentir.

Eles recorreram ao Supremo em busca de um *habeas corpus* para nem comparecer. O pedido foi recusado. Acabaram sendo ouvidos na posição de investigados, quando puderam exercer o direito constitucional de permanecer em silêncio — mesmo recurso empregado por vários réus da Lava-Jato, boa parte deles ouvidos em ambiente de descrédito total.

Respondendo a parlamentares da oposição que assumiram a defesa prévia dos delegados, dizendo que aquele depoimento só ajudava quem queria embaralhar as investigações, o deputado Aluísio Mendes respondeu: "Não conheço ninguém que queira impedir as investigações. A Lava-Jato está prestando um grande serviço ao país". Para o deputado, "O problema é aceitar métodos ilegais de investigação. Hoje a vítima pode ser Alberto Youssef. Amanhã pode ser qualquer pessoa, inclusive você."

Vale a pena sublinhar a expressão "dissidente", empregada diversas vezes pelos delegados acusados de grampo ilegal.

A palavra "dissidente" era típica do vocabulário da antiga União Soviética nos anos de agonia do regime. Era usada para desmerecer intelectuais, altos funcionários e lideranças que faziam oposição ao governo. Em vez de dar respostas objetivas a questões reais, tentava-se desqualificar qualquer observação negativa como fruto de um posicionamento político prévio, de quem deveria ser visto como adversário.

Compreensível sob o pensamento único de uma ditadura, essa linguagem sugere uma postura inaceitável sob um regime democrático, em que ninguém é "dissidente". O respeito à pluralidade de opiniões e ao contraditório deve ser a regra de convivência e funcionamento no serviço público.

A identidade político-partidária dos delegados que dirigem a Lava-Jato também chama atenção. Como se sabe desde o final de 2014, eles são adversários ferrenhos de Lula e Dilma, que costumavam criticar de modo agressivo — em alguns casos, também ofensivo — no *Facebook*. Como faziam isso numa página fechada, não sofreram uma punição disciplinar pelo regimento da instituição, que não permite manifestações públicas contra autoridades superiores, até porque são funcionários que portam arma em serviço. Considerou-se que exerciam o direito constitucional de todos os brasileiros à liberdade de expressão.

O dado importante não envolve uma questão disciplinar, na verdade. O comando de uma investigação com alvos políticos evidentes encontra-se nas mãos de um grupo de delegados que pensa do mesmo modo e tem a mesma opinião política desfavorável sobre quem deve ser investigado. Seria preciso mais alguma coisa para questionar a isenção na condução dos trabalhos?

(Este texto foi atualizado em 2 de outubro de 2015.)

CAPÍTULO 31.
17 DE JULHO DE 2015

PERSEGUIÇÃO A LULA ESCONDE TENTATIVA DE RETROCESSO POLÍTICO

A imprensa acompanha de perto todos os passos da Operação Lava-Jato

Numa situação de normalidade política e respeito pelas garantias individuais, pedido de investigação contra Lula seria tratado como um caso folclórico, condenado ao esquecimento

Respondendo a um processo administrativo pela acusação de ter sido "negligente" no andamento de "245 feitos que estavam sob sua responsabilidade", o procurador Valtan Timbó Martins Mendes Furtado é o mais novo candidato ao panteão de personagens desses tempos inglórios em que a justiça tornou-se, acima de tudo, um grande espetáculo.

No dia 8 de julho, Valtan Timbó pediu a abertura de um inquérito para investigar as suspeitas de "tráfico de influência" de Luiz Inácio Lula da Silva para favorecer a Odebrecht em viagens internacionais.

É bom saber que as bases reais para essa apuração dividem-se entre nulas e ridículas, como vamos explicar mais adiante. Em situação de normalidade política, quando os direitos e garantias fundamentais são respeitados, e toda pessoa é tratada como inocente até que se prove o contrário, esse pedido de abertura de inquérito seria um episódio folclórico, condenado automaticamente ao esquecimento.

Mas vivemos outros tempos, anormais, como explicou o ministro do Supremo Marco Aurélio Mello, onde prende-se primeiro para apurar depois.

Um dos presos da carceragem de Curitiba, hoje, é o executivo Alexandrino Alencar, que estava presente num jatinho alugado pela Odebrecht para uma viagem de Lula em 2013. Foi essa viagem que deu origem a uma reportagem em tom de escândalo da revista *Época* sobre um "voo sigiloso" à República Dominicana.

O pedido de abertura de inquérito criminal, que pode levar à perda de liberdade em caso de condenação, é preocupante exatamente por isso. Mostra que a vontade política de perseguir o ex-presidente atravessou a fronteira do razoável e deixou de ser uma questão individual ou do futuro do Partido dos Trabalhadores nas eleições de 2018.

Gostem ou não seus inimigos, Lula confunde-se com a democratização e as conquistas de direitos da população pobre do país, a inclusão e o progresso social.

O esforço para atingir o ex-presidente, sem uma base jurídica consistente, representa um risco para as conquistas democráticas da sociedade. Trinta e cinco anos depois de ter sido preso por quarenta dias durante a ditadura militar, acusado de desrespeitar a Lei de Segurança Nacional que proibia greves, a perseguição a Lula é uma tentativa óbvia de retrocesso político, a começar pela má qualidade da denúncia: as bases reais para essa investigação já tinham sido descartadas havia dois meses pela procuradora original do caso, Mirella Aguiar.

Foi ela que acabou escalada para examinar um pacote de recortes de jornais e revistas sobre as viagens de Lula, entregue ao Ministério Público do Distrito Federal com o título oficial de Notícia de Fato. Claro que era possível ler insinuações cabeludíssimas naquele papelório. Segundo a *Época*, citando procuradores mantidos em conveniente anonimato, "as relações de Lula com a construtora, o banco e os chefes de estado podem ser enquadradas, 'a princípio', em artigos do Código Penal. 'Considerando que as obras são custeadas, em parte, direta ou indiretamente, por recursos do BNDES, caso se comprove que [...] Lula também buscou interferir em atos práticos pelo presidente do mencionado banco (Luciano Coutinho), poder-se-á, em tese, configurar o tipo penal do artigo 332 do Código Penal (tráfico de influência)', diz trecho da peça reproduzido".

Num despacho assinado em 18 de maio, a procuradora Mirella de Aguiar deixou claro que o calhamaço chamado Notícia de Fato não passava de um boato. Não continha fato algum. Resumindo suas conclusões, ela escreveu com clareza: "Os parcos elementos contidos nos autos — narrativas do representante e da imprensa desprovidos de suporte provatório suficiente — não autorizam a instauração de imediata investigação formal em desfavor do representado".

Em português claro: não havia nada para se fazer com os "parcos elementos desprovidos de suporte provatório" a não ser esquecer o assunto. Mas o Judiciário não funciona assim — muito menos em casos de alta repercussão política. Pede cautela, precaução. Adora rever tudo mais uma vez, como já percebeu todo mundo que teve um caso na justiça. Ninguém quer mandar para o arquivo um caso que pode ser desenterrado como escândalo, mais tarde.

Também há — vamos admitir — o fator circo.

Utilizando os meios de comunicação para amplificar a dimensão de suas investigações e ganhar prestígio social e mesmo força política, muitos procuradores se tornaram obrigados a honrar uma contrapartida. Precisam dar satisfação aos deuses que os glorificam. São particularmente sensíveis ao coro midiático, que classifica toda declaração de inocência como prova de impunidade. Isso, de uma forma ou de outra, assegura um ambiente político no interior da instituição, que predispõe a pedir condenações pesadas. Não vamos esquecer: foi a partir do Ministério Público que a teoria do domínio do fato sem prova foi introduzida na AP 470.

É bom esclarecer que não acho que isso ocorreu com Mirella Aguiar. Ela despachou uma denúncia que recebeu, da forma que considerou mais adequada.

No Brasil de nossos dias, muitas denúncias até nascem de parcerias notórias entre jornalistas e procuradores interessados nos benefícios mútuos a partir de um escândalo. Quando se prova que não tinha o menor fundamento, denuncia-se a *"pizza"*. Já leu *Número Zero,* de Umberto Eco? Pode ser útil.

Tudo isso permite entender porque, no mesmo despacho em que assinalava a falta de "suporte probatório", Mirella Aguiar tenha dado um prazo de noventa dias para novas informações, com exigências que chamam atenção. Chegou a pedir que a Polícia Federal — que faz o registro de fronteiras — informasse todas as entradas e saídas de Lula desde que passou a faixa para Dilma Rousseff.

O prazo para uma nova decisão estava marcado para 17 de agosto. Quarenta dias antes, porém, num movimento que uma nota do Instituto Lula define como "irregular, intempestivo, injustificado", o procurador Valtan Timbó decidiu apresentar o pedido de abertura de inquérito. Não se sabe as consequências reais dessa iniciativa. Mas seu significado é claro. Se havia a possibilidade de Mirella ou outro procurador mandar arquivar o caso, o que seria totalmente coerente com o primeiro despacho, o pedido de abertura trava essa decisão. A partir de agora, as perguntas são outras. Você sabe muito bem onde elas podem chegar, certo?

O ponto ridículo é investigar Lula, ex-presidente que tem um empenho reconhecido, dentro e fora do país, para ampliar o mercado para as empresas e produtos brasileiros no exterior. Deveria ser aplaudido e não criticado.

Só para ficar num caso conhecido, que envolve Lula, Dilma e a Odebrecht — o porto de Mariel, em Cuba. Foram anos de massacre. O que se vai dizer agora, depois que Washington e Havana reataram relações? Quem fez papel de bobo? Quem tentou atrapalhar um investimento que trouxe e trará benefícios econômicos e diplomáticos?

Alô, provincianos: os estadistas da globalização fazem isso todo dia — Bill Clinton em primeiro lugar. É normal e benéfico. Só uma visão absurda de relações internacionais no século XXI pode enxergar que "em princípio" essa atividade pode ser enquadrada no Código Penal. Em princípio, meus amigos, toda pessoa é inocente até que se prove o contrário.

A diplomacia brasileira ganhou um novo eixo no governo Lula, nos países fora do universo desenvolvido que se tornaram prioridade econômica direta. Fora do governo, é natural que Lula seja recebido com simpatia e até mais do que isso. Tem credibilidade para sugerir, propor, conversar.

Não pode ser acusado de fazer uma diplomacia oportunista, pois sempre respeitou os países menos desenvolvidos e suas populações. Na condição inteiramente nova de ex-presidente, ele pratica uma continuidade com as prioridades construídas em seu governo. Prega o que fez. Como se aprende em todo curso de relações públicas, o aval de uma personalidade admirada pode ser uma imensa alavanca para bons investimentos. A boa imagem de Lula é um trunfo para o Brasil e os brasileiros.

A questão essencial se encontra nos "parcos elementos contidos nos autos", que não autorizam a instauração de imediato "de investigação formal" contra Lula, como escreveu Mirella.

Lula, antes de mais nada, é um cidadão privado. Tem todo o direito de andar pelo mundo, dizer o que pensa, conversar, sugerir. Sua caneta não assina contratos pelo governo, não demite funcionários nem ministros. No mundo dos "parcos elementos", não há provas. O que se quer é construir uma narrativa em que tudo se insinua, nada se demonstra — e os meios de comunicação fazem a sua parte.

(Quanto a Valtan Timbó, seu passivo de 245 acusações de negligência, em denúncia formulada pelo Conselho Nacional do Ministério Público, era uma notícia à espera de um repórter. Ele foi citado numa reportagem de *O Globo* sobre um escândalo sobre licitações no Tribunal de Contas da União. O jornal registra a "insatisfação de policiais" com o procurador que, para eles, "demorou demais em elaborar a denúncia". Conforme o jornal, a operação foi deflagrada em dezembro de 2004, mas apenas em maio de 2007 foi feita a denúncia, "sem nenhum ato adicional ao trabalho da PF". Em outro motivo de reclamação, Valtan Timbó levou nove meses para denunciar vândalos que depredaram o Itamaraty nos protestos de junho de 2013.)

Fernando Henrique Cardoso passa a faixa de presidente para Luís Inácio Lula da Silva, em 2003

CAPÍTULO 32.
26 DE JULHO DE 2015

CONTRA DIÁLOGO, FERNANDO HENRIQUE OPTA PELO LADO ERRADO DA HISTÓRIA

Numa hora em que todos escolhem o lugar em que desejam aparecer na foto, a primeira obrigação de um ex-presidente da República é reconhecer a legitimidade do mandato de Dilma Rousseff

Fernando Henrique Cardoso perdeu estatura política ao demonstrar desinteresse — antes mesmo de receber um convite formal — por um encontro com Dilma Rousseff.

"O momento não é para a busca de aproximações com o governo, mas sim com o povo", escreveu FHC em sua página no *Facebook*. "Qualquer conversa não pública com o governo pareceria conchavo na tentativa de salvar o que não deve ser salvo."

Ao sugerir que seria possível lhe atribuir a missão de salvar o governo Dilma, o ex-presidente não conseguiu evitar a lamentável manifestação de uma arrogância irrefreável em vários de nossos homens públicos — inclusive do PT — quando se torna evidente que os adversários atravessam uma hora difícil.

O país inteiro — e o Planalto em primeiro lugar — sabem muito bem que o governo Dilma será salvo pelo governo Dilma. Não se deve cultivar ilusões a esse respeito.

É uma compreensão básica. Cabe à presidente e aos ministros corrigir o que deve ser corrigido e esclarecer o que precisa ser explicado. Também têm o dever de controlar a incrível capacidade de errar sem necessidade, dar consistência a suas ações políticas e recuperar a confiança do eleitorado. Se há novas alianças a serem feitas, lhe cabe propor. Se há alianças que atrapalham, devem ser desfeitas.

Não há como renunciar a esta responsabilidade, única e intransferível.

Mas cabe a um ex-presidente, que nunca foi aliado do governo — e ninguém imagina que tenha sido cogitado a desempenhar este papel — reconhecer a legitimidade do mandato que Dilma recebeu nas urnas de outubro de 2014, quando 53,5 milhões de brasileiros garantiram seu mandato até 2018. Todos ganham com isso, inclusive FHC.

Numa hora em que todos definem seus lugares, como se viu até no histórico diálogo entre Faustão e Marieta Severo e também na postura que separa Luis Fernando Verissimo e Ferreira Gullar, todo mundo tem o direito de resolver como quer aparecer na foto.

Não é possível afagar, pelo silêncio, Jair Bolsonaro e seus amigos golpistas de todas as horas, adversários da democracia antes que ela fosse conquistada via luta contra a ditadura. Não é possível fingir que não há uma tentativa de ruptura em curso, velha, carcomida, ainda que ela possa vir fantasiada de arroubos juvenis.

Não é aceitável que a luta contra a corrupção, legítima e necessária, se torne um instrumento para se atingir um governo eleito, promovendo-se um retrocesso macabro.

Os brasileiros que lutaram pela democracia já acumularam muitos cabelos brancos, tiveram muitas perdas e ganhos. Reuniram decepções demais para deixar de reconhecer que não sobraram mocinhos nem bandidos em nossos duelos políticos, mas seres humanos de carne e osso, que atuam sob condições dadas, que todos conhecem muito bem e poderão aprimorar quando houver maioria política para isso.

Certos gestos são muito importantes mesmo quando parecem só isso. Uma foto e uma pequena legenda explicativa ajudaram, muitas vezes, a escrever a história de um país que chegou até aqui.

Foi assim que se guardaram imagens da campanha de 1978, quando Fernando Henrique Cardoso foi atrás do voto popular pela primeira vez na vida, e o metalúrgico Luiz Inácio Lula da Silva abriu as portas das fábricas e dos bairros populares de São Paulo, contribuindo para uma votação que nem os aliados mais otimistas de FHC podiam imaginar.

O mesmo se repetiu na transição de 2002-2003, que exibiu uma elegância jamais vista, produto da decisão de Lula de mandar o passivo de oito de FHC para o arquivo morto, fazendo cumprir com a energia necessária toda tentativa de olhar para trás em busca de escândalos possíveis e já identificados. (Vários membros do governo se arrependeriam dessa cortesia que jamais foi retribuída, como se veria na AP 470, mas aí estamos em outra etapa da história, que ajuda a explicar boa parte da raiva e do ressentimento que vieram depois.)

Em 2011, no início de seu primeiro mandato, emissários do PSDB fizeram chegar ao Planalto a sugestão de que, macambúzio após uma terceira derrota consecutiva de sua turma naquela altura da vida, seria um belo gesto homenagear Fernando Henrique nos oitenta anos. Seria um reconhecimento. E uma forma de a presidente colocar-se acima das disputas menores da política e colocar-se na história. Negociado palavra após palavra, por mãos autorizadas de um lado e de outro, chegou-se a um texto que dizia assim:

"Em seus oitenta anos há muitas características do senhor Fernando Henrique Cardoso a homenagear. O acadêmico inovador, o político habilidoso, o ministro-arquiteto de um plano duradouro de saída da hiperinflação e o presidente que contribuiu decisivamente para a consolidação da estabilidade econômica. Mas quero aqui destacar também o democrata. O espírito do jovem que lutou pelos seus ideais, que perduram até os dias de hoje. Esse espírito, no homem público, traduziu-se na crença do diálogo como força motriz da política e

foi essencial para a consolidação da democracia brasileira em seus oito anos de mandato".

Em 2015, não se trata obviamente de salvar um governo nem de pedir a retribuição de uma gentileza, mesmo que gestos desse tipo projetem força de caráter.

A questão é mostrar apreço pelas regras da democracia, o que é uma obrigação numa hora em que se procura jogar o país em aventuras que todos sabem como começam e, pela experiência, podem adivinhar onde pretendem chegar.

A realidade é que não há caminho legal para afastar Dilma de seu posto. Não há fitas gravadas e comprometedoras, que forçaram Richard Nixon a renunciar depois do Watergate.

Se você acha que um Fiat Elba é pouco para derrubar um presidente, ou apenas a pontinha de um *iceberg*, cabe reconhecer: não há nem um Fiat Elba, como aquele que se tornou a "prova material" contra Fernando Collor.

Não se pode cogitar sequer o *impeachment* paraguaio, que afastou Fernando Lugo do cargo. O pretexto foi uma tentativa tosca de incriminar o presidente pela morte de dezessete pessoas num conflito por terra — uma maquinação tão grotesca como teria sido, em 1996, tentar depor Fernando Henrique Cardoso e o governador tucano Almir Gabriel, pela morte de dezessete agricultores no massacre de Eldorado de Carajás.

Tampouco a presidente pode ser acusada de atentar contra a Constituição, cláusula prevista no artigo 86 da Carta de 1988. Foi a partir de uma interpretação interesseira da constituição do país que se afastou — por ação militar — Manuel Zelaya da presidência de Honduras.

Em março de 2015, não existem condições para se pedir um afastamento da presidente a partir da legislação em vigor. Não se trata de tentar "salvar o que não deve ser salvo". Trata-se de reconhecer que não há nada que "não deve ser salvo".

Após examinar meticulosamente as menções a Dilma nas delações da Lava-Jato, o PGR Rodrigo Janot informou aos interessados que não há caminhos legais para que Dilma seja enquadrada em crime de responsabilidade, que precisa ser cometido durante o mandato presidencial. Janot assinalou que as referências a Dilma falam de seu período como ministra-chefe da Casa Civil e das Minas e Energia, envolvendo fatos que, se por acaso forem dignos de serem apurados, deverão aguardar pelo fim do mandato, em 1º de janeiro de 2019, como determina o artigo 86 da Constituição, conforme entendimento de vários ministros do Supremo.

Isso ocorre porque, num gesto de sabedoria produzido pela memória do país, os constituintes trataram de evitar que, em busca de atalhos para esquentar disputas do presente, adversários de um governo eleito fossem desencavar denúncias do passado, transformando a luta política numa guerra civil de fantasmas e assombrações.

Fernando Henrique Cardoso teve um papel dirigente na Constituinte. Foi relator do regimento interno, que definiu como os trabalhos seriam organizados. Também foi líder do PMDB no Senado, quando o partido tinha a maior bancada. Como relator-adjunto da Comissão de Sistematização, cumpriu funções de titular e teve um papel decisivo na elaboração do texto final da Carta de Leis.

É nesta história que ele considera que não há "nada a ser salvo"?

O procurador Deltan Dallagnol, chefe da força-tarefa da Lava-Jato, em entrevista coletiva

CAPÍTULO 33.
28 DE JULHO DE 2015

DALLAGNOL TENTA PÔR LAVA-JATO ACIMA DO BEM E DO MAL

Enquanto a Constituição define a separação entre Igreja e Estado, chefe da força-tarefa da Lava-Jato diz em culto religioso que "vivemos na expectativa do poder de Deus"

Nunca tive religião. Só frequentei igrejas, templos e sinagogas por razões sociais, como assistir a casamentos, batizados e cerimônias fúnebres.

Essa situação me ajudou a ter um convívio enriquecedor com várias correntes religiosas, usufruindo da diversidade cultural de nossa época, a partir da compreensão de que a diferença não nos afasta, mas pode nos aproximar e fortalecer.

Estou convencido de que entender que somos iguais em nossas diferenças é um dos principais aprendizados do século XXI, numa civilização onde a intolerância deixou marcas terríveis e profundas.

Um de meus grandes amigos foi Jaime Wright, pastor protestante, grande militante de direitos humanos. Convivi com pessoas de profunda fé católica, boa parte em minha família. Mantive longos diálogos com o rabino Henri Sobel, orador capaz de rezas emocionantes. Conversei menos do que gostaria com Leonardo Boff. Já maduro, após uma viagem a Paris — olha só — tive um longo contato com lideranças umbandistas. Graças aos romances de Nagib Mahfouz e aos ensaios de Edward Said, compreendi a riqueza da cultura árabe e da religião muçulmana.

Escrevi os parágrafos acima porque me confesso chocado com as revelações de Bernardo Mello Franco, na *Folha de S.Paulo* de hoje.

Ontem, Mello Franco esteve numa igreja batista na Tijuca, Zona Norte do Rio de Janeiro, onde o procurador Deltan Dallagnol, chefe da força-tarefa da Lava-Jato, falou para cerca de 200 pessoas.

A reportagem descreve: "Antes de falar, o procurador, que tem mestrado em Harvard, foi apresentado como 'servo' e 'irmão'. De terno e gravata, discursou do púlpito, citou a *Bíblia* e disse acreditar que Deus colabora com a Lava-Jato".

O jornalista cita um diálogo entre Dallagnol e os fiéis:

"Dentro da minha cosmovisão cristã, eu acredito que existe uma janela de oportunidade que Deus está dando para mudanças", afirmou.

"Amém", respondeu a plateia.

"É isso aí. Deus está respondendo", devolveu Dallagnol.

O procurador também disse: "Se nós queremos mudar o sistema, precisamos orar, agir e apoiar medidas contra a corrupção", antes de acrescentar: "O cristão é aquele que acredita em mudanças quando ninguém mais acredita. Nós acreditamos porque vivemos na expectativa do poder de Deus".

Em seguida, Dallagnol pediu apoio para um abaixo-assinado favorável a um projeto de lei do Ministério Público que pede mudanças na lei contra corrupção.

Eu acho errado e inaceitável.

A Lava-Jato é uma operação policial feita por homens de carne e osso, com qualidades e defeitos. Podemos listar uns e outros, mas este não é o caso, agora.

Quanto às mudanças nas leis contra corrupção, basta saber que, no Supremo, Gilmar Mendes e Marco Aurélio Mello fazem críticas à alteração principal, aberração que tenta permitir que a Justiça aceite provas obtidas de modo ilícito. (Algo a ver com as escutas da Lava-Jato, terrestres e ilegais? Quem sabe?)

Cabe estranhar que seu responsável, chefe da força-tarefa, condição que lhe dá uma posição muito especial no Ministério Público, e uma força interna muito grande perante o PGR Rodrigo Janot, tente apresentar a Lava-Jato num patamar acima de toda crítica, sugerindo que se trata de uma obra divina. "Deus está respondendo." É isso aí?

Se isso é feito por puro *marketing*, é desprezível. Se ele se apoia numa crença verdadeira, hipótese em que acredito, é mais grave ainda — pois, por meio de convicções religiosas, exprime um absurdo viés antidemocrático, anterior à Revolução Francesa de 1789. Em qualquer caso, é uma postura estranha — eu diria incompatível até — com a justiça dos homens.

Se aprendemos que o bom direito se revela por meio do conflito e do contraditório, como conciliar essa noção, moderna, herética, com noções divinas, quando sabemos que o sagrado é intocável?

Deltan Dallagnol é procurador da República, num país onde o artigo 127 da Constituição diz que o "Ministério Público é instituição permanente, essencial à função jurisdicional do Estado, incumbindo-lhe a defesa da ordem jurídica, do regime democrático e dos interesses sociais e individuais indisponíveis".

Em seu artigo 5º, parágrafo VI, a Constituição diz ainda que é "inviolável a liberdade de consciência e de crença, sendo assegurado o livre exercício dos cultos religiosos e garantida, na forma da lei, a proteção aos locais de culto e a suas liturgias".

No artigo 19, inciso I, se afirma que é "vedado à União, Estados e Municípios estabelecer cultos religiosos ou igrejas, subvencioná-los, embaraçar-lhes o funcionamento ou manter com eles ou seus representantes relações de dependência ou aliança, ressalvada, na forma da lei, a colaboração de interesse público".

São regras importantes. O estado não pode perseguir religiões. Também não pode ter preferências.

O Brasil define-se como um estado laico desde 1889, na proclamação da República. Essa visão se contrapõe à de um estado confessional, aquele onde uma religião específica tem proteção especial e direitos específicos.

O Brasil, há 126 anos, optou pelo caminho da tolerância e da igualdade entre as religiões, proibindo até que estabeleçam "relações de dependência ou aliança".

É esta "ordem jurídica" que cabe a um procurador desta República defender. E só.

Alguma dúvida?

CAPÍTULO 34.

3 DE AGOSTO 2015

A BOMBA QUE NINGUÉM QUER VER

Experência ensina que não é possível brincar com atos terroristas. Bomba caseira que atingiu Instituto Lula atinge todas autoridades que têm o compromisso de defender a democracia

Porta do Instituto Lula destruída por um ataque não identificado

Apenas uma anestesia nacional pode explicar o tratamento burocrático, próximo da indiferença, diante da bomba que explodiu na porta da garagem do Instituto Lula.

Compreende-se que parasitas que torcem desesperadamente por um possível golpe de Estado para afastar um governo eleito democraticamente tentem fingir que nada percebem e nada enxergam. É seu papel no jogo: desarmar, esconder, mentir. Tentam esconder o jogo sujo — sem deixar de fazer sua parte.

Mas a bomba é um fato gravíssimo, por mais que nossa memória sobre esse tipo de violência não ajude muito, porque conta histórias de outra época.

O atentado do Riocentro, planejado para ser um brutal ataque terrorista a um *show* com milhares de pessoas num 1º de maio de 1980, acabou dando errado — para sorte de todos. A bomba explodiu antes da hora, e quem morreu foi um sargento do DOI, que a carregava no colo.

Mas, na mesma época, uma bomba enviada por carta para a OAB matou Lyda Monteiro da Silva, secretária de Eduardo Seabra

Fagundes, presidente do Conselho Federal da Ordem dos Advogados do Brasil. Outros ataques ocorreram. Um deles chegou a ferir seis pessoas ligadas ao jornal *Tribuna da Luta Operária*, ligado ao PC do B.

A bomba que explodiu no Instituto Lula difere-se das anteriores por um elemento básico — a conjuntura política.

As bombas de 1980 eram uma ação do porão militar colocado na defensiva pelo processo de democratização. Após uma década e meia de ditadura, o movimento de resistência ao regime dos generais havia recobrado seus direitos. Apesar da repressão, da censura, da falta de liberdade, os candidatos do regime eram vencidos vergonhosamente em todas as eleições realizadas depois de 1974. Os estudantes tinham voltado às ruas, em 1977, e, no ano seguinte, a partir do ABC, os trabalhadores deixavam claro que não iriam suportar em silêncio os ataques a seus salários e seus direitos.

Naquela conjuntura, as bombas eram a reação de quem marchava contra a vontade nítida dos brasileiros, numa operação destinada, no melhor dos casos, a tentar retardar um processo que poderia ser atrasado, mas dificilmente seria impedido.

Era o povo no sentido político — inclusive empresários — que rejeitava a ditadura, condenava a tortura, cobrava direitos e pedia democracia. Dois anos depois, a oposição ganhava os governos nos principais estados brasileiros. Em 1984, as diretas levavam multidões às ruas.

Ainda que tenha sido um artefato caseiro, a bomba que explodiu no Instituto Lula surge em outro momento histórico e é de uma agressividade política brutal.

Não me lembro — e acho que em poucos países isso já tenha acontecido — de um atentado contra o local de trabalho de um ex-presidente da República, que deixou o governo com recordes de aprovação popular, que ali comparece sempre que está em São Paulo, recebe convidados e amigos, despacha com assessores e troca ideias.

A bomba da noite de quinta-feira tem a ousadia inaceitável de um ataque à democracia. É uma ameaça a direitos duramente conquistados pelos brasileiros, num processo, não custa lembrar, que teve em Lula um protagonista raro e, em certa medida, insubstituível.

A experiência ensina — e Jânio de Freitas recorda — que com bomba não se brinca. Sempre será um risco, uma ameaça de morte.

Embora tivesse um endereço específico — e que endereço! — a bomba da semana passada era um crime que se dirigia a todos, inclusive eu e você, quem podia estar perto e quem só viu a fotografia, a quem estava passando na rua, a quem poderia estar no instituto naquela hora.

Justamente pelo caráter universal, a bomba tinha um alvo genérico: intimidar autoridades responsáveis pela defesa da Constituição, que juraram defender nossos direitos e liberdades. Este é o alvo.

Querem paralisar quem tem o dever de agir. Quem pode e deve. Há novos protestos de caráter golpista na agenda, e a bomba se insere nesta paisagem.

A intimidação, não custa recordar, é um ato peculiar das lutas políticas. Não envolve, num primeiro momento, a derrota do adversário. Cobra sua anuência, concordância, mesmo silenciosa. Uma certa covardia, vamos combinar, por mais que seja disfarçada de desprezo arrogante pelo perigo.

A derrota total, absoluta, vem depois. Antes, é preciso uma certa cumplicidade com a própria desgraça, um fingir que não está vendo.

As hordas fascistas de Mussolini passaram o ano de 1922 explodindo bombas em prefeituras e pequenas cidades da Itália. Dissolviam sindicatos de trabalhadores, invadiam locais de reunião. Agrediam, batiam. Matavam. No fim do ano, Mussolini tornou-se primeiro-ministro.

O plano dos fascistas era derrubar um governo de maioria parlamentar pela intimidação, e seu método era o sangue. Conseguiram.

As lideranças que formavam o governo resistiam a tomar qualquer providência drástica, inclusive quando generais com liderança real no exército se ofereceram para enfrentar os fascistas. No auge da violência, que já atingia vários escalões do governo e ameaçava o cidadão comum, os ministros dormiam o sono dos inocentes e dos justos.

Numa madrugada, enfim, o gabinete de ministros procurou o rei Vitório Emanoel para pedir que decretasse o Estado de Sítio. O rei preferiu chamar Mussolini para montar o governo. Até a mãe de Sua Majestade simpatizava com o fascismo. O governo do Duce durou vinte anos.

Claro que o Brasil de 2015 não é a Itália de 1922. Nem de longe. Também não é o Brasil de 1980, quando o governo da ditadura tinha cumplicidade com os atentados, e nada podia fazer.

Dilma fala pela democracia, é parte dela. A causa da democracia é a sua causa e a de todos. Seu governo tem obrigação de transformar a procura pelos responsáveis pela bomba em prioridade máxima. Não pode haver descanso nem dispersão.

A bomba é um ataque covarde, que mudou a natureza dos ataques ao governo e à democracia. Só não vê quem não quer.

CAPÍTULO 35.
7 DE AGOSTO DE 2015

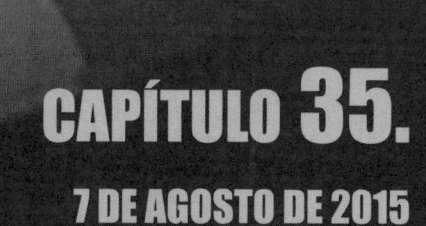

DEIXEM DIRCEU EM PAZ

Um passado honroso não garante anistia prévia a ninguém mas também ensina que não se pode transigir com garantias democráticas

O ex-ministro José Dirceu sendo preso na Operação Lava-Jato

Aos intelectuais, jornalistas e celebridades acadêmicas que têm se dedicado, nos últimos dias, a manifestar a decepção repentina com José Dirceu depois que ele foi conduzido à prisão da Polícia Federal em Curitiba, gostaria de dizer, do alto de minha modéstia, que sinto vergonha desse comportamento.

Falando dos argumentos de conveniência, antes de chegar às teses de consciência. A experiência recomenda que se evite bater em quem está por baixo, depois de muita badalação no tempo em que se encontrava por cima. Não é só política. É pudor — que ajuda a preservar a própria memória.

Até pela biografia, como um dos líderes da resistência à ditadura, que organizou grandes protestos estudantis, articulou a luta pela anistia e as Diretas Já, Dirceu tem credibilidade para ser ouvido, para se explicar e para se defender, se for o caso.

Queira-se ou não, é parte da história da nossa democracia. Se hoje podemos usufruir direitos e liberdades, isso se deve a pessoas que tiveram atitudes definidas e claras, no momento correto. Dirceu foi uma delas.

É claro que o passado não garante anistia prévia a ninguém. Mas ajuda a pensar.

Pensei que já tínhamos vivido — nós, que perdemos em 1964, fomos derrotados de novo em dezembro de 1968, que enfrentamos muitos momentos cruéis e assustadores — tempo suficiente para ter aprendido de uma vez por todas algumas lições essenciais. Por exemplo:

- Que não se pode transigir com valores e garantias democráticas;
- Que todo cidadão é inocente até que se prove o contrário, o que só é possível com um amplo direito de defesa e o processo contraditório;
- Que o casamento entre meios de comunicação ("Basta!" "Fora!", quem pode esquecer dessas manchetes?) e os tribunais costuma produzir situações degradantes, como lembram as velhas Comissões Gerais de Investigação do pós-64.

Vivemos um período tão especial — não tão raro assim em nossa história, vamos admitir — em que as pessoas não são presas porque foram julgadas ou condenadas. Elas são presas para confessar e delatar, o que os responsáveis da Lava-Jato costumam negar, mas a matemática trabalha contra seu argumento: das dezoito delações do caso, só uma foi feita com o acusado em liberdade. Um procurador, Manoel Pastana, autor de pareceres favoráveis à Lava-Jato, admitiu com todas as letras que as prisões preventivas podem estimular os acusados a "colaborar".

Isso permite entender que a Operação não segue a lógica das investigações criminais, que tem um crime a investigar, um responsável a julgar e punir, se for caso. Mas temos uma lógica de guerra, onde o alvo é visto como inimigo.

Onde nossos intelectuais resolveram esconder Norberto Bobbio, pai da unidade entre justiça e democracia, que ajudou a afastar a esquerda do totalitarismo da era stalinista? Não foi ele, citação obrigatória dos anos 1980 e 1990, que ajudou a explicar que a democracia era um valor universal, para nós e para eles — sejam quem forem o "nós" e o "eles"?

Será que todos esqueceram de Émile Zola, forçado a exilar-se em Londres para ficar longe dos fanáticos do ódio manipulado pela imprensa reacionária da França do final do século XIX?

Dirceu tem inúmeros defeitos, mas não é por causa deles que se tornou um alvo político do conservadorismo brasileiro, que só deixou de persegui-lo com ataques brutais no período em que se tornou importante demais para ser alvejado sem receio de retaliação.

Entre os diversos políticos brasileiros, Dirceu cometeu erros inúmeros, exibe defeitos imensos mas, é um dos poucos que, em sua estatura, não foi cooptado. Conservou uma visão própria do mundo e das coisas da política — e isso incomoda demais. Por isso não basta que seja derrotado. Deve ser esmagado. Repetindo a sentença do tribunal de uma rainha louca contra um revolucionário que não vou citar aqui para não inspirar comparações indevidas, seu corpo deve ser esquartejado e a terra, salgada. Não é de envergonhar?

Copiamos o absolutismo português, por outros meios.

A última derrota de Dirceu foi ter negado o seu pedido de acesso integral às denúncias feitas contra ele. O argumento é que isso poderia atrapalhar o curso das investigações. É um direito básico, que faz parte da construção da democracia e da invenção dos direitos humanos, ocorrida naquele período em que homens e mulheres deixaram de ir a praça pública aplaudir esquartejamentos, torturas e mortes na forca.

Hoje se prende sem condenação. Houve uma época em que se prendia sem acusação.

Evoluímos. Mas também regredimos.

Que o juiz Sergio Moro tenha argumentos para impor essa situação e até convença os tribunais superiores de seus motivos, como ocorreu com o ministro do STF Teori Zavascki, eu até compreendo — embora me reserve o direito de considerar um absurdo.

Quando intelectuais se submetem a esse meio conhecimento, a essa verdade censurada, e mesmo assim se dispõem a condenar, assumem uma condição inaceitável: em vez de viver das próprias ideias, permitem-se pensar com o cérebro dos outros?

É desse modo que passamos a torcer pelo fim da divisão entre trabalho manual e intelectual?

Não, meus amigos. A realidade é ainda mais feia. O universo político está em mudança e não faltam mentes de olho nas vagas disponíveis na nova ordem. Aquelas que, a partir de 2003, cortejavam a ordem da qual Dirceu fazia parte.

Minha opinião é que Dirceu deveria ser deixado em paz. Quase septuagenário, com contas a apresentar aos brasileiros, e explicações a dar. Tem um ajuste de contas a fazer com sua própria história.

Dirceu perdeu os direitos políticos em 2005, no início da AP 470. O relator que conduziu a cassação de seu mandato acaba de ser acusado de receber R$ 150 mil para abafar uma das diversas CPIs da Petrobras — coisa que ele desmente, como Dirceu sempre desmentiu o que se disse sobre ele.

Como tantos antes e depois dele, no Brasil e no mundo, Dirceu passou a oferecer serviços que políticos, advogados e ministros das altas esferas possuem de melhor: contatos, conhecimentos, ideias que encurtam distâncias e vencem dificuldades. Não vou julgar essa opção aqui e agora. Cidadãos que fazem isso, em geral, devem renunciar à atividade política.

Na pátria dos lobistas registrados, o próprio Barack Obama foi obrigado a desconvidar um senador democrata, competente e articulado, Tom Daschle que, fora do Congresso, passou a trabalhar para um escritório de empresas de saúde.

A denúncia que levou Dirceu à cadeia é que essa sua atividade é uma farsa e que ele só estava armando esquemas de corrupção e enriquecimento. Cabe investigar, apurar, acusar e esclarecer. Os fatos concretos são necessários para saber quem está mentindo. De preferência, em liberdade.

Qualquer pessoa que já foi obrigada a dar explicações para representantes da Lei e da Ordem — estou falando daqueles que têm gravata — sabe a diferença. É isso que separa a civilização da barbárie.

Apesar de tudo, um advogado que esteve com Dirceu trouxe boas notícias sobre o prisioneiro: "o humor dele está melhor do que o meu".

Manifestantes ocupam a orla de Copacabana, no Rio de Janeiro

CAPÍTULO 36.
15 DE AGOSTO DE 2015

LULA NO MINISTÉRIO

Liderança política de Lula permite que ele seja convidado a fazer parte do governo Dilma

A presença de bonecos infláveis com a imagem de Luiz Inácio Lula da Silva nos protestos de domingo só reforça a necessidade de se discutir um convite para que ele venha integrar o ministério de Dilma Rousseff. Não queria voltar ao assunto. Mas acho pertinente.

Ao contrário do que muitas pessoas podem pensar, não se trata de um atalho para a impunidade ou qualquer outra posição privilegiada. Na situação concreta, não desonra ninguém.

Acho, em primeiro lugar, que ninguém tem o direito de condenar uma possível nomeação de Lula como uso inadequado das funções de governo. Do ponto de vista da estabilidade política e da recuperação de Dilma, Lula teria uma imensa contribuição a dar, maior do que qualquer outra pessoa. Eu acho que já está fazendo falta e que é uma prova de pouca inteligência manter um político com sua competência para dialogar com a sociedade fora do governo, ainda mais numa hora como essa.

Claro que quem torce pelo desmantelamento de qualquer maneira do governo Dilma argumenta de outra forma. Tem outros objetivos, embora possa apresentar outros argumentos.

Quem pensa que Dilma tem legitimidade para permanecer no cargo tem o direito de examinar todas as alternativas numa hora como a atual. Se a defesa de seu governo implica reaproximar-se de seus eleitores, nada mais natural que possa contar com Lula. Talvez não fosse um caso de necessidade extrema na posse. Mas tornou-se uma necessidade, hoje em dia.

Outro ponto é jurídico. Como qualquer cidadão, Lula tem o direito de se defender num processo que, na opinião de muitas pessoas, já configura uma perseguição política. Essa visão tem sido reforçada agora pelo vazamento — sem que se tome nenhuma providência para apurar e punir responsabilidades — em detalhes de uma investigação em torno da empresa Luiz Inácio Lula da Silva, LILS. Diálogos telefônicos são vazados, informações financeiras sobre seus familiares vêm a público. Tudo ajuda a criar um ambiente favorável a um ato arbitrário em nome daquela velha quimera chamada "clamor público" — que sempre pode ser alimentado, reforçado, ampliado, artificialmente, sabemos todos.

Claro que você pode considerar que tudo está ocorrendo da forma mais adequada na Lava-Jato, que as pessoas detidas deram mesmo motivo para serem mantidas de qualquer maneira na prisão, por longos meses, até que se disponham a assinar uma delação premiada. Se é assim que você vê a situação, nada mais natural do que concordar com uma eventual prisão de Lula, caso ela venha a ocorrer.

Mas você pode pensar de forma contrária. Pode achar que as prisões de Curitiba configuram um sistema "medievalesco", como disse Teori Zavascki. Ou pode achar que elas estão invertendo a ordem natural das coisas, como disse Marco Aurélio Mello, pois, em vez de apurar para depois mandar prender, hoje em dia "prende-se para apurar-se depois". Neste caso, eu acho coerente procurar formas alternativas de cumprir a lei, de modo a assegurar não só que os crimes sejam investigados, mas que as garantias fundamentais dos acusados sejam respeitadas. Se for necessário, que Lula seja investigado e esclareça

— tenho certeza que o fará — acusações contra ele. Só não precisa ser submetido a uma prisão sem julgamento, que a jurisprudência ensina que só deve ser aplicada em situações excepcionais.

É assim que vejo a indicação para o ministério. Claro que será uma iniciativa criticada. Vamos imaginar o barulho que será feito pela mídia. Mas, francamente: alguém poderia esperar outra coisa dessa turma?

Alguém aplaudiu Lula alguma vez, quando tomou alguma iniciativa de seu interesse?

Na dúvida, lembre do carnaval feito por causa dos embargos infringentes, única chance de uma revisão parcial do mensalão — e que era uma medida totalmente prevista por lei.

Os adversários de Lula apoiam e vão apoiar toda medida que possa contribuir para seu enfraquecimento, para sua exclusão da vida política.

É errado supor que o foro privilegiado signifique impunidade. Você pode perguntar, em caso de dúvida, a Eduardo Cunha e às dezenas de parlamentares que já foram denunciados pelo PGR Rodrigo Janot, se eles acham que é impunidade. Ou a Henrique Pizzolato, preso na Itália. Ou aos demais condenados pela AP 470, julgados em foro privilegiado em 2012, condenados a penas duríssimas.

Há outro ponto essencial. Toda pessoa acusada tem o direito de usar de todas as prerrogativas legais para se defender e obter o que é melhor para si — começando pelos melhores advogados, certo?

Quem se der ao trabalho de verificar nos capítulos anteriores, verá que esta posição é coerente com o ponto de vista que defendi no passado, durante o julgamento da AP 470. Vários políticos ligados ao PSDB — antes, alguns do PT — foram denunciados e renunciaram aos respectivos mandatos para serem julgados em primeira instância. O STF examinou todos os casos — inclusive alguns nomes que só pediram transferência na última hora — e deu ganho de causa para todos eles. Todos. Ninguém foi chamado de indecente, ou o que fosse.

Defendi que o Supremo agisse assim, ainda que certas impunidades prévias machucassem o coração. Estava na cara que, na primeira instância, as chances de enfrentar um caso arrastado, sem conclusão, como de fato aconteceu, era mais do que previsível.

Mas se a lei prevê este direito, ele precisa ser respeitado. É o princípio de que a lei deve valer para todos e assim deve ser.

Este é o preço a se pagar pela opção de viver numa democracia.

(texto reescrito em 20/8/2015)

O encontro agradável de Dilma com Obama

CAPÍTULO 37.
19 DE AGOSTO DE 2015

DILMA, O *NEW YORK TIMES* E O CONSELHO DE ERUNDINA

Mais influente jornal dos EUA está convencido da inocência da presidente mas só isso pouco vai adiantar se ela não recuperar apoio dos trabalhadores e do povo

Num país onde a visão externa costuma ser referência para tantas pessoas, é impressionante que o editorial do *New York Times* sobre a situação política brasileira tenha tido uma repercussão tão pequena. Trata-se de um assunto que o jornal conhece muito bem.

Nos últimos quarenta anos, ocorreram duas tentativas de afastar um presidente norte-americano do posto. Uma delas, de Richard Nixon, foi considerada exemplar. A outra, contra Bill Clinton, fracassou — e todos se felicitam pelo fato de o país ter evitado um vexame.

Mas vamos ao Brasil. O mais influente jornal norte-americano fez afirmações essenciais sobre a corrupção, a Lava-Jato, o futuro de Dilma e a capacidade de oposição administrar o país. As principais:

1. "As investigações não encontraram evidências de atos ilegais por parte dela (Dilma Rousseff)."

2. "Enquanto ela (Dilma) é, sem dúvida, responsável por políticas e muitos erros que prejudicaram a economia, não há crimes que justifiquem seu afastamento." [*impeachable offenses*, no original]

3. "Forçar a saída de Dilma Rousseff de seu posto sem nenhuma evidência concreta de crime [*wrongdoing*] traria um sério prejuízo

a uma democracia que tem se fortalecido por trinta anos, sem a compensação de nenhum benefício."

O *NYT* também dá uma cotovelada nas oposições: "Nada sugere que qualquer um de seus líderes teria um desempenho melhor na economia".

Ao tomar uma posição tão clara, no dia seguinte a mais um domingo de protestos, o jornal confirma que a disposição de evitar uma ruptura institucional de qualquer maneira não se limita a grandes empresários brasileiros. Também é a perspectiva mais adequada do ponto de vista da principal potência econômica mundial, o que não deixa de ser significativo quando se recorda do papel de Washington na deposição de Goulart, em 1964, e no prolongado apoio a uma ditadura que durou vinte e um anos.

O próprio Barack Obama teve uma atitude semelhante durante a visita de Dilma a Washington, ao rejeitar, durante uma entrevista coletiva, uma visão de país de segunda classe sugerida numa pergunta da correspondente da TV Globo.

Para quem finge que olha os brasileiros de cima e exibe uma postura de desprezo pelas conquistas promovidas no país nos últimos anos — em particular de 2003 para cá — essa visão é particularmente incômoda.

Não custa recordar, também, as duas tentativas de afastar um presidente eleito nos EUA. Os dois casos explicam a cautela do jornal.

Richard Nixon perdeu o posto em 1975. Naquele momento, ficou claro que a cumplicidade de Nixon com a ação de espionagem no edifício Watergate, que provocou sua queda, nada teve a ver com raciocínios dedutivos que sempre levam a alguma versão do domínio do fato. A parceria com os criminosos estava gravada em diálogos registrados pelo sistema de segurança da Casa Branca. Não eram depoimentos depois dos fatos. Eram conversas em tempo real. Quando a Suprema Corte determinou, por unanimidade, que Nixon entregasse as fitas que poderiam incriminá-lo, o presidente preferiu renunciar.

Em 1998, faltaram apenas treze votos no Senado para Bill Clinton perder o mandato num processo de *impeachment*, encaminhado por um conselheiro jurídico da Casa Branca que pretendia encerrar seu mandato. Iniciado por um juiz da direita do partido republicano, que o próprio Clinton havia promovido numa tentativa de conciliação com os rivais, o argumento da investigação era moral: o presidente dos Estados Unidos faltara com a verdade num depoimento sobre suas relações extraconjugais com Monica Lewinsky, estagiária da Casa Branca. Não havia crime contra Clinton, pois o assunto dizia respeito à sua privacidade — mas dizia-se que falar mentiras, ainda mais sobre um fato ocorrido na Casa Branca, era uma falha incompatível com o cargo.

Seria muita ingenuidade acreditar, porém, que a democracia brasileira será garantida por um editorial do *New York Times*. Nem pelo apoio declarado por grandes empresários brasileiros.

Como disse Luiza Erundina em entrevista ao *Espaço Público*, na TV Brasil, que foi ao ar ontem e será reprisado no domingo a partir das 23 horas, a força que pode sustentar Dilma e defender a democracia não se encontra na justiça, nem na FIESP, nem no Congresso, nem no *NYT*, mas no povo.

Como Erundina explicou, é muito positivo que Dilma procure o entendimento com empresários e com a oposição no Congresso. Faz parte de suas responsabilidades como presidente. Mas ela não poderá sustentar-se sem recuperar o apoio dos trabalhadores e da população pobre, a base de seu governo.

Prefeita de São Paulo entre 1989 e 1992, Erundina atravessou quatro anos de pressão na capital do "Tucanistão". Enfrentou o Tribunal de Contas, uma oposição adorada pelos grandes jornais e o próprio PT, que não tinha receio de colocar-se como oposição quando achava conveniente. Mas sobreviveu a todas as tentativas de tomarem-lhe o cargo porque nunca deixou de comunicar-se com o povo e deixar claro que fazia o possível para melhorar a sorte de seus eleitores.

É um conselho mais do que oportuno — essencial. Após a reunião bem-sucedida com movimentos sociais, na semana passada, a presidente só tem a ganhar com conversas mais frequentes com as lideranças que falam aos brasileiros que lhe garantiram o segundo mandato.

Caso contrário, o editorial do *New York Times* e o apelo ao bom senso do empresariado nada mais serão do que atos elegantes e gentis — mas de curta duração.

Como diziam tantos líderes daquele período em que a presidente — e tantos de nós — era jovem, este discurso pode se revelar um simples "canto de sereia" para iludir marinheiros famintos e desorientados em alto-mar.

CAPÍTULO 38.
21 DE AGOSTO DE 2015

POVO MOSTROU RESISTÊNCIA ÀS TENTATIVAS GOLPISTAS

Manifestantes tomam as ruas de Brasília para defender o governo em agosto de 2015

Levantamento do Datafolha mostra que protestos contra o golpe mobilizaram uma parcela significativa de brasileiros de baixa renda

A julgar pelos números das principais capitais do país, a mobilização de 20 de agosto trouxe uma informação essencial sobre a conjuntura política: os brasileiros não pretendem assistir sem luta às tentativas de golpistas de derrubar o governo Dilma Rousseff.

As mobilizações serviram para mostrar a importância crucial da participação popular na definição dos rumos da crise política. "Vai ter rua", afirma o deputado Leo de Brito (PT-AC), presente à concentração convocada pela CUT e pelo MST em Brasília.

Convocadas de forma um tanto quanto improvisada, as manifestações ocorreram depois que, numa demonstração de receio por conflitos descontrolados nos protestos de rua, setores importantes do empresariado se mobilizaram em defesa das instituições e do calendário eleitoral.

As passeatas de ontem podem ser consideradas a mais importante demonstração de resistência popular às tentativas de afastar uma presidente eleita por 54 milhões de votos. Em Brasília, um cartaz festejava a apresentação da denúncia contra Eduardo Cunha.

Embora o número tenha sido inferior ao dos protestos contra o governo no domingo, as mobilizações ficaram longe de configurar um cansativo ritual burocrático, no qual militantes organizados e funcionários dispensados pela chefia no fim de expediente desfilam por espaços públicos com bandeiras e camisetas.

Os atos tiveram um caráter de massa em vários lugares, o que explica os cortejos imponentes de São Paulo, Salvador, Belo Horizonte, Curitiba, por exemplo. Um levantamento do Datafolha, realizado entre os presentes na passeata da avenida Paulista, mostra também uma diferença de classe social entre a quinta-feira e o domingo.

Revela o jornal, hoje: "Pessoas de famílias com renda mensal de até 2 salários mínimos eram 24% da manifestação desta quinta. No domingo, somavam 6%. No polo oposto, o grupo dos mais ricos (acima de 20 salários) representava 5% dos presentes nesta quinta ante 17% do ato anti-Dilma. No protesto desta quinta, pardos e pretos somavam 49%. No domingo, eram 20%."

Acompanhei a manifestação de Brasília, cidade que tem sido endereço de derrotas inesquecíveis do PT e do governo federal em eleições recentes. "Só aqui já tem mais gente do povo do que todo o protesto da avenida Paulista no domingo passado", me dizia um diplomata aposentado, testemunha das lutas políticas do país desde a década de 1960. A manifestação de Brasília estava marcada para as cinco da tarde — e começou na hora certa. Nesse momento, um pequeno grupo começou a cantar o Hino Nacional em ritmo de samba nas proximidades de um edifício comercial, o Conic, numa atividade de concentração, conversa, panfletagem e venda de jornais.

No início da noite, as pessoas (3 mil, segundo cálculo de um ex--deputado) começaram a se deslocar em direção à estação rodoviária, endereço tradicional dos protestos de Brasília. "Não vai ter golpe", gritavam, com melodia e ritmo. Essa foi a palavra de ordem que dominou a manifestação, do início ao fim.

Um panfleto dizia: "O povo do Distrito Federal quer direitos, liberdade e democracia."

Mas também era possível ouvir, numa frequência que me surpreendeu, um grito mais comum na campanha eleitoral de Dilma, vitoriosa, do que num momento de popularidade baixa: "Neste país eu tenho fé, porque é governado por mulher."

Para além da manifestação política, havia um componente típico no comportamento das pessoas nessas horas: a alegria. Elas confraternizavam entre uma palavra de ordem e outra, faziam piadas, planejavam novos eventos. Estavam felizes por encontrar-se ali e gostavam do que podiam ver. Quando apareceu um infiltrado gravando seus próprios gritos e imagens pelo celular, quem estava próximo limitou-se a rir de um esforço patético para tentar atrapalhar a manifestação. Descendo a escada da rodoviária, uma dona de casa comunicava-se pelo *whatsapp* com uma prima, em Belo Horizonte. A de Brasília tinha resolvido ir à rua contra o *impeachment*. A de BH votara em Aécio. Questionada sobre o trânsito na capital mineira, a prima de lá respondeu: "congestionamento de 1h40 por causa de um protesto". E completou: "O pior é que é a favor da Dilma!"

O círculo em volta via a tela do celular — e ria sem parar.

O presidente
da Câmara dos
Deputados Eduardo
Cunha (PMDB)

CAPÍTULO 39.
23 DE AGOSTO DE 2015

ACORDO COM CUNHA É NOVO MENSALÃO--PSDB-MG

Enquanto se mobilizam para tentar afastar Dilma sem um fiapo de prova, tucanos fazem acordo com deputado flagrado com US$ 5 milhões na Suíça

A indignação diante da generosidade exibida pelo PSDB em razão da denúncia de que Eduardo Cunha recebeu uma propina de US$ 5 milhões não deve iludir ninguém. Apenas demonstra que, mesmo celebrada com trombetas quando ajuda a atacar o adversário, a ética é uma planta destinada a subordinar-se às necessidades da política.

Creio que ninguém esqueceu o que se passou com o mensalão do PSDB-MG. Mais antigo do que o esquema de financiamento do PT, o esquema tucano começou a ser apurado mais tarde, permitindo que a impunidade geral dos acusados fosse garantida em duas etapas. Enquanto os réus ligados ao PT foram levados a julgamento pelo STF, mesmo aqueles que não tinham direito ao chamado foro privilegiado, os réus ligados ao PSDB foram conduzidos a um julgamento na primeira instância. Parlamentares tucanos só precisaram renunciar a seus mandatos para garantir esse direito. Até hoje, o julgamento nem sequer terminou — a juíza encarregada até se aposentou, veja só. Ninguém recebeu sentença definitiva.

Em 2015, PSDB e lideranças favoráveis ao *impeachment* querem aprovar o afastamento de Dilma Rousseff pelo mesmo caminho.

Mas não podem dispensar os serviços de Eduardo Cunha, aliado fiel desde a campanha de 2014 — ele foi até capaz de enfrentar Michel Temer na tentativa de levar o partido a uma aliança com Aécio Neves.

O agravante é que se não há prova de crime contra a presidente, contra Eduardo Cunha há razões para imaginar que os US$ 5 milhões sejam apenas o começo.

Apesar dos apelos indignados pela moralidade, a questão não será resolvida nesse terreno, mas pelos interesses da política.

A autoridade de Eduardo Cunha, sem dúvida, fica abalada pela denúncia, mas ele está longe de ser um moribundo. Conta com uma bancada que lhe deve o financiamento e o respaldo político que tornaram possível a aquisição de seus mandatos — e este é um tipo de favor difícil de negar, sabemos todos.

Assegurando a Cunha todo oxigênio necessário à sobrevivência, a oposição revela a verdade sobre o projeto de *impeachment*: sem qualquer prova material, é um produto da baixíssima política.

(A advogada Beatriz Catta Preta, responsável pela maior parte das delações premiadas da Lava-Jato, anunciou que estava de mudança para Miami depois que um lobista, seu cliente, modificou um primeiro depoimento, incriminando Eduardo Cunha no pagamento de um suborno de US$ 5 milhões em propina. A situação de Cunha se tornou insustentável em outubro, com a comprovação de que recebeu propinas em quatro contas na Suíça. Isso não impediu os aliados de Aécio Neves de tentar proteger o presidente da Câmara até o último momento, com a intenção óbvia de garantir o encaminhamento dos projetos de *impeachment* em troca de algum tipo de imunidade futura. Analisando a situação, o jornalista Fernando Brito observou, no *blog* Tijolaço: "Como Cunha pretende se salvar? Como Nero...").

CAPÍTULO 40.

1º DE SETEMBRO DE 2015

GLÓRIA E TRAGÉDIA DE DANTON, REVOLUCIONÁRIO E CORRUPTO

Três meses depois de sua morte na guilhotina após julgamento sumário, tinha início o Thermidor da Revolução Francesa, que devolveu o poder aos grandes capitalistas e abriu caminho à monarquia

O francês Georges Jacques Danton (1759-1794)

No fim de semana, durante um seminário na OAB de São Paulo, o juiz Sergio Moro justificou o uso da delação premiada com um comentário irônico:

— É traição? É traição, mas é uma traição entre criminosos. Não se está traindo a Inconfidência Mineira, não se está traindo a Resistência Francesa.

Não há dúvida de que o combate à corrupção e a punição de corruptos, com o respeito absoluto aos direitos e garantias individuais, é uma necessidade de toda sociedade moderna e interessa à preservação da democracia.

Embora o juiz tenha sido aplaudido após o discurso, que teve trechos reproduzidos pelos telejornais, não custa lembrar que estamos falando de coisas diferentes.

O esforço para justificar medidas condenadas por juristas respeitáveis — como a delação premiada, as longas prisões preventivas — pode ser tentador do ponto de vista da propaganda, mas não dá conta de toda realidade. Os direitos de uma pessoa não podem variar de acordo com a opinião das autoridades a respeito de seus compromissos políticos.

Mesmo considerando o inferno em que o governo Dilma se encontra no segundo mandato — em grande parte como efeito perverso da própria Lava-Jato —, basta andar pela rua, consultar estatísticas e olhar a paisagem para verificar que ocorreram transformações importantes no país ao longo dos últimos 12 anos — para melhor, em especial para os mais pobres e excluídos.

Essa situação permite questionar a ideia, sempre conveniente para adversários políticos do governo mas absurda do ponto de vista dos fatos, de que o país foi administrado por uma quadrilha, organização criada para cometer crimes de modo regular e permanente — o que está longe de ser verdade.

A situação também nos ajuda a lembrar que o debate sobre corrupção e política é assunto antigo e importante no mundo inteiro desde sempre.

Na França, país que inventou os direitos humanos e a democracia moderna, o assunto envolve um personagem da estatura de Georges Jacques Danton (1759-1794). Com a imensa distância histórica e geográfica que separa personagens de lugares e tempos tão distantes, vale a pena dedicar um minuto de reflexão sobre o tema.

Guilhotinado aos 34 anos num fim de tarde na atual praça da Concórdia, em Paris, Danton é nome de avenidas, ruas, praças e vários locais públicos, inclusive cafés e restaurantes, como nenhum outro personagem da Revolução Francesa de 1789.

O curioso é que Danton também enfrentou denúncias frequentes de corrupção, confirmadas mais tarde por abundante documentação histórica encontrada por estudiosos que tiveram acesso a documentos públicos.

O que isso significa?

Gérard Walter, autor de biografias e estudos analíticos sobre o período, responsável inclusive pela publicação das atas do julgamento de Danton, escreveu:

— O que nós queremos de Danton? É saber quanto dinheiro ele ganhou em sua carreira política e como? Ou quais serviços ele prestou à revolução? Se compreendermos isso, não é o balanço de sua fortuna que é preciso definir, mas de seus atos. No fim das contas, é isso que permite estabelecer que a atividade de Danton contribuiu efetivamente para o triunfo da revolução, pouco importa se ele recebeu da Corte, ou de qualquer outro lugar, 30 mil libras, 300 mil ou mesmo 3 milhões. Se ficar demonstrado, porém, que ele jamais tocou no dinheiro de ninguém, e também que não foi salvador da França revolucionária na época em que os alemães e outros estrangeiros avançavam sobre Paris, nós teremos o dever tanto de proclamar Danton como "grande homem honesto" quanto de apagá-lo de vez da lista de grandes revolucionários.

François Furet, hoje o mais celebrado historiador da Revolução, admite a venalidade de Danton com base em documentos. Para Furet, Danton foi um "político oportunista, intermitente, pouco cuidadoso sobre os meios usados para atingir seus objetivos, ao mesmo tempo que um orador até genial na improvisação, e um verdadeiro temperamento político nas grandes ocasiões: a Pátria em perigo, o levante das massas, seu processo...".

Danton não teve um papel destacado no início da Revolução, mas mostrou-se uma liderança insubstituível para organizar a resistência dos franceses quando uma invasão de tropas estrangeiras colocou a França revolucionária em sua hora mais difícil. Foi ali que nasceu o herói. Num tempo em que o principal instrumento de luta política eram as ideias e as cordas vocais, levantou uma nação com o grito de "audácia, audácia, sempre mais audácia", que lhe valeu a definição de "a encarnação da revolução" por seu primeiro estudioso importante, Jules Michelet, ainda no século XIX.

Acusado de levar uma existência de luxo e desperdício, impossível de pagar com os rendimentos de advogado, os papéis mostram que Danton pagou dívidas e construiu um escritório em Paris como beneficiário de uma rede de políticos e jornalistas comprados por Mirabeau, a mando de Luís XVI. Ministro da Justiça do governo revolucionário, teve problemas para prestar contas e nunca deu explicações satisfatórias para outras denúncias, envolvendo inclusive um fabricante que fornecia armas para o exército francês, amigo seu.

Sempre que Danton subia à tribuna da Convenção, os adversários tentavam abafar suas palavras fazendo um coro: "E as contas? E as contas?"

Acusado de fazer "jogo duplo", de ser "corrupto" e "hipócrita", Danton foi condenado à morte num julgamento político, cujo resultado era possível adivinhar com antecedência.

No mesmo processo estavam incluídos espertalhões notórios, homens de negócio, um banqueiro austríaco e um financista espanhol — o que ajudava a colocar o herói a ser eliminado de qualquer maneira no interior de uma "conspiração internacional".

Quando um dos presentes sugeriu que Danton pudesse se defender, Maximiliano Robespierre — que parecia estar no auge de seu prestígio — tentou impedir. Alegou que era preciso garantir um tratamento igual para todos os prisioneiros: "Não queremos privilégios. Não queremos ídolos."

O fato é que restaram poucos registros das declarações de Danton no tribunal. Num deles, ficou a negativa às acusações de corrupção. Ele disse: "Vendido, eu? Eu? Um homem de minha têmpera não se compra."

Na conjuntura política anterior ao julgamento, a revolução que derrubou o absolutismo já havia começado a se transformar numa ditadura e, talvez pelo oportunismo assinalado por Furet, Danton assumiu uma postura de tolerância e conciliação.

Não participou da revolução para enriquecer. Formulava, dirigia, disputava. Ele combateu a ideia de mandar a rainha Maria Antonieta à guilhotina, decisão que agradou à multidão de Paris e, ao mesmo tempo, ajudou a aprofundar os instintos belicosos da Áustria, um dos inimigos mais ferozes e decididos da França revolucionária. Depois de apoiar o terror em sua fase inicial, quando nem sempre fazia jus ao nome, Danton era quase brando em relação ao que viria depois, tomando partido contra prisões sem julgamento.

"Abram as prisões a 200.000 cidadãos chamados de suspeitos porque, conforme a Declaração dos Direitos do Homem, não há lugar para suspeitos", escreveu, num artigo dirigido ao governo revolucionário, Camille

Demoullins, grande aliado político de Danton, que foi condenado no mesmo processo, decapitado no mesmo cadafalso, na mesma tarde de abril. "Vocês querem exterminar todos os inimigos pela guilhotina. Nunca houve tão grande loucura. Creiam-me: a liberdade será consolidada e os inimigos vencidos se vocês fizerem um Comitê de Clemência."

Em suas últimas palavras, já no cadafalso, Danton se dirigiu ao carrasco com um pedido insólito: que não deixasse de mostrar sua cabeça à massa que se aglomerava para assistir ao espetáculo de sua execução. "Ela é bonita de se ver", disse.

No discurso em que pedia a execução de Danton, Robespierre definiu a decisão nos seguintes termos: "Nós veremos hoje se a Convenção irá destruir um suposto ídolo apodrecido há muito tempo ou se em sua queda ele vai arrastar a Convenção e o povo francês."

O rumo da história foi outro. Embora destruindo o "ídolo apodrecido há muito tempo", como disse Robespierre, a Convenção foi arrastada na mesma queda.

No momento em que a charrete que o conduzia para a guilhotina passou em frente à casa de Robespierre, Danton lançou um grito: "Você vai me seguir!"

Três meses e meio depois, Robespierre foi conduzido à guilhotina, 48 horas depois de ter sido preso. Era conhecido como Incorruptível e nada surgiu na posteridade contra sua reputação.

O Termidor estava começando. Em meses, o clube dos jacobinos, partido da revolução, foi fechado. Logo depois, a alta burguesia e os banqueiros aplicavam um golpe e assumiam o controle do Estado, revogando conquistas populares e garantias democráticas. Em 1804, Napoleão Bonaparte era coroado imperador.

Empreiteiro Marcelo Odebrecht em depoimento na CPI da Petrobras

CAPÍTULO 41.
4 DE SETEMBRO DE 2015

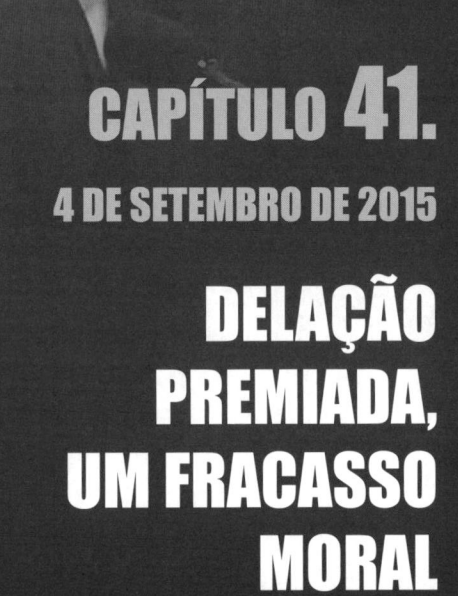

DELAÇÃO PREMIADA, UM FRACASSO MORAL

Um dos mais influentes pensadores de nossa época ensinou que os bons princípios morais implicam em sacrifícios e não admitem vantagens pessoais

Como é comum em grandes operações contra a corrupção em meios políticos, a Lava-Jato não costuma ser justificada apenas por seus benefícios materiais nem pela prisão de quem é considerado culpado.

Outra justificativa seria a capacidade de contribuir para uma suposta "regeneração moral" dos brasileiros, este povo que, conforme um diagnóstico partilhado pela unanimidade de nosso pensamento conservador, em qualquer de suas ramificações, seria capaz de sobreviver e se reproduzir à margem de bons princípios morais. É um ponto de vista tão difundido quanto preconceituoso, mas vamos em frente.

O que me parece importante debater aqui é a noção de que a própria ideia de delação premiada, instrumento essencial das investigações, possa contribuir de alguma forma para o reforço de valores como lealdade, solidariedade, altruísmo ou qualquer outro princípio moral à sua escolha.

Um dos patronos do pensamento do século XX, o pensador Isaiah Berlim, produziu uma das mais conhecidas contribuições para o debate ético contemporâneo. Berlim ensinou que os bons princípios não podem ser aqueles que nos trazem vantagem. Pelo contrário, "são aqueles que contrariam nossos interesses".

Moral, desse ponto de vista, envolve uma noção de desprendimento e mesmo sacrifício —, e não admite vantagens do ponto de vista pessoal.

O desinteresse de que fala Berlim é obviamente incompatível com as delações. O objetivo do delator é se dar bem, prejudicando os demais.

Um aspecto essencial das delações pode ser visto na surpreendente acareação promovida pela CPI em Curitiba quarta-feira passada.

Chamado a responder às denúncias de Augusto Mendonça, da Toyo Setal, o diretor da Petrobras Renato Duque devolveu toda e cada uma das acusações com a frase: "ele é um grande mentiroso". Pelas contas de Duque, Mendonça mentiu oitenta vezes, depois noventa vezes e por fim mais de "cem vezes".

Falando baixo e evitando olhar Renato Duque, Mendonça confirmou a maior parte do que disse nas delações premiadas. Só que a acareação colocou uma dúvida importante sobre recursos repassados por Mendonça ao Partido dos Trabalhadores. O delator admitiu que, embora representassem o pagamento de propinas, jamais havia agido como se não fossem contribuições legítimas de campanha. Quando disse que não se recordava de determinado episódio, Mendonça foi atingido por Duque: "mentiroso esquecido". Quando os parlamentares perguntaram se era verdade, como Mendonça dissera, que havia recorrido aos serviços dele para remeter dinheiro ao PT, Duque retrucou dizendo que, se quisesse mandar dinheiro ao PT, teria feito isso por conta própria.

A mesma questão ética apareceu dias antes, com outro personagem. O empreiteiro Marcelo Odebrecht disse que não pretendia "dedurar" ninguém. Explicou que, em primeiro lugar, não tinha o que "dedurar". Também citou a educação de suas filhas como um argumento moral. Segundo revelou, costuma dizer a elas que o ato de dedurar alguém por uma falta cometida pode ser até mais grave do que a própria falta.

À frente de um grupo econômico que, de acordo com uma reportagem publicada em pleno escândalo pela revista britânica *Economist*, cultiva princípios e valores, Odebrecht chegou a ser criticado pelo que disse. Não vamos entrar no mérito do que disse ou deixou de dizer. Mas é difícil negar que tenha colocado um elemento ético à mesa: o da lealdade que se justifica como um valor em si, e não se dobra às conveniências.

Na prática, a delação é tão favorável aos interesses do delator, que pode ser considerada uma nova versão da campanha publicitária que criou a chamada lei de Gerson, num texto que marcou muitas gerações de brasileiros.

Contratado para fazer uma campanha de cigarros, em 1976, o craque Gerson de Oliveira Nunes, um dos gênios da Copa de 1970, explicava que "o negócio é levar vantagem em tudo, certo?"

Depois de desviar e acumular recursos anos a fio, criminosos pegos em flagrante em desvios na Petrobras têm a oportunidade de salvar a pele. Basta apontarem para colegas de trabalho, quem sabe auxiliares que eles trouxeram para o esquema, que não tiveram a sorte de terem sido aprisionados com antecedência — ou menos envolvidos na trama, têm segredos menos interessantes para contar.

Este é outro dado importante: pelas regras da delação, os grandes corruptos é que são os candidatos a grandes delatores. Têm direito, assim, aos grandes benefícios. Os bagrinhos continuam bagrinhos.

É como se a mesma "organização criminosa" continuasse a funcionar, agora com o sinal trocado: quanto maior o grau de responsabilidade de um acusado pelos crimes cometidos, maior será o interesse por seu depoimento — e maior a vantagem a ser recebida.

Quem explica é o professor Renato Mello Jorge da Silveira, professor titular de Direito Penal da Faculdade de Direito da Universidade de São Paulo: "Beneficia-se o criminoso de alta gama, aquele que teria mais informações. Pactua-se, portanto, com quem mais delinquiu. Pune-se, por outro lado, a menor criminalidade ou outros, que simplesmente ficaram aquietados."

CAPÍTULO 42.

10 DE SETEMBRO DE 2015

DUELO AO ENTARDECER NO SENADO

O drama do Pantera Negra que foi mantido por 43 anos numa prisão dos EUA, até que se admitiu que fora vítima de erro judiciário, deveria inspirar um debate sobre a tentativa de revogar o princípio da Constituição brasileira que só autoriza prisão depois que todos os recursos foram julgados.

Albert Woodfox, um antigo militante do movimento Pantera Negra

Um debate em torno do PLS 402/2015, esta semana, na Comissão de Constituição e Justiça do Senado, mostrou um tenso e saudável ambiente de conflito entre magistrados, advogados e juristas do país. De um lado, o juiz Sergio Moro, da Operação Lava-Jato, que é o autor do PLS 402, em companhia de Antônio Cesar Bocheneck, presidente da Associação dos Juízes Federais do Brasil (Ajufe).

De outro, nomes respeitados do direito brasileiro, a começar pelo juiz Rubens Casara, autor de "O processo penal do espetáculo", artigo essencial para debater a Justiça brasileira depois da AP 470. Outro presente foi Marcelo Semer, juiz em São Paulo, com 25 anos acumulados em vara criminal. "Duelo ao entardecer", definiu um advogado presente.

Se for aprovado, o PLS 402/2015 irá autorizar a prisão de toda pessoa condenada em segunda instância em casos de crimes considerados graves, como tráfico de drogas, sequestro, lavagem de dinheiro e corrupção.

Num país onde a presunção da inocência é um princípio incontestável, não se trata de uma mudança pequena. Em 2009, numa decisão por 7 votos a 4, o Supremo concluiu que uma pessoa só poderia ir para a prisão depois que todos os seus recursos pendentes fossem esgotados. A base dessa decisão se encontra no inciso LVII do artigo 5º. da Constituição, que diz que "ninguém será considerado culpado até o trânsito em julgado de sentença penal condenatória".

Conforme aprenderam todos os seres humanos que tiveram a sorte de sair da maternidade depois da Revolução Francesa de 1789, o debate envolve a mercadoria mais preciosa de nossa época: a liberdade individual.

Em 2009, como registra Daniel Roncaglia no Conjur de 8/2/2009, o debate do STF envolveu um fazendeiro condenado a sete anos e seis meses por "tentativa de homicídio". Seus advogados entraram com recurso para que ele pudesse fazer a defesa em liberdade até o trânsito em julgado, mas os pedidos foram negados pelo Tribunal de Minas Gerais e também pelo Superior Tribunal de Justiça. O STF reverteu a decisão com base no voto de Eros Grau. Ele disse que na verdade o trânsito em julgado envolve uma questão de puro bom senso. "Quem lê o texto constitucional em juízo perfeito sabe que a Constituição assegura que nem a lei, nem qualquer decisão judicial impõem ao réu alguma sanção antes do trânsito em julgado da sentença penal condenatória."

Empregando termos duríssimos, Eros Grau disse que se o princípio da presunção da inocência não for respeitado como prescrito pela Constituição, "é melhor sairmos com um porrete na mão, a arrebentar a espinha de quem nos contrariar".

Em 2009, a AP 470 não fora julgada. A Lava-Jato estava no começo. Ninguém falava em redução da maioridade penal. Em 2015, a Lava-Jato é assunto das ruas. Provoca protestos. Na tarde de quarta-feira, um senhor de cabelos todos brancos entrou na sala da CCJ pela porta dos fundos e, driblando a segurança, fez uma saudação em voz alta antes de ser retirado à força do lugar.

Não saudou Sergio Moro, mas o relator da AP 470. "Viva Joaquim Barbosa", gritou. "Ele deu dignidade ao povo brasileiro."

Lembrando que é juiz federal desde 1996, Moro falou de uma frustração que está longe de ser um caso individual. Referindo-se a um sistema processual que definiu como "muito moroso", ele falou de casos em que, mesmo com "prova muito forte da prática de um crime", não se chega ao final do processo. Como disse o juiz, isso ocorre por diversas razões. Uma delas, explicou, é "uma prodigalidade e um grande número de recursos no nosso sistema processual penal". O outro fator encontra-se na visão — a mesma aprovada em 2009 pelo STF — de que "a punição e a execução da pena só poderiam ocorrer a partir do trânsito em julgado".

Moro falou de casos que ele mesmo julgou, como as denúncias do Banestado, que envolviam "fraudes bilionárias no âmbito do Estado do Paraná". Onze anos depois, o processo encontra-se em fase de recursos ao STF. O juiz também lembrou Pimenta Neves, o jornalista que assassinou uma namorada e ficou dez anos livre antes de ser conduzido à prisão. Moro argumentou: "O grande problema no processo penal, do tempo, é que também muitos desses casos acabam em prescrição. Se a Justiça não julga o caso até determinado tempo, acaba havendo a prescrição, e, às vezes, uma pessoa que é culpada, condenada, acaba não sofrendo nenhuma punição por conta apenas da inércia e no decurso do tempo."

Recordando sua passagem pelo Supremo, quando atuou como assistente da ministra Rosa Weber, o juiz se referiu a um caso de condenação em segundo grau, no qual o Supremo examinou sucessivos embargos e agravos regimentais por três anos "para dizer que o recurso era incabível." Moro prosseguiu: "sendo o advogado ou eu sendo o processado criminalmente, se eu sei que eu só sou preso ao final pela regra atual, o que eu vou orientar ao meu advogado fazer? Recorrer, recorrer, recorrer." Explicando o projeto, o juiz resumiu: "A ideia é não permitir essas brechas e, com isso, obter um ganho significativo."

Tratado, na Comissão, com a reverência que costuma acompanhá-lo nas aparições públicas, a autoridade de Sergio Moro permaneceu em plenário depois que ele fez silêncio e outros convidados tiveram direito à palavra. Um repórter a meu lado reclamou: "Esses caras não entendem que ninguém quer ouvir o que eles têm a dizer? O que importa é o Moro."

A palavra dos adversários do PLS 402 tem uma utilidade inegável, na verdade. Garante um pouco de espírito crítico num debate em que a postura mais frequente é a adesão em toda linha. No final de março, o projeto foi criticado pelos dois mais antigos ministros do STF. Celso de Mello, o decano, foi direto na substância. Disse que a tentativa de negar o direito de um réu apelar em liberdade era "inaceitável, um retrocesso inimaginável, significa extinguir a presunção de inocência". Marco Aurélio afirmou: "Não vejo como ter-se no campo penal uma execução que não seja definitiva, já que ninguém devolve a liberdade que se tenha perdido."

Outros questionamentos foram feitos no plenário, ontem. O professor Maurício Dieter, da Faculdade de Direito da Universidade de São Paulo, a mais antiga do país, questionou uma das visões mais frequentes quando se debate criminalidade no Brasil — a tese de que se vive sob um sistema de impunidade crescente. "Isso é uma falácia", explicou. Seu argumento se apoia em dois números difíceis de questionar: enquanto a população brasileira cresceu 104% em uma década, o número de encarcerados multiplicou-se por 1.700%.

Rubens Casara deixou claro que não iria "discutir as boas intenções do projeto. É inegável a boa vontade de quem o fez." Mas o juiz acrescentou que o PLS 402 faz parte de um movimento político destinado a atender o "desejo por mais punições, às pulsões repressivas presentes na sociedade".

Para Casara, ao autorizar a prisão de um condenado antes que o caso tenha transitado em julgado — isto é, antes que ele tenha tido todas as oportunidades que a lei oferece para provar sua inocência

—, o projeto relativiza uma garantia fundamental. Uma das cláusulas prevê a possibilidade de decretação de prisão preventiva por um prazo superior a quatro anos "salvo se houver garantias de que o condenado não irá fugir ou não irá praticar novas infrações penais ou não irá praticar novas infrações penais se permanecer solto".

O juiz explica que, com essa condição, o PLS 402 transfere "àquele a quem se atribui a prática de um crime o ônus de provar que não vai fugir ou que não irá praticar novas infrações se continuar solto".

Casara lembrou, ontem, que isso constitui aquilo que se chama, na doutrina, de "prova diabólica, porque é prova de fato negativo, algo extremamente difícil, quando não impossível, fazer prova de que não vou fazer alguma coisa no futuro. Como eu vou fazer uma prova de que eu não vou fugir caso esteja sendo acusado da prática de um delito?"

Entrando na discussão de fundo, Rubens Casara lembrou que numa democracia "cada vez que um direito ou uma garantia constitucional é relativizada, o Estado caminha rumo ao autoritarismo, ao Estado policial, ao Estado total". Neste ambiente político, disse, o PLS 402 "surge num contexto em que há um sucesso midiático popular de uma grande operação de combate à corrupção conduzida pelo professor Sergio Moro".

Relator do projeto, o senador Ricardo Ferraço (PMDB-ES) debateu com Rubens Casara durante a audiência. Lembrando que há quatro anos o ministro Cezar Peluso, do STF, elaborou uma proposta que pode ser vista como um rascunho do PLS 402, Ferraço questionou: "O sistema como vai? Tem produzido impunidade?" O sentimento que nos move é nessa direção, e eu vou trazer aqui a fala do ministro Peluso: "O sistema não é apenas custoso e ineficiente; ele é danoso e, eu diria, perverso."

Mas o próprio Ferraço entrou na discussão de guarda baixa. A Constituição de 1988 tem um espírito abertamente garantista, pensamento que prioriza a defesa dos direitos fundamentais como obrigação maior do Estado.

Isso se explica como uma lição dos anos de ditadura, um esforço dos constituintes para evitar uma repetição daqueles tempos. E é certo que esse espírito entra em conflito com a formulação do PLS 402. Só que ninguém havia dito isso de forma tão explícita, como fez Ferraço em seu relatório.

O problema é que, em sua argumentação para defender o projeto, Ferraço atravessou uma fronteira. Reconheceu que os cuidados com as garantias eram justificáveis logo após o fim da ditadura, mas que não tinham razão de ser um quarto de século depois, quando se tornou necessário fazer uma "releitura". Falou que é preciso "evoluir" nessa matéria.

"Não é correto interpretar as garantias processuais com base no período ditatorial", escreveu. "O Brasil vive hoje o mais longo período democrático de sua história. Vencemos! Durante esses quase 26 anos de Constituição, não houve sequer espaço para instabilidades antidemocráticas. Com base nesse parâmetro é que se deve evoluir."

Falando como representante do Conselho Federal da OAB, que condena o PLS numa nota de oito páginas, o advogado Pedro Paulo Guerra de Medeiros lembrou que um ano antes do golpe de 1964 "os jornais de 1963 também diziam que o país tinha uma democracia estável".

Nos Estados Unidos, as prisões costumam ser efetivadas após julgamento em primeira instância — fato que Sergio Moro lembrou em sua intervenção.

Não faltam exemplos de corruptos notórios, condenados em várias instâncias da Justiça, cuja culpa ninguém coloca em dúvida, como uma tentativa de justificar essa postura.

O que se pergunta é outra coisa.

O que se faz com decisões do Judiciário que implicam ceifar de uma pessoa anos de sua liberdade, que não podem ser substituídos, recompensados nem indenizados — pelo menos do ponto de vista de quem concorda que se trata de um direito fundamental, que não tem preço nem pode ser reduzido a uma mercadoria.

Em junho de 2015, nos Estados Unidos, a Justiça libertou Albert Woodfox, um antigo militante do movimento Pantera Negra, após 43 anos de encarceramento, incluindo dez numa solitária de 3x2 metros quadrados. Acusado de cumplicidade num homicídio, o tribunal levou meio século para concluir que não havia provas contra ele. Woodfox era um ativista político típico de 1968, mas foi condenado em 1972 quando a elite dirigente dos EUA procurava ir à forra contra os rebeldes dos anos anteriores.

O que se debate são princípios, disse Rubens Casara, na quinta-feira. Numa de suas contribuições para definir as bases da democracia moderna, Voltaire estabeleceu que era preferível manter um culpado solto a um inocente preso. Aí reside a presunção da inocência. Seu fundamento é que a liberdade dos cidadãos — e não a opressão do Estado — funda uma sociedade democrática.

Embora seja possível definir o nascimento do mundo em que vivemos como uma reação democrática diante da tirania, cuja origem se encontra no absolutismo de reis e príncipes, a verdade é que, há pouco tempo, os regimes democráticos passaram a incorporar medidas de exceção, criando uma situação híbrida.

Foi assim que, nos Estados Unidos de George W. Bush, vigorou um decreto presidencial que autorizava a tortura por afogamento. Nascida para contornar garantias democráticas, a prisão norte-americana de Guantânamo é um pesadelo que o governo dos EUA não tem como resolver.

"Meia garantia é igual a meia gravidez: não existe", disse o professor Thiago Bottino do Amaral, durante o debate no Senado.

É curioso que, apesar de sua relevância, o PLS 402 será resolvido pelos senadores em rito sumário. Isso quer dizer que a maioria da Casa não irá se manifestar. Caso seja aprovado pelos vinte e sete integrantes da Comissão sem passar pelo plenário (de 81), será levado diretamente para a Câmara dos Deputados — e lá o punho duro de Eduardo Cunha é mais poderoso do que a liderança de Renan Calheiros.

Os adversários do PL 402 especulam que a pressa pode ser um esforço para garantir que os condenados da Lava-Jato sejam mantidos na prisão até o fim de suas penas, caso as condenações, em primeira instância, em Curitiba, venham a ser confirmadas pelo Tribunal Regional, em Porto Alegre.

Os defensores do projeto alegam que essa especulação é absurda, já que o Senado debate o projeto desde 2011 — ano em que ninguém tinha ouvido falar da Lava-Jato.

CAPÍTULO 43.

12 DE SETEMBRO DE 2015

PEC COLOCA CAÇADA A LULA NO NÍVEL DA DESFAÇATEZ

Num país que já criou uma lei que beneficiou um torturador que poderia ser condenado e preso, projeto de emenda constitucional que pretende impedir nova candidatura de ex-presidente é apenas vergonhosa

Deputados em sessão na Câmara

A PEC da deputada Cristiane Brasil (PTB-RJ), que tenta proibir a reeleição por períodos descontinuados para cargos do Executivo, coloca o esforço para destruição política de Luiz Inácio Lula da Silva no nível da desfaçatez.

Num país que já criou a lei Fleury, para beneficiar um torturador que corria o risco de ser condenado e preso, temos agora uma lei cujo único prejudicado real, entre possíveis candidatos a presidente, é Lula.

O fato de ter recebido, já, o apoio de 181 parlamentares mostra que é uma iniciativa preocupante.

O projeto revela que, do ponto de vista dos adversários do governo Lula-Dilma, não basta tentar promover o *impeachment* da presidente reeleita em 2014, mesmo sem nenhuma base legal para isso.

Também não basta aprovar punições sucessivas contra o Partido dos Trabalhadores, procurando erros em campanhas que já prescreveram, que são a chamada "matéria julgada" para tentar autorizar o TSE a decretar a extinção da legenda, acobertando uma gravíssima decisão política, que fere o direito de expressão assegurado pela Constituição, como simples ato administrativo.

Também não basta promover uma campanha permanente de denúncias sem prova, insinuações e acusações vazadas, para atingir a reputação de Lula com métodos irresponsáveis e covardes, que jamais foram empregados contra qualquer outro político brasileiro.

É preciso impedir Lula de disputar a presidência da República. Salgar a terra, entende?

É preciso ter a garantia de que não irá sobreviver nem retornar à cena política.

Não se quer correr riscos. Não é novidade, nós sabemos.

Lula sempre foi o alvo e joga-se agora uma chance perseguida há uma década. Ele deve ser inutilizado — mesmo que a Lava-Jato nada prove, como nada se mostrou na AP 470, quando integrantes do Ministério Público chegaram a pressionar para que fosse indiciado.

A PEC é constrangedora por vários motivos. A começar pelo óbvio, o conflito de interesses.

Com exceção de Geraldo Alckmin, que ocupa o governo de São Paulo pela quarta vez sem que isso tenha dado origem a qualquer tipo de constrangimento, os demais presidenciáveis, que têm todo interesse em evitar os riscos de um confronto com Lula, irão deliberar sobre a PEC no Congresso, numa decisão fundamental sobre seu futuro e seus interesses.

É muita falta de pudor, vamos combinar.

Filha de Roberto Jefferson, deputado que conquistou seis mandatos sucessivos entre 1983 e 2002, Cristiane Brasil argumenta que a reeleição "desencadeia uma desarmonia na seara eleitoral, ocasionando um prejuízo à governabilidade, dando espaço a um sentimento de perpetuação, de uma dinastia, no qual nada tem a ver com os ditames da democracia, ferindo inclusive o princípio republicano".

Comovente, vamos concordar.

"Amas a incerteza e serás um democrata," ensinou Adam Przeworsky, mestre do estudo de regimes democráticos do pós-Guerra, que estudou no Ocidente e também nos antigos regimes comunistas, a começar por sua Polônia natal.

Não é uma frase de efeito. Todo mundo que já disputou uma eleição — mesmo de diretório estudantil — sabe que há um momento em que é preciso roer as unhas, meditar, fechar os olhos, de preferência, e recolher-se, com humildade, à própria condição de ser reduzido a um número na multidão — é a hora em que os eleitores vão se pronunciar.

Nada há para se fazer, a não ser aguardar. Isso porque o futuro de tudo e de todos, nessa situação, não pertence a ninguém — mas à maioria, sendo 1 homem = 1 voto.

Sem o menor pudor, pretende-se aprovar uma regra antidemocrática e casuística. Considerando as regras eleitorais em vigor no país, a mudança equivale à cassação de direitos políticos de Lula, como se fez em 1964 contra Leonel Brizola, o próprio João Goulart, Almino Afonso, Luiz Carlos Prestes, Francisco Julião, Miguel Arraes e tantos outros.

É natural que os adversários do Partido dos Trabalhadores façam o possível para derrotar um líder que encarna as principais conquistas que garantiram a seu bloco político quatro vitórias eleitorais consecutivas.

Quem acha que Lula fez pouco só deveria meditar sobre a relatividade das coisas da política e do mundo: por que há tanto medo?

A questão reside no método. Só é aceitável travar e vencer uma luta política com respeito aos direitos democráticos que autorizam, acima de tudo, o eleitor a exercer a vontade soberana que funda nossa república.

A Constituição de 1988 ensina no artigo primeiro, parágrafo único: "Todo poder emana do povo, que o exerce através de seus representantes e diretamente, na forma da lei."

Essa foi a grande mudança democrática, quatro anos depois que o regime militar conseguiu impedir a aprovação da emenda Diretas Já. O caráter essencial dessa conquista é antigo e profundo. Está impregnado na consciência dos brasileiros, que sempre rejeitaram mudanças que poderiam permitir interferências externas em sua soberania, a começar pela recorrente esperança elitista do parlamentarismo.

Nesse aspecto, o presidencialismo brasileiro guarda uma diferença essencial em relação ao regime que vigora nos Estados Unidos, por exemplo. Lá, o povo vota em urna, mas o presidente é escolhido pelos delegados de um Colégio Eleitoral que nem sempre traduz com exatidão a vontade do eleitorado. Há contradições e incoerências.

George W. Bush tornou-se presidente dos EUA em 2000 porque a Corte Suprema lhe garantiu a posse dos delegados do Estado da Flórida. Nunca teve maioria no voto popular, em que o democrata Al Gore sempre esteve na frente.

Essa situação é um reflexo da Constituição americana, na qual o Colégio Eleitoral funciona como um filtro aristocrático — ou fisiológico, ou aparelhado, você decide — da vontade popular.

Em 1951, aprovou-se nos Estados Unidos uma regra que limita a carreira de um presidente a dois mandatos e ponto-final. Resta a aposentadoria. Isso aconteceu como parte de uma reação republicana aos cinco mandatos consecutivos obtidos pelo Partido Democrata desde a primeira eleição de Franklin Roosevelt, em 1932. É bom entender o momento político. O mundo estava em plena Guerra Fria. No interior dos Estados Unidos, a perseguição macartista mostrava seus dentes, denunciando sindicatos, militantes de esquerda, intelectuais e lideranças populares acusadas de atuar como espiões a serviço de Pequim e Moscou.

No Brasil de 2015, você pode ter a opinião que quiser sobre a reeleição. Sou a favor por uma razão democrática: ela assegura ao eleitor o direito de votar no candidato de sua preferência — e este me parece o ponto fundamental de um regime de liberdade num país com 140 milhões de eleitores.

É fácil entender as motivações da lei anti-Lula. Também é fácil reconhecer sua desfaçatez.

CAPÍTULO 44.
17 DE SETEMBRO DE 2015

"NÃO HÁ NADA CONTRA DILMA"

O advogado Marcelo Lavenère, foi o autor da denúncia que levou ao *impeachment* de Fernando Collor, em 1992

Advogado que apresentou denúncia contra Collor, Marcelo Lavenère explica diferença essencial entre o caso de 1992 e as acusações de hoje

Autor da denúncia que levou ao *impeachment* de Fernando Collor, em 1992, o advogado Marcelo Lavenère deveria ser uma referência obrigatória na reflexão sobre o pedido de afastamento de Dilma Rousseff, em 2015. Mas Lavenère tem sido esquecido, sistematicamente, pelos meios de comunicação que apoiam o *impeachment* e também pelos políticos envolvidos na ação contra a presidente. Em entrevista ao *Portal 247*, o próprio Lavenère explica a razão:

— Vários jornalistas que cobrem as denúncias contra o governo Dilma já me ligaram para pedir que eu fale sobre o *impeachment* do Collor. Mas quando eu digo que são situações muito diferentes e que eu acho que não há a menor razão para se falar em *impeachment* da Dilma, eles perdem o interesse e desistem da entrevista.

Então eu vou fazer a pergunta ao senhor, que assinou a denúncia em 1992, ao lado do jornalista Barbosa Lima Sobrinho (morto em 2000). Por que não se pode comparar os dois casos?

A denúncia contra o Fernando Collor teve como base uma apuração detalhada sobre o envolvimento do presidente. Sob presidência do então senador Amir Lando, uma CPI mista produziu um relatório denso e detalhado, mostrando seu envolvimento de forma clara. As conclusões contra Collor eram indiscutíveis. Quem ler o relatório, ainda hoje, ficará impressionado com sua consistência.

Ninguém tinha dúvidas sobre a responsabilidade do Collor, portanto...
Não. Tanto que os partidos não dirigiram o processo. As entidades da sociedade civil ocuparam a dianteira. O *impeachment* não tinha caráter partidário. Vou contar uma coisa. Eu só apresentei a denúncia porque recebi um pedido dos principais partidos do Congresso. Foi o próprio Fernando Henrique Cardoso, em nome do PSDB, quem me procurou dizendo que eu tinha de assinar o pedido. O senador Pedro Simon falou pelo PMDB. O Aldo Rebelo, pelo PC do B e o Vivaldo Barbosa, pelo PDT. Eram os grandes partidos brasileiros, falando por suas lideranças mais respeitadas. O PT, partido do Lula, derrotado por Collor em 1989, não assinou o pedido.

Já é uma mudança. Em 2015, o PSDB de Aécio Neves, que foi derrotado no ano passado, lidera a pressão pelo *impeachment*, abertamente. Quais são as outras diferenças?
Do ponto de vista jurídico, falar em *impeachment* contra a Dilma é uma brincadeira. Não existem fatos e é até difícil falar daquilo que não existe.

O senhor poderia explicar melhor?
Contra Collor, havia fatos. Contra a Dilma, não há nada. Há um movimento político, que vinha desde a campanha. É aquela velha visão autoritária, que dizia: ela não pode se eleger; se for eleita, não tomará posse; se tomar posse, não poderá governar. Depois que Dilma passou pelas etapas anteriores, nós chegamos a este estágio. Sem prova nenhuma, sem fato algum, tenta-se impedir, de qualquer

maneira, uma presidente eleita de governar. Os fatos não importam aqui. A prioridade é política: precisam encontrar fatos capazes de impedir seu governo. É uma decisão política, que querem cumprir de qualquer maneira.

Mas tem a acusação das pedaladas...
Nem vou discutir o mérito das pedaladas, se podem ser consideradas um crime ou não. A discussão é anterior. Estão desrespeitando um ponto fundamental, definido pela Constituição de 1988. As pedaladas não podem servir para acusar uma presidente.

Por quê?
Durante a Constituinte, o Celso de Mello, que esteve na Casa Civil do José Sarney e depois se tornou ministro do Supremo, deu uma contribuição importante à redação do capítulo do *impeachment*. Ele ajudou a deixar claro aquele ponto que diz que um presidente só pode ser julgado por fatos ocorridos durante o seu mandato. Para falar claramente: se descobrirem que a Dilma matou 50 crianças antes de 2015, isso não pode ser usado contra ela antes do mandato. Ela vai responder por seus atos, mas depois. Isso está bem claro na Constituição. É só ler o que os constituintes escreveram.

O senhor não pode ser acusado de tentar defender a presidente de qualquer maneira?
Não. Se aparecer uma prova contra ela, vou defender que seja processada. Vou lamentar, porque não espero isso nem acredito que isso vá acontecer. Mas se ocorrer, não há alternativa. Mas não é a situação agora. O que temos, hoje, é a vontade política de impedir a Dilma de governar e só isso.

Os ministros do STF Ricardo Lewandowski e Gilmar Mendes, posições antagônicas em relação às contribuições de pessoas jurídicas para as campanhas eleitorais

CAPÍTULO 45.
18 DE SETEMBRO DE 2015

SUPREMO TOMOU DECISÃO HISTÓRICA

Apesar de um pedido de vistas em tempo recorde, Gilmar Mendes não conseguiu impedir que, sob a presidência de Ricardo Lewandovski, o STF tenha proibido contribuição de empresas às campanhas eleitorais

O Supremo Tribunal Federal tomou uma decisão histórica na tarde de ontem, quando decidiu proibir as contribuições eleitorais de pessoas jurídicas. É uma medida decisiva para defender o princípio democrático mais essencial, pelo qual 1 homem = 1 voto.

Num país onde 0,05% dos contribuintes controla 12% da riqueza nacional, os brasileiros tornaram-se um pouco menos desiguais depois de ontem. A decisão abre as portas para se avançar, no futuro, em direção a um direito essencial: a igualdade política.

O dinheiro de empresas privadas, instrumento até aqui fundamental na construção da maioria das candidaturas, em todos os níveis, em todos os partidos, deixa de ser o elemento principal de nossa democracia, capaz de inventar políticos e programas como projetos de laboratório a serviço de seus interesses.

Fazendo um pouco de sociologia, necessária no momento: a velha classe dominante brasileira sofreu uma derrota em seu esquema de controle do poder de Estado, o que explica a delicadeza da decisão e vários momentos de tensão.

Nosso sistema político só tem a ganhar com a decisão diante de interesses privados. Claro que os partidos irão manter seus compromissos, suas ideologias e projetos. Mas não serão controlados, de fora para dentro, pelo dinheiro que paga suas contas,

Ao cortar as principais fontes de financiamento da política, a decisão também irá contribuir para baratear as campanhas eleitorais, que são hoje um negócio milionário, exclusivo para quem tem acesso ao mundo dos muito ricos e endinheirados — o que é um passo importante para democratizar a luta política de todos os dias.

O STF levou quatro anos para tomar a decisão — que chegou à casa como uma ação direta de inconstitucionalidade proposta pela OAB. Quando a vontade da maioria dos juízes já tinha ficado clara, o ministro Gilmar Mendes segurou a votação por um ano e cinco meses, com um pedido de vistas, encerrado com uma votação de três horas de duração e múltiplos disparates contra o PT e contra o governo, impróprios por completo para um magistrado.

O tempo e o placar 8 votos a 3 falam por si. Os argumentos a favor caminharam na defesa de um valor fácil de reconhecer pelos brasileiros, pois faz parte de sua história — a noção de que a igualdade é um princípio constitucional que merece ser perseguido.

Os argumentos contrários poderiam ser classificados como simples ensaios de uma retórica difícil, num país onde a desigualdade está longe de ser assunto acadêmico.

A decisão da maioria permite um debate sem hipocrisia sobre corrupção. Enquanto pode adquirir mandatos eletivos, o setor privado contou com empregados permanentes nos poderes de Estado, ali ocupados em atender suas vontades e interesses.

Chamadas de "propina" ou "contribuição eleitoral" conforme o interesse político do momento, como se vê no tratamento diferenciado a tucanos e petistas na Lava-Jato, as doações de campanha significam essencialmente a mesma coisa: investimentos privados que serão cobrados depois da vitória.

Entre países que costumam servir de exemplo para os debates brasileiros, os Estados Unidos são o único caso de uma legislação semelhante. Não por acaso, têm o estado de bem-estar social mais precário entre os países de grau equivalente de desenvolvimento socioeconômico. A força do dinheiro privado trabalha nos EUA de forma incessante contra todo tipo de serviço público, a começar pela saúde, pelo ensino superior e pelas aposentadorias.

A decisão do STF também permite resolver uma situação absurda criada pela Câmara dos Deputados. Numa tentativa de eternizar a condição de empregados do poder econômico que paga suas contas, uma maioria de parlamentares da oposição aprovou, numa votação relâmpago — e irregular —, um projeto de lei que autoriza a contribuição de empresas.

Dilma Rousseff sempre considerou a hipótese de usar o poder de veto contra essa decisão. Com o voto do Supremo, a decisão está tomada e será anunciada nos próximos dias. Ao dizer que as contribuições são inconstitucionais, o Supremo garante à presidente toda legitimidade para vetar a decisão das raposas sobre o galinheiro.

Índice onomástico

A

Afonso, Almino 395
Agamben, Giorgio 164
Aguiar, Mirella 312, 313, 314, 315
Alckmin, Geraldo 277, 299, 394
Alencar, Alexandrino 311
Aloizio (referância a Mercadante) 274
Aloysios 277
Amaral, Thiago Bottino do 389
Amato, Mario 33
Andreotti, Giulio 122
Anselmo, Márcio Adriano 302
Antonieta, Maria 372
Aragão, Eugênio 60
Araújo, André Motta 203
Arendt, Hannah 46, 99, 100, 101, 108, 192, 242
Argello, Gim 282
Arraes, Miguel 395
Arretche, Marta 70
Assange, Julian 237
Avancini, Dalton 50

B

Badaró, Gustavo 30
Barbosa, Joaquim 56, 132, 145, 147, 156, 162, 224, 225, 230, 283, 385
Barbosa, Vivaldo 400
Barros, Adhemar de 39
Bartholomew, Reginald 121, 123
Barusco, Pedro 39, 141
Bastos, Márcio Thomaz 39
Batista, Eike 153
Beira-Mar, Fernandinho 300, 301, 303
Bergamo, Mônica 153
Berlim, Isaiah 377, 378
Berlusconi, Silvio 123, 180
Berlusconi, Silvio "Bunga-Bunga" 204
Bobbio, Norberto 54, 231, 340
Bocheneck, Antônio Cesar 383
Boff, Leonardo 327
Bolsonaro (Deputado) 180, 247, 320
Bonaparte, Napoleão 373
Botim, Emílio 34
Bradley, Ben 225

Brandeis, Louis 263, 264
Brasil, Cristiane 393, 394
Brasiliano, Roberto 40
Brindeiro, Geraldo 55, 140, 267
Brito, Fernando 366
Brito, Leo de 39, 219, 359
Brito, Raimundo Mendes de 140
Britto, Ayres 224, 225
Brizola, Leonel 395
Bruno, Edmilson 39
Bush, George (pai) 121
Bush, George W. 203, 237, 389, 396

C

Cachoeira, Carlinhos 38, 115
Caiado, Ronaldo 205, 229
Calheiros, Renan 13, 17, 204, 389
Camargo 39
Camarotti, Gerson 267
Campos, Eduardo 57, 221, 223, 224
Canário, Pedro 42
Cardoso, Fernando Henrique 26, 38, 39, 51, 55, 64, 68, 77, 83, 97, 137, 139, 140, 141, 170, 211, 240, 267, 268, 276, 317, 319, 321, 322, 323, 400
Cardozo, José Eduardo 115, 147, 148, 299
Carreiro, Raimundo 273
Casara, Rubens 15, 159, 161, 162, 163, 164, 165, 166, 167, 168, 169, 170, 383, 386, 387, 389
Cavalcanti, Flávio 189, 192, 193, 194
Cavalcanti, Ophir 64
Cavalcanti, Rosângela Batista 53
Cedraz, Aroldo 273

Cedraz, Tiago 273
César, Cerqueira (cidade paulista) 277
Chávez, Hugo 26, 142, 239
Chelotti, Vicente 140
Clark, Tom 263
Clinton, Bill 121, 314, 353, 355
Coimbra, Daniel Holzmann 305
Collor, Fernando 26, 55, 83, 142, 322, 399, 400
Conti, Ettore 196
Corrêa, Camargo (constutora) 33, 50, 268, 269
Costa, Paulo Roberto 21, 30, 32, 39, 193, 194, 221, 223, 224, 300, 301
Costa, Sergio 221
Coutinho, Luciano 312
Covas, Mário 230
Covas, Mário (Rodoanel de São Paulo) 269
Craxi, Bettino 120, 121
Cunha, Eduardo 13, 18, 204, 256, 278, 287, 289, 290, 349, 359, 363, 365, 366, 389
Cunha, João Paulo 156, 157

D

Dallagnol, Deltan 35, 41, 325, 328, 329
Dallari, Dalmo 287
Damous, Wadih 173, 176, 177, 178, 179, 180
Daniel, Celso 37
Daniele (delegada) 304, 305
Danton 367, 371, 372, 373
Danton, Georges Jacques 370
Daschle, Tom 342

Debord, Guy 164
Delgado, Júlio 274, 277, 281, 282
Demoullins, Camille 372/373
Di Pietro, Antonio 123, 132
Dias, Álvaro 230
Dias, Wellington 107
Dieter, Maurício 386
Diniz, Waldomiro 38, 115
Dino, Flavio 177
Dipp, Gilson 45, 193
Dirceu, José 18, 38, 56/57, 195, 240, 274, 281, 337, 339, 341, 342, 343
Donadon, Natan 60
Duailibi, Julia 34, 113
Duque, Renato 176, 205, 378
Dutra (governo) 101
Duvivier, Gustavo 97

E

Eco, Umberto 313
Einstein, Albert (hospital) 243
Ellsberg, Daniel 238
Emanoel, Vitório 196, 336
Emanuel III, Vitório 248
Erundina, Luiza 39, 351, 355

F

Fachin 227, 230
Fachin, Luiz 229, 231
Fagundes, Eduardo Seabra 333/334
Fanfani, Amintore 130
Fanton, Mário Renato Castanheira 22, 300, 301, 303, 304, 305, 306
Farias, PC 26, 142

Faustão (Fausto Silva) 320
Fernandes, Fernando 30
Fernandes, Florestan 276
Fernandes, Hélio 15
Fernando, Antônio Carlos 56
Ferraço, Ricardo 387, 388
Ferrajoli, Luigi 54
Ferreira, Aloysio Nunes 229, 274, 275, 277, 281
FHC 129, 137, 140, 142, 265, 267, 268, 319, 320, 321
Filho, Enio Gonçalves 97
Fleury (lei) 393
Fleury, Sérgio Paranhos 283
Fonseca, Anderson Lobo da 186, 195, 264
Fonteles, Claudio 55, 56,
Força, Paulinho da 69
Francis, Paulo 26, 137, 139, 140, 141
Franco, Bernardo Mello 35, 328
Franco, Maria Sylvia de Carvalho 39/40, 70, 275, 282
Franco, Rosalvo 302
Freitas, Jânio de 58, 79, 335
Fruet, Gustavo 230
Furet, François 371
Furtado, Valtan Timbó Martins Mendes 311
Fux, Luiz 65

G

Gabriel, Almir 322
Galvão, Queiroz (construtora) 33, 269
Gandra, Ives 44
Garapon, Antoine 168

Genoíno, José 56, 195, 223
Gentile, Emilio 196, 247, 248, 249
Giselda 216, 217
Goebbels, Joseph 25, 105
Gois, Adolfo 40
Gore, Al 396
Goulart, João 15, 69, 354, 395
Gracie, Ellen 49
Grau, Eros 30, 49, 50, 384
Grinover, Ada Pellegrini 54, 55, 59
Guerra, Sérgio 58, 223, 224, 282
Guimarães, Samuel Pinheiro 70, 71
Gullar, Ferreira 320
Gurgel, Roberto 56, 60
Gushiken, Luiz 195
Gutierrez, Andrade (construtora) 33, 269

H
Haddad, Fernando 33, 269
Himmler, Heinrich 108
Hirschman, Albert Otto 66
Hitler, Adolf 98, 105, 108, 191, 236
Hoover, John Edgar 86
Houaiss (dicionário) 148
Huntington, Samuel 239

J
Janene, José 29, 40, 58
Jango (João Goulart) 107
Janot, Rodrigo 69, 162, 170, 265, 267, 268, 269, 322, 329, 349
Jefferson, Roberto 56, 99, 127, 225, 394
Jobim, Nelson 25, 38

Jorge, José 75, 77, 78
Jorge, Miguel 34
Jucá, Romero 20
Julião, Francisco 395
Junior, Aury Lopes 30
Júnior, Daniel Pereira 306
Junior, Florestan Fernandes 255
Júnior, Miguel Reale 42

K
Kodama, Nelma 304, 305
Kubitschek, Juscelino 107
Kucinski, Bernardo 176, 203

L
Lacerda, Carlos 114
Lago, Jackson 16
Lando, Amir 400
Lauro, Achille (navio de turistas sequestrado no Mediterrâneo) 120
Lavenère, Marcelo 399
Leitão, Miriam 191
Leite, Eduardo Hermelino 50
Lewandowski, Ricardo 63, 64, 65, 225, 243, 257, 289
Lewinsky, Monica 355
LILS 348
Lima, Carlos Fernando Santos 35
Lima, Marice Correa de 215, 216, 217, 218
Lobão, Edson 78
Lúcia, Carmen 18, 61
Lugo, Fernando 235, 238, 322
Luís XVI 371

Lula, Luiz Inácio da Silva 14, 17, 22, 23, 25, 27, 31, 33, 34, 35, 37, 38, 42, 50, 51, 52, 53, 54, 55, 57, 58, 64, 68, 69, 70, 80, 83, 84, 99, 100, 105, 106, 113, 115, 129, 140, 143, 155, 169, 239, 240, 265, 269, 281, 307, 309, 311, 312, 314, 315, 321, 335, 345, 347, 348, 349, 391, 393, 394, 395, 396

Lula-Dilma 14, 19, 393

M

Machado, Nelio 28, 30, 258
Maciel, Marco 55, 139
Magalhães, Antonio Carlos 140
Mahfouz, Nagib 327
Maluf, Paulo 34, 39
Mantega, Guido 243
Marcato, Fernando 36
Marena, Erika 302
Marinho, João Roberto 38, 39
Marques, José Frederico 30
Matarazzo, Andrea 211
Medeiros, Paulo Guerra de 388
Médici (ex-presidente militar da ditadura) 192
Meirelles, Fernando 105
Mello, Celso Bandeira de 149
Mello, Celso de 18, 28, 386, 401
Mello, José Antônio Gonsalves de 283
Mello, Marco Aurélio 19, 60, 65, 149, 253, 255, 256, 257, 258, 294, 311, 328, 348, 386
Mendes, Aluísio 299, 307
Mendes, Gilmar 24, 25, 26, 49, 62, 63, 64, 65, 86, 105, 141, 142, 154, 169, 170, 256, 278, 289, 290, 328, 406

Mendonça, Augusto 202, 378
Mendonça, Duda 34, 195
Mendonça, Ricardo 70
Mercadante, Aloizio 277
Michelet, Jules 371
Mirabeau 371
Miranda, Ernesto 67, 68, 262
Moreira, Luiz 91, 92, 93
Moro, Sergio 13, 14, 17, 21, 24, 27, 28, 29, 30, 31, 35, 42, 43, 46, 48, 119, 125, 127, 128, 130, 131, 132, 133, 134, 145, 147, 154, 159, 162, 163, 195, 199, 201, 202, 203, 204, 209, 210, 215, 216, 217, 218, 224, 230, 241, 253, 258, 259, 261, 262, 263, 281, 283, 341, 369, 383, 384/385, 386, 387, 388
Moroni, Sergio 122
Munhoz, Barros 211
Mussolini, Benito 98, 196, 197, 236, 247, 248, 249, 250, 275, 335, 336

N

Nero (referência ao imperador romano) 366
Neto, Augusto Mendonça 218
Neto, Cláudio Pereira de Souza 64
Neto, Lira 114
Neto, Mendonça 219
Neto, Nicolau dos Santos 49
Neves, Aécio 16, 23, 24, 33, 64, 87, 105, 107, 108, 113, 162, 170, 185, 192, 205, 225, 242, 269, 274, 281, 299, 361, 366, 400
Neves, Pimenta 385
Nixon, Richard 322, 353, 354
Nunes, Gerson de Oliveira 379

O

Obama, Barack 342, 354
Odebrecht (construtora) 269
Odebrecht, Marcelo 17, 69, 306, 378, 379
Oliveira, Antônio Claudio Mariz de 44
Oliveira, Gesner 36
Oliveira, Odilon de 301
Oswald 155

P

Padilha, Alexandre 243
Paim, Paulo 20
Pastana, Manoel 42, 340
Paula, Igor Romário de 302, 303, 304
Peluso, Cezar 387
Perrella, Gustavo 185
Perrella, Zezé 185
Pessoa, Ricardo 40, 58, 273, 274, 281
Pinto, Sobral 155
Pizzolato, Henrique 349
Pol-Pot 155
Prado, Geraldo 168
Prestes, Luiz Carlos 395
Preta, Beatriz Catta 39, 366
Prezzolini, Giuseppe 250
Przeworsky, Adam 394
Puls, Maurício 80

Q

Quadros, Jânio 21, 39

R

Reagan, Ronald 121
Rebelo, Aldo 400
Recondo, Felipe 255
Rennó, Joel 140
Richa, José 230
Rilke (Rainer Maria) 155
Robespierre 155
Robespierre, Maximiliano 372, 373
Rodrigues, Antônio Carlos 77
Romário, Igor 302
Roncaglia, Daniel 384
Roosevelt, Franklin 396
Rousseff, Dilma 14, 15, 16, 17, 21, 22, 23, 24, 25, 33, 35, 50, 51, 63, 68, 70, 81, 83, 84, 87, 97, 98, 101, 105, 106, 107, 108, 113, 140, 143, 147, 162, 169, 170, 224, 230, 255, 269, 273, 274, 281, 287, 288, 289, 307, 314, 319, 320, 322, 323, 336, 347, 348, 351, 353, 355, 359, 360, 361, 365, 370, 397, 399, 400, 401, 407
Roxim, Claus 57

S

Said, Edward 327
Sampaio, Carlos 189, 192, 197, 205, 225
Santana, João 25, 105
Santos, Wanderley Guilherme dos 72
Sarney, José 26, 142, 401
Sarney, Roseana 16, 299
Scalia, Antonin 121
Scazufca, Pedro 36
Semer, Marcelo 383
Sennet, Richard 101
Serra, José 17,
Serrano, Pedro 199, 201, 202, 233, 235, 236, 237, 238, 240, 241, 242, 243
Severo, Marieta 320

Silva, Edinho 274
Silva, Lyda Monteiro da 333
Silva, Marina 105
Silva, Othon Luiz Pineiro da 18
Silveira, Renato Mello Jorge da 46, 47, 293, 295, 379
Simon, Pedro 400
Soares, Delúbio 56
Soares, Mário 120
Sobel, Henri 327
Sobrinho, Barbosa Lima 399
Souza, Flávio Roberto de 153, 157
Stalin 46
Steinbruch, Benjamin 268
Streck, Lenio 40

T

Temer, Michel 366
Tiburi, Marcia 165
Timbó, Valtan 314, 315
Toffoli 169
Toledo, Armando Sergio Prado de 211
Torres, Demóstenes 40
Trisotto, Newton 48

V

Vaccari, João 191, 194, 197, 199, 201, 202, 203, 205, 209, 211, 212, 215, 216, 217, 218, 259, 261
Valério, Marcos 50, 56
Vargas 20
Vargas, André 281
Vargas, Getúlio 15, 101, 107, 111, 114
Vaz, Rubem 114
Veiga, Luiz Octávio da Motta 26, 142

Verissimo, Luis Fernando 320
Vilela, Teotônio 148
Voltaire (François Marie Arouet) 389
Vychinzky, Andrey 45

W

Wagner, Jaques 106
Wainer, Samuel 107
Walter, Gérard 370
Warren, Earl 261
Weber, Rosa 28, 61, 256, 287, 288, 290, 306, 385
Werlang, Dalmey Fernando 22, 302, 303, 305
Woodfox, Albert 389
Wright, Jaime 327

Y

Yavelberg, Iara (documentário) 175
Youssef, Alberto 21, 22, 28, 29, 40, 44, 45, 58, 84, 85, 91, 193, 194, 218, 300, 301, 302, 303, 304, 307

Z

Zampronha, Luiz Flávio 38, 157
Zavascki, Teori 176, 287, 288, 290, 342, 348
Zelaya, Manuel 235, 238, 322
Zola, Émile 133, 341

INFORMAÇÕES SOBRE A
GERAÇÃO EDITORIAL

Para saber mais sobre os títulos e autores
da **GERAÇÃO EDITORIAL**,
visite o site www.geracaoeditorial.com.br
e curta as nossas redes sociais.

Além de informações sobre os próximos lançamentos,
você terá acesso a conteúdos exclusivos
e poderá participar de promoções e sorteios.

geracaoeditorial.com.br

/geracaoeditorial

@geracaobooks

@geracaoeditorial

Se quiser receber informações por *e-mail*,
basta se cadastrar diretamente no nosso *site*
ou enviar uma mensagem para
imprensa@geracaoeditorial.com.br

GERAÇÃO EDITORIAL

Rua Gomes Freire, 225 – Lapa
CEP: 05075-010 – São Paulo – SP
Telefax: (+ 55 11) 3256-4444
E-mail: geracaoeditorial@geracaoeditorial.com.br